Ideias para uma boa hipnose!

[ROTEIROS DE **HIPNOTERAPIA**]

Sofia Bauer

ROTEIROS DE HIPNOTERAPIA

Ideias para uma boa hipnose!

3ª edição

Rio de Janeiro
2020

© 2015 by Sofia Bauer

Gerente Editorial: Alan Kardec Pereira **Editor:** Waldir Pedro
Revisão Gramatical: Lucíola Medeiros Brasil
Capa e Projeto Gráfico: 2ébom Design
Capa: Eduardo Cardoso **Diagramação:** Flávio Lecorny

O livro foi revisado por duplo parecer, mas a editora tem a política de reservar a privacidade.

Dados Internacionais de Catalogação na Publicação (CIP)

B34r

    Bauer, Sofia
        Roteiros de hipnoterapia/ Sofia Bauer. 3. ed. Rio de Janeiro: Wak Editora, 2020. 224p. : 24cm

    Inclui bibliografia
    ISBN 978-85-7854-326-6

    1. Hipnose. 2. Hipnose - Usos terapêuticos. I. Título.

15-19466   CDD 315.8512   CDU 615.851.2

2020

Direitos desta edição reservados à Wak Editora
Proibida a reprodução total e parcial.

WAK EDITORA

Av. N. Sra. de Copacabana, 945 – sala 107 – Copacabana
Rio de Janeiro – CEP 22060-001 – RJ
Tels.: (21) 3208-6095 e 3208-6113
Fax (21) 3208-3918
wakeditora@uol.com.br
www.wakeditora.com.br

Para aqueles que desejam se aprimorar no fazer hipnoses sob medida. Esta é uma jornada difícil...e, por isso, ter um guia de hipnoses pode facilitar!

Que Deus sempre abençoe as suas palavras ao fazerem suas hipnoses! E que muita gente possa ouvir estas induções e curar suas dores!

Sumário

INTRODUÇÃO	11
FAIXA INICIAL	13
RELAXAMENTO PROGRESSIVO	15
RESPIRAÇÃO AZUL	18
FUNDO DO MAR	21
ALIVIANDO SOFRIMENTO	25
CONGELANDO CENAS DE ESTRESSE	29
PESSOAS QUE NÃO RELAXAM	32
AS FADINHAS DO CÉREBRO – Um jeito de entender neurotransmissores	35
UM BANHO DE LUZ	39
RETIRANDO A DOR DO SOFRIMENTO	42
TOQUE MÁGICO	45
ANSIEDADE	48
FECHANDO A PERCEPÇÃO	51
DEPRESSÃO	54
ZEN	57

BUDISTA	60
A LUZ DA CABALA – O poder da luz proativa	64
INDUÇÃO DO SILÊNCIO	69
INDUÇÃO DE MUDANÇA	73
INDUÇÃO DE ACEITAÇÃO	77
VISUALIZAÇÃO DO FUTURO	81
LEI DA ATRAÇÃO – (baseado no livro: "A Lei da Atração" de Michael Losier)	83
LIVRANDO-SE DOS PENSAMENTOS NEGATIVOS	90
LIMPEZA DO PERDÃO	94
SEGREDOS E SUCESSOS	97
COMO CURAR SUA VIDA?	100
VENCER AS COMPULSÕES	110
OBESIDADE	115
PARA AJUDAR A PARAR DE FUMAR	121
ANJOS E FADAS – (proteção contra medos)	125
GÊNIO DA LÂMPADA – (para você alcançar os seus sonhos)	128
A LAGARTA QUE VIROU BORBOLETA – (indução para mudanças)	130
DESCANSO NAS NUVENS	132
INDUÇÃO DE TAL BEN SHARAR	135
RESSIGNIFICANDO MINHAS DIFICULDADES	137
O CORPO FALA – Um banho de limpeza das emoções negativas	143
LIMPEZA E GRATIDÃO	149

INDUÇÕES DE PSICOLOGIA POSITIVA (parte I) *153*

1 – Indução: EU IDEAL *153*

2 – Indução: PERMISSÃO PARA SER HUMANO
(banho de luz curativa das emoções negativas) *158*

3 – Indução: APRECIAR O LADO BELO DA VIDA *161*

4 – Indução: FLUIR (ter significado, propósito de vida,
prazer e força) *164*

INDUÇÕES DE PSICOLOGIA POSITIVA (parte II) *169*

1 – Indução: MOEDA FINAL
(O que vale mais a pena Ter ou Ser?) *169*

2 – Indução: SIGNIFICADO E PROPÓSITO *173*

3 – Indução: METAS *176*

4 – Indução: DEVER CUMPRIDO (procrastinar) *180*

5 – Indução: A CORRENTE DO BEM (espalhar a felicidade,
a revolução da felicidade) *183*

6 – Indução: OTIMISMO *186*

7 – Indução: AMOR PERFEITO *191*

8 – Indução: CHAMADO *195*

9 – Indução: FORÇAS E QUALIDADES *200*

10 – Indução: APRENDENDO COM OS ERROS *206*

11 – Indução: MEDITAÇÃO DA NATUREZA DA MUDANÇA *211*

12 – Indução: *MINDFULNESS*: DO AQUI E AGORA *212*

13 – Indução: MUDANÇA DOS COMPORTAMENTO *215*

14 – Indução: MUDANÇA DOS PENSAMENTOS *218*

15 – Indução: ESCALAR UMA VIDA NOVA *220*

Introdução

Esse livro foi feito para ajudá-lo a fazer induções hipnóticas. Você vai encontrar uma série de induções hipnóticas feitas para problemas específicos, que podem ajudá-lo a montar novas induções. Quem sabe a partir das induções que você verá nesta obra, tenha ideias de novas possibilidades de roteiros hipnóticos. A minha sugestão básica é essa!

Os roteiros de indução que estão aqui são para auxiliá-lo no fazer de outras induções com seus pacientes. Você poderá usar os mesmos textos ou, até mesmo, tirar ideias e criar novas induções com aquelas que você verá a seguir.

Essas induções foram feitas para CDs que confeccionei ao longo dos anos, conforme a necessidade dos meus pacientes. Foram muitas as induções criadas ao longo dos últimos anos. Resolvi, então, colocá-las sob a forma de livro de *"scripts* de hipnoterapia". Dessa maneira, você como terapeuta tem acesso aos textos que podem ajudá-lo a montar novas induções.

É claro que você pode usar assim como estão escritas, lembrando-se de tentar por sob medida para cada pessoa e cada problema, com as devidas modificações que forem necessárias, exatamente para caber bem a pessoa ao problema que você pretende abordar.

Espero poder ajudá-lo a ficar cada vez mais criativo e que, dessas induções, possam surgir muitas outras que seu universo criativo vai intuí-lo!

Para cada uma das induções, vou descrever, antes de apresentá-las, para que serve e em que tipo de problemas você poderá usá-las.

Você já aprendeu que devemos colocar o paciente de uma forma mais confortável, que devemos dar-lhe um tempo para se acostumar ao ambiente, explicar que faremos um exercício diferente, como se fosse um tipo de relaxamento ou meditação, que não há necessidade de se ter de relaxar, mas que naturalmente isso acontece enquanto ele vai ouvindo, e que de todo, se ele não gostar, basta que abra os olhos e lhe diga. Mas isso é raro de acontecer. Geralmente os pacientes adoram tais relaxamentos hipnóticos. E, na maioria das vezes, vão querer repeti-los.

Segue-se uma série de hipnoses feitas com objetivos variados. Você verá, a seguir, o roteiro.

Desfrute dessas induções ao fazê-las!!!

Use uma voz agradável e tranquila.

Mude o que você desejar mudar para adaptar ao seu paciente e a história dele.

Divirta-se criando novos roteiros de induções!

Ah! Por favor, mande-me algumas para eu desfrutar também!!! Aceito todas que você desejar me encaminhar...

Vamos lá!!!

Faixa inicial

Este roteiro foi criado em cima dos CDs de hipnose que gravei durante os últimos anos. Vejo que todos os alunos iniciantes na hipnoterapia sentem alguma dificuldade em fazer induções. Eis aqui uma grande ajuda: um roteiro com várias induções que você pode usar para fazer suas hipnoses.

Lembre-se de mudar alguma coisa, introduzir o nome da pessoa, o objetivo do que ela deseja alcançar, o problema em questão...

Esse livro foi feito para você aprender a descansar sua mente e conhecer maneiras novas de limpar seus pensamentos, sentimentos, dores e sofrimentos..

O que você vai fazer agora é aprender a ir para dentro de si mesmo, protegidamente. Pode ser que você descubra que o lugar mais agradável de estar em paz é aí dentro de você mesmo. É o que eu mais desejo que você descubra.

Conta uma história que Deus estava muito triste com os homens aqui na Terra. Eles discutiam, brigavam, tinham problemas. Deus, então, pediu ajuda aos seus anjinhos para descobrir um lugar de paz, onde houvesse amor e onde os homens não perturbariam. Pensou em ir para o fundo do mar. E um anjinho disse: "Não, mestre, aí os homens chegam facilmente". Então, Deus pensou em ir à Lua, mas os anjinhos também retrucaram: "Não, meu Deus, lá os homens também chegam". Deus, desanimado, perguntou: "Mas onde, então"? E um anjinho muito esperto lhe disse: "Ora, tem um lugar que os seres humanos nunca vão, eles nunca vão ao seu próprio coração".

Bom, que tal irmos em uma viagem especial, buscarmos por meio dessas induções um lugar diferente e cheio de paz, aí dentro de você, dentro do seu coração? Em cada momento, sinta... respire... e procure se voltar para dentro de você, confortavelmente. Este é um momento precioso. Você está ganhando qualidade de vida.

Pois, então vamos lá? Vamos começar? Venha comigo para dentro de você. Eu serei apenas uma voz que o acompanha, e você pode tomar o caminho que desejar. É claro que deve descansar, descansar sua mente, protegidamente. Talvez você durma, talvez você desvie os seus pensamentos, talvez venham lembranças, talvez você sinta o seu corpo mais pesado ou mais leve. Eu não sei exatamente como você vai ficar, mas a única coisa que eu sei é que você tem uma mente sábia que pode, durante este exercício, ir limpando sentimentos, cansaço e muito, muito, muito mais para você.

No final de cada exercício, irá despertar saudavelmente, pois a vida continua. Mas, todos os aprendizados gostosos ficarão registrados, automaticamente, para você ir desfrutando o que tem de bom.

Todos os mestres dizem que o tesouro espiritual é uma descoberta solitária. "Então, por que estamos juntos?" – perguntou um dos discípulos. E o mestre respondeu: "Vocês estão juntos porque um bosque é sempre mais forte do que uma árvore solitária, porque um bosque mantém a umidade, resiste melhor a um furacão, ajuda o solo a ser fértil. Mas, o que faz a árvore forte é a sua própria raiz, e a raiz de uma planta não pode ajudar outra planta a crescer. Estar junto em um mesmo propósito e deixar que cada um cresça à sua maneira, este é o caminho dos que desejam comungar com Deus a plenitude e a paz". Que tal agora treinarmos em alguns exercícios que virão a seguir?

Relaxamento progressivo

Quando vamos adormecer, automaticamente vamos soltando nosso corpo, deixando que saudavelmente nossos músculos descansem. Nada mais natural que façamos, então, um relaxamento quando estamos com a mente cansada. A vida é tão cheia de preocupações! Às vezes, a cabeça fica oca, dá brancos na memória, ficamos irritados à toa, sentimos cansaço, mesmo ao acordar pela manhã. Se você tem algo parecido, é preciso parar e descansar.

Esta indução tem uma intenção: ajudá-lo a aprender a parar, recuperar o fôlego e ficar ainda mais ativo, saudavelmente. Relaxar o corpo ajuda a relaxar a mente. Depois de uma noite de sono, muitas vezes encontramos soluções para os nossos problemas, de todas as maneiras. O bom mesmo é saber que relaxar é algo saudável, recupera as nossas células, recupera a energia do corpo, da mente, faz com que você retorne ao seu centro, à sua integridade. É como sair do exílio, da sua própria pátria.

Aproveite este momento para encontrar esse lugar gostoso, agora mesmo, dentro de você. Eu não sei se você é muito ansioso, eu também não sei se você tem dificuldade de ficar quieto e, também, não sei se você gosta de relaxar, mas a única coisa que eu sei, com este exercício, é que é muito bom aprender a se soltar, relaxando atento e protegidamente.

Você pode fechar seus olhos, pode sentir sua respiração agora, como é gostoso parar por alguns instantes, dar-se algum tempo, um tempo para voltar-se para você mesmo. De olhos fechados para fora, você pode abrir os olhos internos, olhos que vão poder olhar, sentir você lá dentro. Respire, inspirando calma e saudavelmente. Uma nova inspiração abrindo o peito apertado de sentimentos, sofrimentos, pensamentos, trabalhando aquele peito cheio de angústias. É uma palavra, angústia, que vem do Latim e que quer dizer peito apertado, sufocado.

Uma parte de você vai sentindo a sua respiração, e outra parte sua vai me acompanhando agora, aprendendo que o ar entra saudavelmente, que faz suas trocas. E você vai me acompanhando, aprendendo a ir soltando cada pedacinho do seu corpo.

Mas, não faça força. Nem mesmo força para não fazer força. Deixe as coisas acontecerem naturalmente, até mesmo seus pensamentos, sem julgamento. Você pode ir percebendo seu corpo, ir soltando seus pés, se apoiados no chão ou no sofá, ou na cama, deixando que suas pernas fiquem soltamente apoiadas sem nenhum esforço, aprendendo a ir se soltando, percebendo cada músculo, desde os dedinhos do pé até as suas coxas.

Apenas perceba. Só isso. Soltando, naturalmente, aprendendo a sentir que o seu corpo encontra um apoio, e você pode ir soltando, cada vez mais, todo o peso do corpo, como um bebê que adormece, às vezes, ficando mais pesado, ou talvez você se sinta um pouco mais leve, ou talvez com umas partes pesadas, outras partes leves. Não importa. O que importa é que você perceba o seu corpo protegidamente soltando todas as partes.

E, assim, você pode ir sentindo seus quadris, seu abdômen, seu peito, recebendo o oxigênio. Que delícia que é poder ter uns instantes para voltar-se para dentro de você mesmo, automaticamente. Voltar para o seu centro, sentir o seu peito, sentir as batidas do seu coração. Ir soltando os braços, soltando a coluna vertebral, soltando todos os músculos do seu corpo. Quantas e quantas vezes acumulamos as tensões no pescoço, nas costas, na cabeça. Procure apenas sentir suas costas, seu pescoço, sua cabeça.

Em cada respiração, você pode ir aprendendo, protegidamente, a cuidar bem do seu próprio corpo. Automaticamente, sua mente também vai soltando, indo cada vez mais e mais fundo, para dentro de um bem-estar gostoso, saudável, tranquilo. E você vai soltando a cabeça aonde ela está apoiada, sentindo que, com a cabeça solta, você também pode soltar seus pensamentos, seus sofrimentos, deixar tudo de lado para ir fundo para dentro de você mesmo, do seu coração.

Conta uma história que uma mulher, cheia de preocupações, procurava por paz e ficava, às vezes, muito irritada com as coisas que aconteciam. Às vezes, ficava irritada além da conta. Às vezes, ficava mal-humorada, cansada, triste. Esta mulher pediu ajuda a um mestre para que a ajudasse a resolver todas aquelas irritações. Este mestre lhe pediu que fosse a um parque, um parque onde não houvesse ninguém nem nada que pudesse perturbá-la, um lugar tranquilo, que ela lá ficasse com seus pensamentos, aqueles que irritam, que dão mau humor, cansaço, tristeza e que ela ficasse lá olhando a paisagem, o céu azul, as árvores.

Assim esta mulher fez. Ela foi se envolvendo com seus pensamentos irritativos, e, aos poucos, vieram os pássaros. Os pássaros não cantavam, eles apenas gritavam estridentemente sobre a cabeça da tal mulher, de tal maneira que a irritação dela foi aumentando, aumentando, até o ponto que ela começou a brigar e gritar com aqueles pássaros. Trocou de lugar, tentou ficar de novo em paz, e os pássaros voltaram a sobrevoar sobre sua cabeça. E gritavam, gritavam, gritavam, a ponto de ela ir embora, completamente irritada.

Procurou pelo mestre e contou o que havia acontecido. O mestre, sorrindo, disse que previa que aquilo aconteceria, que era como uma ressonância do universo. E ele disse a ela: "Imagina, quando jogamos uma pedrinha em um lago, ela vai formando circunferências cada vez maiores. É o que aconteceu com seus pensamentos negativos, irritativos. Foram captados pelos pássaros, que, por sua vez, ficaram irritados. A vida é exatamente assim, uma coisa que puxa outra, uma energia que chama a outra".

O mestre, então, continuando, pede à mulher que volte ao parque, que sente-se lá novamente, que pense de novo seus pensamentos irritativos, agitados, negativos. E quando os pássaros vierem, que ela comece a pensar sobre suas coisas ruins, que fique um pouco quieta e em paz, que ela tente até, talvez, ter um pensamento positivo ao se lembrar de alguma coisa boa que já aconteceu, ou alguma coisa boa que poderia vir a acontecer.

A mulher seguiu os conselhos do mestre. Quando os pássaros começaram a gritar, ela fez como o mestre pediu. Pouco a pouco, os pássaros foram se acalmando. Tudo ficou tranquilo, silencioso, e veio a ela a imagem da pedrinha sendo atirada ao lago, a ressonância do bem, da paz.

Espero que agora você possa sentir um pouco do seu corpo. Como ele está agora? E a sua respiração? Sinta isso por alguns instantes, desfrutando saudavelmente deste exercício, aprendendo, cada vez que você o faz, que naturalmente nós podemos descansar, atentos, mas relaxados. Você teve alguns minutos de paz. Experimente, você pode fazer isso muitas vezes mais.

Se você for dormir, apenas desligue o som e continue confortavelmente aprendendo a receber a paz que vem de você. Se você tiver de despertar, é hora. Respire profundamente e vá voltando bem alerta, bem-disposto, guardando aí dentro de você a boa memória de aprender saudavelmente a ficar em paz, relaxando-se bem.

Respiração azul

Neste exercício, você pode aprender não só a relaxar, mas a descobrir que pode manejar sua respiração, saudavelmente. Às vezes, quando estamos tristes; suspiramos, quando estamos alegres, respiramos mais depressa, querendo engolir mais ar; quando ficamos agitados, tendemos a respirar descompassadamente; quando ficamos tristes, ficamos com o peito apertado.

Nossa respiração é como um termômetro, ou um sinalizador especial, que nos mostra nossos sentimentos, às vezes a tristeza, às vezes a raiva, às vezes o medo e, até mesmo, o amor. O que importa é que a respiração é algo muito especial. Leva oxigênio importante à nossa saúde, à vida, e ajuda a digerir nossas emoções, as mais escondidas. Assim, pode-se dizer que a respiração tem o dom da vida, da transformação. Ela é muito importante.

Cada vez que você respira, ainda que você não se dê conta, automaticamente está chegando o oxigênio a todas as suas partes, a todas as suas células, exatamente a quantidade de oxigênio de que você precisa, naquele instante, para você ficar bem, para nutri-lo. E, assim, sua respiração está conectando você a todas as suas partes, saudavel e automaticamente.

E cada vez que o ar entra em você pelas suas narinas, ou pela boca, sua respiração digere. Digere isso que entra e aproveita o que é necessário, o que lhe faz bem, levando oxigênio a todas as suas células, jogando fora o gás carbônico, e, com ele, tudo que lhe faz mal. Por isso, pensamos na respiração como aquela função especial, que ajuda a digerir nossas emoções, até as mais escondidas, limpando todas e cada uma de suas células e suas partes, limpando suas emoções...

Eu me recordo de um professor de lutas marciais que, um dia, dando uma aula, colocou seus pequenos alunos, crianças bem pequenas, para meditarem, dizendo algo assim: "Vocês sabiam que, além das nuvens cinzas, das nuvens de tempestade, o céu lá em cima continua azul?". Isso é um pensamento budista que ajuda a pensar sobre as nuvens negras, carregadas, sobre nossa cabeça, que podem descarregar a qualquer hora sua chuva, sua tempestade, mas também podem passar, cada vez mais, até o céu ficar limpo outra vez.

Continuando, o mestre dizia aos seus alunos: "Vocês já imaginaram um daqueles dias lindos, de céu completamente azul, sem nenhuma nuvem no céu? Ah, como é bom respirar de um céu limpo e claro". E você aí me ouvindo, experimente, imagine, imagine comigo como seria um céu de um azul lindo para você? Onde, quando, você já contemplou um céu lindo assim? Você não precisa ver, apenas deixe sua imaginação livre, crie, imagine. Você pode, além de imaginar este céu lindo, imaginar que, deste céu lindo e limpo, você recebe, entrando em suas narinas, nos seus pulmões, um ar especialmente azul, que entra limpando, digerindo, emoções, pensamentos, sentimentos.

Se quiser, você pode imaginar até outra cor, digerindo as emoções, é claro, vendo o mundo limpo, com outros olhos, meditando, aprendendo, saudavelmente, a intenção de uma respiração digestiva. Assim, você que me ouve pode também começar a perceber como você respira. Como está a sua imaginação agora? Você já conseguiu pensar, imaginar, criar, ou até visualizar um céu azul?

Eu adoro o azul, azul da cor do céu. Adoro dias ensolarados, adoro ouvir os pássaros cantando e poder respirar o ar puro, limpando, digerindo, automaticamente, minhas tristezas, decepções, raivas, medos. Talvez o azul não seja sua cor predileta, talvez você queira pensar em uma outra cor. Mas, o que importa é que você respire sentindo que este azul do céu, ou que esta outra cor, entre em você, digerindo, saudavelmente, todas as emoções.

É como limpar o mau tempo. Pois, então, aproveite este momento. Sua respiração chega a todas as suas partes, a todo o seu corpo, até mesmo onde você não domina, não controla. Deixe-se ficar respirando, imaginando um céu azul, um ar azul, ou de outra cor, trazendo o oxigênio, digerindo, limpando, automaticamente, desfrutando do seu bem-estar.

E você pode ir sentindo seu peito se abrindo, o bem-estar tomando conta de você, porque o oxigênio chega até onde ele precisa chegar, digerindo as emoções presas, escondidas, agarradas, há muito tempo, desde as suas raízes, digerindo saudavelmente, sem que você precise saber como, de que maneira...

Você tem uma parte sábia da sua mente, que sabe fazê-lo automaticamente e vai digerindo com o azul, ou com a cor que você desejar, tudo de que precisa digerir, desde as suas raízes, desde as suas raízes. E esse ar azul pode acompanhá-lo. Toda vez que seu peito se apertar, basta que você respire, uma, duas vezes, pensando no azul, digerindo, saudavelmente, as emoções que se prenderam em seu peito. E o ar volta a fluir, o oxigênio chega a todos os pontos que precisa chegar, abrindo, assim, novos tempos, novos momentos.

E você vai automaticamente desfrutando. Enquanto você inspira o oxigênio, vai digerindo emoções presas lá dentro, lá dentro de você, desde as suas raízes, sem que você perceba. Volte ao seu céu azul por um momento, ou a cor do ar que você escolheu. Sinta seu corpo, sinta este momento. Dê a você um tempo para perceber você mesmo, de uma maneira diferente, de perceber que você pode presentear-se com um presente diferente. Estar aí dentro de você mesmo, filtrando, limpando, digerindo emoções, ou cansaço, ou se recuperando, recuperando sua saúde. Como é gostoso parar assim por uns instantes e apreciar o momento.

Conta uma história que uma jovem queria aprender mais e mais. Ela era inteligente, já estudava bastante. Um dia, foi procurar um professor especial para lhe ensinar mais coisas. O mestre, com carinho, a recebeu. Perguntou o que ela desejava e percebeu que ela estava aflita, ansiosa por mais conhecimentos. Enquanto conversavam, o mestre lhe serviu uma xícara de chá. Foi colocando, colocando o chá na xícara, até que transbordou e começou a cair para fora da xícara, sobre o pires. A aluna, ansiosa, avisou ao mestre. E este apenas lhe disse: "Minha cara jovem, para colocarmos algo dentro de uma xícara, precisamos primeiro esvaziá-la, pois, senão, transborda".

Você já parou para pensar que o pulmão é assim? Automatica e saudavelmente, ele faz trocas todo o tempo? Trocas importantes. Oxigênio por gás carbônico esvazia sentimentos presos, se enche de oxigênio de vida, de fôlego, todo o tempo, sempre fazendo trocas. Ele nos mostra quando ficamos cheios, sufocados. Sinta sua respiração, como ela é um bom regulador, que digere muitas dessas emoções que ficam presas. Sinta o ar, sinta sua respiração. Você pode fazer isto, em qualquer lugar e hora, desfrutando de mais saúde.

E, agora, se você for continuar dormindo, apenas desligue o som. Se for acordar, vá despertando, respirando saudavelmente. Está na hora de despertar, voltando bem alerta, bem-disposto, recuperado, aprendendo que você pode utilizar dessa respiração quando você quiser, sempre que precisar. Às vezes, em um minutinho de sufoco, lembre, pare um momento, inspire gostoso, imaginando um céu azul, um céu claro, e deixe o ar fluir, digerindo as emoções presas daquele momento, desde as suas raízes. E bom proveito.

Fundo do mar

Antes de começar, eu gostaria de fazer uma pequena advertência para aqueles que têm medo de nadar ou mergulhar. Este exercício vai levá-lo a um mergulho no mar. Caso você não esteja preparado, é melhor optar por outros exercícios, ou fazê-lo apenas como ouvinte, imaginando que você está protegido, em uma bolha, ou em um submarino... Vamos lá?

Em uma analogia, podemos comparar nossa mente com o mar. Quando vemos uma praia, podemos perceber o visual, a cor do mar, a forma da praia, a cor de suas areias, se há coqueiros, castanheiras, se há montanhas ou não. E podemos perceber qual é o clima. Se o clima for bom, o mar geralmente estará manso, calmo, as águas estarão transparentes, poder-se-á ver até o fundo, com águas claras, claras, visualizando até os pequenos peixinhos que chegam à beirada da praia.

Mas, geralmente, quando o clima esquenta, ou quando vem uma frente fria, arma-se aquela tempestade, e o mar fica agitado, nervoso, bate em ondas enormes, que se arrebentam na areia, invadem casas, destroem muros, viram embarcações. Depois que a tempestade passa, o mar fica de ressaca. Que coisa feia, fica todo revolto em areia, a água meio suja, com as areias carregadas de lixo, que foram jogadas para fora durante a tempestade. Lixos, é claro, que não pertenciam ao mar. E ele devolve à terra. Leva-se algum tempo. Se o clima cooperar, a natureza irá se recompondo. Mas, com certeza, a natureza se recompõe.

Você poderia então imaginar que somos como os mares? Temos dias calmos, dias de tempestades e dias de ressaca, que podemos, assim como o mar, retornar à nossa natureza calma e, até mesmo, ir fundo para dentro do nosso mar, reconhecer nossa preciosidade de natureza, dentro do nosso silêncio. Como lá no fundo existem muitas riquezas e possibilidades que ficamos no nosso dia a dia, tão distantes.

Eu gostaria de convidá-lo para brincar um pouco mais, ir fundo comigo, em uma fantasia deliciosa, que recupera protegidamente sua calma. Bom para aqueles dias que estamos tensos, exaltados, fora do nosso centro. E, em uma brincadeira simples, podemos ficar a sós, mas muito bem acompanhados. Afinal de contas, teremos como convidado especial a nós mesmos.

Imagine que você fosse uma praia. Como seria você? Uma praia grande, pequena, deserta, cheia? No meio de uma ilha? Na costa brasileira? De águas verdes ou azuis? De areia branquinha, com ondas, ou mais calma? Como você se imaginaria? Pense em cada detalhe. Imagine você chegando a essa praia, olhando-a, com carinho, vendo cada detalhe da paisagem, deixando-se ficar aí nessa praia linda, observando o seu mar, ouvindo o barulho das ondas batendo na areia, grandes ou pequenas, como você quiser. Apenas imagine...

Hoje, especialmente, é um dia de mar calmo, convidativo, chamando-o para um mergulho bem protegido. Caso você tenha algum receio, proteja-se, colocando-se em uma bolha de oxigênio ou em um pequeno submarino, ou com uma máscara de oxigênio. É apenas um gostoso passeio, um mergulho na sua praia.

Agora, imagine seus pés na água calma, veja os peixinhos, sinta aquela água gostosa convidando você para um mergulho, no silêncio, calmamente, mergulhando, aprofundando em um bem-estar gostoso, em uma sensação de paz, aprendendo, saudavelmente, a cuidar bem de você, sentindo seu corpo mergulhando nesta água gostosa.

Talvez você possa querer olhar aí no seu fundo do mar e vai perceber que há vida aí dentro. Peixinhos coloridos, plantas, estrelas e muito, muito mais são partes vivas de um ecossistema, que, do lado de fora da praia, não percebemos, mas que está vivo, todo o tempo trabalhando junto com a sua natureza, para manter seu equilíbrio. Que delícia que é poder mergulhar um pouco neste mar todo seu, cheio de coisas lindas para você admirar, no meio do seu silêncio, da sua natureza profunda, e, ainda, poder descobrir quanta vida há aí dentro. Até mesmo o petróleo, a maior energia que temos está lá em baixo, lá no fundo, bem lá no fundo.

Aproveite este mergulho para resgatar, protegidamente, o seu bem-estar e se deixar aproveitar desses instantes de silêncio profundo, conhecendo você mesmo, de uma maneira nova, como um presente diferente.

Conta uma história, baseada na obra de um escritor chamado Loren Esley, que, uma vez, um certo escritor passava férias em uma praia tranquila. Todas as manhãs, ele passeava à beira-mar para se inspirar. E, de tarde, ficava em casa escrevendo, apenas escrevendo.

Um dia, caminhando na praia, ele viu um vulto, que parecia dançar. Quando chegou perto, era um jovem pegando na areia as estrelas-do-mar, uma por uma, e jogando novamente de volta ao oceano. O escritor perguntou: "Por que você está fazendo isso?". E o jovem respondeu:

"Você não vê? A maré está baixa e o sol está brilhando, as estrelas vão secar ao sol e morrer se ficarem quietas aqui na areia".

O escritor então continuou dizendo: "Mas, meu jovem, existem milhares de quilômetros de praia por esse mundo afora e centenas e milhares de estrelas-do-mar espalhadas pelas areias. Que diferença faz? Você joga umas poucas de volta ao oceano, mas a maioria vai morrer, de qualquer forma". O jovem pegou mais uma estrela na areia, jogou-a de volta ao oceano, olhou para o escritor e disse: "Para essa estrela, eu fiz diferença".

Naquela noite, o escritor não conseguiu dormir e nem sequer conseguiu escrever. De manhãzinha, foi para a praia, reuniu-se ao jovem e, juntos, começaram a jogar estrelas-do-mar de volta ao oceano.

E eu me lembro de uma segunda história, essa, de autor desconhecido, que conta que a pérola, a pérola, aquela da ostra, ela é feita de um grande sofrimento. Imagine que uma ostra tão feinha, uma concha tão feia, tem lá dentro um molusco que sofre toda vez que a concha se abre, porque, quando entra um pouquinho de areia, machuca o corpo deste molusco. E ele, ao sofrer, chora, chora um choro de um nácar especial, que vai formando uma pedrazinha. E com o tempo, cada vez que a ostra se abre e se machuca, o pequeno molusco vai chorando e formando nácar. E depois de algum tempo, que preciosidade! Lá no fundo do mar, encontramos dentro de uma ostra uma linda pedra preciosa.

Isso mesmo... E, assim, aprendemos que podemos resgatar um pouco mais de nossas vidas em um mergulho gostoso para dentro de nós mesmos, tranquilo, saudável, de forma que você pode fazê-lo sempre que quiser. Quando estiver de cabeça quente, mergulhar para esfriar as ideias, automaticamente, resgatando seu bem-estar.

Mas agora, lá dentro deste mar tranquilo, você pode vislumbrar a claridade dos raios de luz, lá da superfície da praia, e ir voltando à superfície calmamente, guiado pelos raios de sol, deixando-se ir voltando à superfície. Imagine que você pode boiar pela superfície um pouquinho, olhando para o céu, vendo a cor deste, ouvindo o barulho dos pássaros, ou das gaivotas, ouvindo o farfalhar das árvores à sua volta, e, simplesmente, se deixando flutuar, solto, protegidamente, chegando até a beirada da areia, com uma sensação agradável de bem-querer, respirando, gostosamente.

Deixe-se admirar um pouco mais deste banho de limpeza, de bem-estar, contemplando sua praia. E volte a ela sempre que você necessitar.

Mas agora, é hora de despertar. Respire profundamente, guardando no coração essa sensação boa, e vá retornando.

Ou, se preferir, pode continuar a dormir, caso esteja na hora de dormir um sono gostoso. Fique à vontade para fazer sua opção.

E aproveite deste momento de profunda tranquilidade.

Aliviando sofrimento

Você já parou para pensar quantas vezes sofremos na vida? Ou talvez durante o último ano, quem sabe nos últimos dias. E, no dia de hoje, você está sofrendo? Todos nós sofremos. Nossos sofrimentos nos causam dor, machucam, são feridas da alma. Você não vê o machucado, mas dói. Dói dentro do peito, dói no coração. Muitas vezes, dá um nó na garganta. São dores, são dores diferentes, de feridas diferentes, que não vemos, mas sentimos.

Você já imaginou que os nossos sofrimentos são como feridas, feridas que só nós sentimos e que ficamos machucados assim, quando temos emoções negativas, quando sentimos tristeza, raiva. E como não ter raiva? Como não ter tristeza ou medo? São sentimentos, apenas sentimos. Como evitá-los?

Ora, isto é impossível. Vivendo, você sente não só alegria, mas todas as emoções negativas também fazem parte da vida. Todavia, infelizmente, nos ensinaram a engolir o choro, sentir raiva é feio. E sobre o medo, por que senti-lo? Somos adultos, damos conta.

Assim, construímos a vida para ser um modelo perfeito, para agradarmos aqueles de que gostamos, e vamos vivendo essa vida, aprendendo a ser um modelo de ser humano. Às vezes, bondoso, generoso. Quando sentir raiva, devemos engolir.

Mas como fazer? Como fazer quando as emoções brotarem? Aprendemos a despistá-las. Muitos bebem para ficar menos tenso, outros comem, outros engolem seco. Não nos ensinam a dizer o que pensamos e sentimos. Podemos magoar os outros, mas aqueles de que mais gostamos, muitas vezes nos magoam muito. E aí?

Aí, que, para sermos aceitos e sermos bonzinhos, fomos aprendendo a aguentar, fingir que não sentimos, calar para não perder. E vamos perdendo a nossa autenticidade, o nosso eu. Precisamos encontrar este eu, o nosso eu, o que sentimos de verdade, pois é normal sentir raiva, é natural sentir tristeza, é protetor sentir medo. Tudo isto, no devido volume, pois tudo em excesso também faz mal.

Mas, nós só ficamos magoados se guardarmos os sentimentos negativos, a raiva, a tristeza e a mágoa só machucam a nós mesmos. Por isso, sentir raiva é algo pouco prático. Não diz ao outro que fiquei machucado tampouco sara a minha ferida. Só ficamos magoados e machucados quando nos ferimos. E nossos ferimentos podem ser essas emoções, feitas por pessoas queridas, pai, mãe, parceiros, filhos.

Reparem que são pessoas de que gostamos. Muitas vezes, eles magoam, sem perceber, porque querem bem, por não perceberem que isto nos magoa, porque fazem o que dão conta, apenas o que dão conta. Enquanto nós queremos mais, e mais. Porém você já parou para pensar que essas pessoas são limitadas e que fazem o que podem, ou dão conta, e quantas vezes fazem por amor?

Dizem os orientais que perdoar pode ser difícil, mas é inteligente. É pouco prático sentir raiva, e pronto, guardar a raiva e ficar magoado. O ressentimento e a mágoa são energias negativas, retidas dentro de nós. Fazem mal aos nossos órgãos, realmente nos causam até doenças físicas. As raivas e as tristezas guardadas nos adoecem.

Que tal aprendermos a exercitar livrar-nos de nossas raivas e tristezas? Sei que é difícil, mas nada como um pouco de boa vontade para podermos exercitar, perdoar, libertar, soltar os sentimentos, as raivas, tristezas, os medos.

Perdoar é difícil sim, mas podemos sintonizar nessa intenção. Quando estamos muito machucados, é quase impossível, as feridas estão abertas. Então, vamos cuidar primeiro das feridas, pois, como diz uma amiga minha, doutora Teresa Robles, todas as feridas cicatrizam se nós as deixamos cicatrizar. Você pode imaginar sua ferida? Imagine... colorida, em chagas, em crostas. É apenas um exercício gostoso que você poderá fazer com calma, tranquilamente.

Mas, por agora, vá pensando comigo, imaginando... Se seu sofrimento está doendo, e você pudesse imaginá-lo agora, como uma ferida, como você imaginaria? Grande, pequena, sangrando, cicatrizando... Pare um pouco, respire fundo, feche seus olhos e apenas imagine, ou até visualize, como você quiser.

Mas, lembre-se de que todas as feridas cicatrizam. E pensando assim, lembre-se do ar azul, penetrando em você, levando o oxigênio gostoso e saudável a todo o seu corpo, às suas células e até à sua alma sofrida, ajudando a cicatrizar suas feridas. Para isso, pense naquele ponto onde paramos – o perdão. Pense que é inteligente e libertador aprender a perdoar. Seja lá o que for, precisamos aprender a falar o que sentimos, sem medo. Vamos tentar?

Enquanto as suas feridas vão cicatrizando automaticamente com a sua respiração, com o ar azul penetrando, com o seu desejo de se curar, imagine, pense em quem o machucou. Pense nesta pessoa e pense sobre o que você gostaria de dizer, que ficou preso em você: sua mágoa, sua raiva, sua tristeza. Converse um pouco com essa pessoa, mentalize-a e deixe fluir do seu coração o que você precisa dizer.

Você tem o direito a expor suas emoções, mesmo que o outro discorde. E você pode imaginar como ele o ouviria. Talvez você possa até dizer coisas boas, que você já aprendeu com essa pessoa, ou que fizeram juntos. Mas, você também pode dizer das coisas difíceis, sim, das coisas difíceis.

Enquanto você fala, sintonize com o seu coração. Você ficou machucado por gostar de alguém, que, por um momento de vida, o machucou. Acho que você poderia pensar nisto. As pessoas têm coração, têm sentimentos e têm dificuldades, limites. Vendo com o seu coração, desabafando, talvez você veja agora esta pessoa diferente do que antes, mais livre das emoções difíceis.

Imagine então que, além de conversar com ela, como você está mentalmente fazendo agora, você pode libertá-la do coração machucado. Libertá-la com luz, com carinho porque as pessoas erram, têm limites. E Deus que é Deus não castiga, perdoa, liberta. Não somos Deus, mas somos parte da obra divina, podemos aprender este caminho.

E o perdão acontece. É como uma grande luz, uma luz branca, dourada, brilhante, que entra em nós pelo coração que liberta, liberta nossa alma, nossa saúde, nossa vida. Deixe que suas emoções possam vir sempre, mas liberte-as. Tenha a coragem, sempre, de dialogar com quem lhe machuca. Veja se ela consegue ouvi-lo. Se não, entenda que todos somos limitados. Talvez seja o limite desta pessoa, neste momento. Mesmo assim, converse mentalmente com ela. E, assim, a luz libera seu coração, e a raiva e a tristeza passam, e você volta a ficar em paz.

Conta uma história, que um lavrador queria tirar uma boa colheita de trigo. Já estava cansado de perder parte de suas colheitas com tempos ruins. Pediu a Deus bom tempo por um ano inteiro. Deus lhe concedeu, o trigo nasceu lindo. Mas, quando foi colhê-lo, o homem percebeu que estavam ocos, não havia grãos. Ele foi reclamar a Deus, que lhe disse: "Meu filho, para se ter bons frutos, é preciso ter intempéries. As tempestades e os tempos quentes fazem parte dos ingredientes dos bons frutos".

Lembro-me também de uma outra história sobre um garoto que sentia muita raiva da professora, na escola. Ele morava em uma zona rural e contou ao pai, pois não sabia o que fazer com tanta raiva. O pai, homem simples do campo, mas muito sábio, lhe disse: "Meu filho, quando você sentir raiva, bata pregos na cerca de madeira até que sua raiva possa passar". Ele o fez. Até que um dia disse ao pai que não tinha mais raiva. O pai lhe disse, então, que, cada vez que alguém o fizesse raiva, ou mesmo a professora, que ele fosse à cerca e retirasse da madeira os pregos.

Depois de algum tempo, o garoto retornou ao pai, dizendo que não haviam mais pregos para serem retirados. O pai o levou à cerca e mostrou as marcas dos pregos, dizendo: "Sabe, meu filho, sua professora o magoou por um algum motivo qualquer. Sua mágoa pregou este prego, que marcou assim a madeira. Imagine então o que a mágoa faz dentro de nós? Sentir raiva é querer judiar, machucar, mas só machuca a nós mesmos. O melhor é dizer o que sentimos e entender o limite dos outros".

E aí, podemos voltar àquele item, o perdão, à luz e a Deus. Em uma boa mistura, conseguem juntos curar todas as nossas feridas, pois todas as feridas cicatrizam se nós as deixamos cicatrizar. Eu sei que você pode treinar quando quiser, quando puder, sempre com a luz de Deus que o acompanha, e com aquela respiração gostosa, que alivia e cicatriza automaticamente tudo o que precisa cicatrizar, desde as suas raízes. Imagine a luz de Deus abençoando você, pois você é parte desta luz, é parte de Deus. E sinta que, pelo menos, você acabou de treinar um pouquinho que seja.

E, agora, é hora de retornar. Respire profundamente e vá despertando agora.

Congelando cenas de estresse

Neste exercício, você vai aprender algumas coisas para você utilizar no seu dia a dia. É claro que todo mundo tem seu dia estressado, cansativo, e você pode utilizar deste exercício, lembrando-se dele quando estiver fazendo alguma atividade que possa lhe trazer algum mal-estar, algum estresse, algum pensamento negativo. Vamos lá?

Pense em alguma coisa que lhe traga estresse. Deixe-se envolver com essa coisa, que, nos últimos dias, tem lhe trazido preocupações, ou agora está preocupando você. Pense um pouquinho, sinta o seu corpo, sinta sua respiração enquanto você faz isso. Pensar em um problema, pensar em algo que lhe cause estresse e perceba como isso corre pelo seu corpo.

Talvez nós possamos conversar a respeito de como o estresse corre no nosso corpo debaixo dos panos. O estresse normalmente corre de maneira subterrânea, sem que a gente perceba que está ficando estressado. Às vezes, uma emoção não dita; às vezes, uma raiva contida; às vezes, um medo, uma tristeza e pronto. Basta não darmos atenção ao nosso corpo que ele acaba expressando que temos uma emoção que está agarrada, presa.

O problema do estresse é que nós não vamos percebendo que estamos passando por emoções, e o estresse vai se instalando na surdina, dentro do nosso corpo. Assim, quando percebemos, já estamos estressados. Uma tensão muscular, brancos no pensamento, irritabilidade, sensação de falta de descanso, dores no corpo, sintomas físicos, pronto. Você já está estressado. Meu Deus, o que fazer?

Pare um pouco agora, pense no problema que o aflige nesse momento. Deixe-se ficar um pouco com este problema, sinta ele presente no seu corpo. E, nesse momento, dê uma pausa. E, assim, por um momento, sinta sua respiração...

Parece brincadeira, mas vou lhe pedir que respire pelo coração. Sinta, ou imagine, que você respira pelo coração, pela região do coração. Isso pode parecer brincadeira, não é mesmo? Mas faz com que a energia se volte para o chacra do coração. Sinta sua respiração acontecendo por aí e se deixe aproveitar deste instante, reativando as funções do chacra do coração.

Procure agora se relembrar de um momento em sua vida muito especial, algum momento em que você se sentiu muito bem, algum momento de sua infância, algumas férias relaxantes, alguma palavra de carinho, que alguém possa ter falado, algum momento como um pôr do sol maravilhoso, ou até mesmo comendo uma fruta no pé, nadando na praia, sentindo o prazer de uma companhia agradável, qualquer coisa, qualquer coisa boa.

As coisas boas costumam ser muito simples. Enquanto você pensa e lembra, sinta com o seu corpo, não apenas relembre com a sua cabeça, deixe o seu corpo sentir cada pedacinho dessa cena, dessa lembrança. Relembre como se você estivesse vivendo e sinta completamente isso, levando até a região do seu coração.

Quando você está fazendo esse exercício, pensando em uma coisa agradável, você está ativando os nervos que inervam seu coração. As memórias de bem-estar, as memórias saudáveis, as memórias que lhe fazem bem e, é claro, recuperando e regenerando as suas células nervosas, recuperando e regenerando o equilíbrio dos seus hormônios, recuperando e regenerando a sua paz interior automaticamente.

Isso é o sorriso do seu coração, aquele lugarzinho que Deus, de vez em quando, tem de ir lá para se esconder dos homens. Que tal você também poder se esconder aí dentro do seu coração? Deixe que seu coração sorria para você, e sinta essa sensação do seu coração sorrindo para você nesse instante, neste momento.

Agora, pare um instante com essa sensação dentro de você e se faça uma simples pergunta: Como você resolveria aquela preocupação que você deixou congelada lá na pausa que foi pedida? Mas, como você resolveria aquela preocupação com essa sensação que você está sentindo agora? Como você faria para diminuir o estresse da sua preocupação com essa sensação que você está sentindo agora.

Não me responda com a razão, apenas sinta seu coração. Sinta seu coração e fique quieto, imóvel. Deixe que o seu coração traga uma resposta para você. Apenas ouça o que ele quer lhe dizer. O coração, às vezes, tem respostas simples, tem razões que a razão desconhece, e sabe muito mais da sua verdadeira emoção do que você imagina, porque o nosso coração não mente sobre as nossas emoções. É o único órgão que não tem câncer, que não mente sobre as emoções, porque ele expressa, põe para fora todas elas, em suas batidas.

Ouça a resposta, ouça o que seu coração quer lhe dizer. Fique com essa sensação de paz por mais um momento, deixe que ela se espalhe por você todo, completamente.

Você pode repetir esse treinamento sempre que desejar, sempre que precisar. Sinta-se livre para poder executá-lo toda vez que você necessitar, porque o seu coração é uma morada especial. Aí mora Deus, junto com você. E as respostas, com certeza, virão, respostas do coração. E você vai se surpreender com a linda sabedoria que existe lá dentro de você.

Boa sorte!

Pessoas que não relaxam

Quando você não consegue relaxar, despreocupe-se. Isso é apenas um sinal que seu sistema de alarme está desregulado, regulando tudo um pouco mais do que deveria. Apenas me acompanhe e aprenda um pouco mais como ficar atento, relaxado. E assim, você pode ir desfrutando e descansando sua mente, atenta e saudavelmente.

Nossa mente tem um sistema de alarme que nos protege diante dos perigos. Quando somos perfeccionistas e queremos demais de nós mesmos, ficamos mais atentos do que deveríamos, como soldados em vigília. Dizem que os soldados em vigília precisam ser trocados a cada quatro horas, a cada seis horas, porque não aguentam, é muito, vigiar todo o tempo.

Como pode alguém ficar alerta todo o tempo e dar conta de controlar tudo? Descompensa, perde a energia, se esgota e começa a ter brancos na memória, mau humor, cansaço. Que tal cuidarmos de você? Você não precisa relaxar, você não precisa deixar de prestar atenção às minhas palavras, de ouvir-me o tempo todo. Apenas se deixe ficar à vontade e vá me acompanhando. Você vai aprender a descansar atentamente. Então, venha comigo. Vamos começar aprendendo a respirar...

Cada vez que você respira, preste atenção como sua respiração acontece agora. Não há necessidade de controlá-la, apenas perceba que você respira todo o tempo, que o oxigênio de que você precisa entra na medida em que você necessita, chega a todas as partes do seu corpo. E a sua respiração ajuda você a poder digerir as emoções presas, lá dentro de você.

Você já reparou que nós suspiramos quando ficamos sufocados? Que nossa respiração acelera quando estamos tensos? Veja, é sua respiração protegendo você. Então, apenas observe como ela acontece agora. Dirija toda a sua atenção para o centro do seu coração, para a região do seu coração. E, assim, sinta, sinta, este é o ponto do seu centro. Quando você respira, você deixa o ar ir entrando, saudavelmente. Ele chega a este ponto, o ponto do seu coração. E as emoções aí são digeridas.

Nós podemos brincar, você respira oxigênio e digere emoções. Você está controlando cada palavra que eu estou lhe dizendo, e está aprendendo a ir descansando, saudavelmente, atento. Mas, está renovando sua energia, automaticamente, trazendo paz para você agora... muita paz.

Eu gosto muito de contar histórias. Eu vou lhe contar duas histórias enquanto você descansa, enquanto você observa seu corpo, como está acomodado, onde está acomodado, os barulhos à sua volta. E, ao mesmo tempo, você vai acompanhando as minhas duas histórias.

A primeira é sobre um rapaz, um artista plástico que fazia vasos, vasos de barro. Ele tinha um ateliê que ficava em uma praça, e ali ele ficava vendo o movimento enquanto trabalhava em suas peças. Mas, ele era perfeccionista. Se o vaso saía um pouquinho torto, não o agradava, ele jogava o vaso fora. E, assim, ele perdia inúmeros vasos, porque eles saíam tortos.

Um dia, passava uma moça linda pela praça, e ele ficou observando aquela mulher maravilhosa, e sua mão errou, e o vaso saiu torto. Ele já ia desprezando o vaso, quando a moça chegou perto, pedindo-lhe para comprar aquele determinado vaso torto. Ele ficou um pouco sem graça, disse a ela que não estava à venda, que o vaso estava estragado. Mas, ela insistiu, queria exatamente aquele vaso torto. Ele acabou cedendo o vaso à moça. Outro dia a moça passa novamente na praça, ele erra a mão outra vez no vaso, acontecem as mesmas coisas, e a moça acaba ficando com mais um vaso torto. Esta cena se repete algumas vezes.

Depois de algum tempo, a moça lhe traz um convite para exposição de objetos de arte, onde o expositor era ele. Ele muito sem graça e assustado perguntou à moça: "Como?". E ela disse: "Eu resolvi expor suas obras de arte. São vasos lindos, são obras-primas. Toda obra-prima é aquela obra feita em um único momento de inspiração, onde a mão se coloca perfeita em um momento perfeito, e faz algo que outra pessoa não pode fazer igual, nunca, jamais. Isso é uma obra-prima".

O rapaz, meio sem graça, entendeu e valorizou aquele ato tão delicado de uma *expert* em artes. E daí para frente ele entendeu que toda obra é única.

Conta uma segunda história sobre um rei muito amável, que cuidava muito bem do seu bosque. As árvores gostavam muito, muito mesmo deste rei. Mas, ele começou a perceber que seu bosque não estava mais tão lindo como antigamente e perguntou ao grande carvalho o que estava acontecendo, pois as folhas do grande carvalho estavam tão secas. E o grande carvalho lhe disse: "Oh, meu rei, eu queria ser como o lindo pinheiro, para agradá-lo também no inverno".

O rei chegou ao pinheiro e observou que o pinheiro estava também feio, e fez a mesma pergunta. E o pinheiro respondeu: "Oh, meu rei, para agradá-lo, eu gostaria de lhe dar uvas, como a parreira de uvas". O rei chegou à parreira de uvas, que não estava mais dando uvas, e perguntou o que estava acontecendo. E ela também lhe disse: "Oh, meu rei, para agradá-lo, eu gostaria de lhe dar rosas". E o rei chegou à roseira, que também continuou essa história.

Até que, já desesperado, o rei percebeu uma flor pequenininha, mas muito linda, muito colorida, muito viva. O rei chegou àquela florzinha e disse: "O que faz, florzinha, para ficar tão linda, tão linda?". E ela disse: "Oh, meu rei, a única coisa que posso fazer é ser o que sou para agradar a você, meu rei, porque Deus me fez assim". E o rei então perguntou: "Quem é você?". E a florzinha respondeu: "Eu sou o amor-perfeito. Amor... perfeito".

Pensa comigo agora, você também é filho de Deus, feito como é, do jeito que é, para agradar a você e a Deus, o que mais você precisa controlar, cuidar, exigir? Talvez ser você mesmo, o seu eu sou, o Deus que vive dentro de você. Talvez, você precise de mais um minuto, de mais um momento a sós com você mesmo, atento, me ouvindo, talvez descobrindo um lugar muito seguro, de muita paz, para você ficar por alguns instantes em profundo silêncio.

Talvez você imagine um lugar lindo, no alto das montanhas, na beira de uma praia, ou no seu quarto. Não importa onde seja, deixe a sua imaginação fluir e apenas imagine um lugar seguro, onde você possa descansar atento, imaginando cada detalhe: a cor do céu, a temperatura, o visual, a paisagem.

Sinta o oxigênio penetrando em você, digerindo as emoções, sejam elas quais forem, deixando seu bem-estar poder ir fundo, fundo para dentro de você mesmo. Descanse atentamente, observando cada detalhe, sentindo seu corpo. E, assim, perceba, ficamos alguns momentos juntos, atentos, descansando, desfrutando e aprendendo, automaticamente, a diminuir o volume do seu sistema de alarme.

Quando você quiser, você pode voltar a esse lugarzinho especial, protetor, ou apenas repetir essa indução. Agora respire gostoso, vá abrindo seus olhos e voltando a fazer o que precisa fazer, com muito mais paz, com muito mais paz.

Se quiser, e preferir, pode até adormecer agora, em um sono gostoso, tranquilo e recuperador.

E boa sorte!

As fadinhas do cérebro

Um jeito de entender os neurotransmissores

Agora você pode escolher um lugar gostoso para desligar-se do mundo do lado de fora e se ligar em um mundo diferente, mas que também é seu, o seu mundo interno, um mundo muito especial, que, de vez em quando, quando ele requer que você fique de bem com a vida, faz você parar por um instante. Aproveite, aproveite este momento...

Procure uma posição de conforto... Permita-se fechar os olhos para o mundo do lado de fora e se dê tempo para abrir os seus olhos internos e ver as coisas de um jeito diferente...

Procure observar a sua respiração e aproveite para ir respirando livremente, de uma maneira que você sinta o ar entrando, saindo e lembrando-se sempre de que, a cada troca gasosa, entra oxigênio e, junto com ele, você está renovando sua saúde, seu bem-estar protegidamente... Cada vez que você vai soltando o ar, você pode colocar para fora, além do gás carbônico, todos os sentimentos presos dentro do peito...

E, assim, a respiração vai renovando suas energias, digerindo as emoções presas lá dentro. Emoções de agora, emoções guardadas há muito tempo, qualquer uma, apenas sinta o ar fluindo e de um jeito gostoso. Você vai começando a soltar as suas preocupações do mundo lá de fora e vai percebendo que pode ir dando a você alguns instantes de paz, desfrutando protegidamente deste momento agora...

Dizem que os médicos são curandeiros de instrumentos, e a missão deles é consertar estes instrumentos e despertar nos instrumentos a vontade de viver...

A minha missão com você é ajudá-lo a descobrir a vida que existe aí dentro, a beleza em viver cada instante e renovar protegidamente a saúde das suas células e dos seus órgãos, trazendo à tona a vontade de viver mais e melhor.

Enquanto você vai me ouvindo, seu corpo pode ir se recuperando saudavelmente, desfrutando de um conto de fadas que eu vou lhe contar agora...

Talvez esta história seja a história que eu mais conto aos meus clientes, mas não me canso de contá-la, pois é parte da nossa vida real...

Conta uma história que havia um reino chamado cérebro. Neste reino, o povo era muito nervoso (os neurônios), havia milhões e milhões de neurônios habitando o Reino do Cérebro. Mas, eles eram cheios de sentimentos, cheios de energia, cheios de eletricidade e, muitas vezes, se desgastavam por meio dos sentimentos...

No reino, para controlar todos estes nervos, havia fadinhas. Elas eram responsáveis por porções mágicas de transformações importantíssimas. Havia três fadas...

Havia uma fadinha azul, sábia, responsável pela memória, por guardar conhecimentos, pela Matemática, responsável pelos movimentos do corpo, pela atividade física, ela é que mandava aos neurônios estes estímulos, seu nome, fadinha *Dopamina*, a fadinha azul!

Havia uma segunda fadinha no reino cerebral, o reino das minas, das minas cheias de energia. Essa segunda fadinha era rosa, linda, doce, meiga; é claro que é responsável pelo bom humor, pela alegria, pelo relaxamento, pelo conforto, por tirar a dor. Sem ela, os neurônios ficavam mal-humorados, chatos, sem alegria, pensando negativo, com ataques de raiva, com dores por todos os lados... Meu Deus, é um caos quando ela falta! Seu nome, fadinha *Serotonina*, a fadinha cor-de-rosa!

Até agora, você já conheceu duas fadinhas do reino: A *Dopamina*, a fadinha azul, e a *Serotonina*, a fadinha cor-de-rosa. Mas, também, existe uma terceira fadinha, a laranja, cheia de energia para dar e esbanjar, tanta que põe os neurônios em estado de alarme: *Luta ou Fuga! Luta ou Fuga! Luta ou Fuga!* Sua missão? Avisar os neurônios que pode haver guerra, ou que já estamos em guerra! E pronto, há um estado de alarme em todo o reino cerebral!

Os comandos são ativados, e se liberam as bombas, os ataques rápidos, o coração galopante, a respiração curta e tudo pronto para a luta! Esta fadinha é a *Noradrenalina*, a fada laranja, a fadinha responsável pelo estado de alerta! Muito boa! Mas só pode colocar suas porções na hora adequada! Aí sim ela é muito bem-vinda...

O problema é que as três são primas e, como primas, elas se ajudam. Quando falta uma, a outra entra no lugar, e é desse jeito que a fadinha cor-de-rosa, a *Serotonina*, muito bem-humorada, alegre, está sempre disposta a ajudar todos do reino.

Ela transforma os neurônios do reino em gente boa, de boa índole, que ajuda todas as pessoas, trabalha além da conta. Esta fadinha quer o bem e, então, gasta mais porções do que as outras... Mas, como toda fada tem seus limites de poder, chega uma hora que ela fica desgastada. Assim, a fadinha *Serotonina* fica vazia, sem magia...

E quando a fadinha cor-de-rosa não está presente, o reino cerebral pensa negativo e fica mal-humorado, ou fica mais tenso, ou fica cansado, sem alegria...

Muitas vezes, sua prima laranja, a Fadinha *Noradrenalina*, quer ajudá-la e vem substituir suas porções mágicas...

A única questão é que a porção mágica da *Noradrenalina* é feita para ALERTAR, alertar os neurônios. Sua mensagem quer dizer *"luta ou fuga"* e, dessa maneira, quando ela vem para substituir a prima, seu recado não é "relaxe", "se solte", "pense positivo"... na verdade, a *Noradrenalina* só consegue dizer: "CUIDADO! ALERTA! PERIGO!". E, com isso, se ela soltar demais sua magia, os neurônios têm um ataque de pânico! Uma descarga de ansiedade, alertando todo o reino, o que desgasta ainda mais...

E isso só porque ela quis ajudar a prima. Assim, a fadinha laranja, a *Noradrenalina*, ativa a fadinha azul, que sai correndo de um lado para o outro, de um lado para o outro, achando que tem guerra, procurando uma causa para esta guerra, uma pista, e assim os neurônios panicados agitados pela fadinha azul, acham as causas mais malucas: você ficou assim porque comeu errado, você ficou assim porque seu coração disparou, você ficou assim porque estava no meio de muita gente, você ficou assim... *tararátararátarará*... e vai descobrindo motivos para ficar assim ou assado, mas, na verdade, todo reino fica esgotado, vem um sentimento de cansaço, de exaustão, é necessário tomar uma providência...

No final, ficam todas as fadinhas esgotadas! Elas é que precisam de um mago para cuidar delas com muito carinho e dar paz ao reino cerebral...

Normalmente, é preciso contratar o mago-terapeuta e o mago-psiquiatra, que fazem suas magias para equilibrá-las...

O mago-terapeuta usa a imaginação e faz as fadinhas voltarem ao seu normal, sonhando como elas eram, cheias de vida e de porções mágicas, faz a fadinha cor-de-rosa voltar a sonhar, e quando ela sonha, ela revigora, e tudo fica bom, tudo fica rosa e sua força volta novamente...

O mago-psiquiatra faz porções mágicas muito parecidas com as da fada cor-de-rosa, que ajudam a fadinha cor-de-rosa a se recuperar logo...

E, em pouco tempo, a fadinha cor-de-rosa, a *Serotonina*, volta ao seu normal: cuidar muito bem do reino cerebral...

Quem já não teve seus dias de esgotamento? Que delícia, então, poder aprender a parar, a respirar, a se recuperar...

Existem maneiras deliciosas de você poder dar a você um tempo e revigorar sua vida lá no fundo, sonhando, fazendo ioga, brincando, dando gargalhadas, assistindo a filme de comédia e, por agora, respirando aliviadamente com esta história.

Dê a você uns momentos de uma gostosa tranquilidade, permitindo que você se deixe respirar, abrindo o peito, recebendo o gostoso ar azul, de um céu aberto e azul, onde o ar limpo entra abrindo um espaço novo no seu peito, e você pode sentir uma deliciosa paz, que revigora.

E a cada vez que você respira gostosamente, digere as emoções ajudado pela fadinha cor-de-rosa. É claro que você pode aproveitar para sonhar um sonho bom, um sonho acordado, algo bom, que abra o seu bem-estar, que abra a sua tranquilidade e, de um jeito gostoso, aprendendo que o melhor sonho está sempre bem próximo de nós, são os sonhos simples, um minuto de ar entrando no peito, o gosto de um copo d'água matando a sede, o sorriso de alguém de que gostamos, retribuindo o nosso, o céu azul, os raios de sol, as flores que nascem, coisas simples que podemos alcançar, que podemos apreciar e que nos trazem paz...

Fique por alguns minutos sentindo a sua paz, lembrando de coisas agradáveis, e sua fadinha cor-de-rosa vai despertando protegidamente para ajudá-lo a ver o mundo mais cor-de-rosa!

Respirando, relaxando...

Voltando devagar deste momento gostoso...

Vá acordando completamente da ponta dos pés até a ponta da cabeça... Totalmente acordado...

Caso você possa dormir, entre em um sono gostoso e revigorador, revigorador das suas fadinhas para despertar depois com uma energia saudável!

Mas se tiver de acordar, vá despertando agora!

Protegidamente...

Um banho de luz

Permita-se agora ficar de uma maneira confortável para fazer este relaxamento, gostoso, tranquilo, onde você possa sentir um bem-estar que alivia. Para isso, vá respirando, sentindo o ar, entrando e saindo, e de um jeito gostoso, você vai ficando aí, quieto, tranquilo, acomodado...

Imagine agora como uma luz, um raio de luz que entra pelo topo da sua cabeça, um raio de luz lindo, um raio de luz divino, que vai entrando pelo topo da sua cabeça e se espalhando por seu corpo, começando pela cabeça, como uma poeirinha cósmica, com milhares e milhares de partículas de energia que se espalham. Essas minipartículas vão energizando você, limpando você, revigorando o seu cérebro, suas ideias, seus sentimentos... Esse raio se espalha descendo em direção ao seu peito, passa pela garganta, pelas coisas entaladas na garganta, pelas palavras travadas pela vida, pelos sentimentos que ficaram travados, uma vida inteira dentro de você... E, na cabeça, vão limpando com a poeirinha cósmica esse raio de luz, cheio desta poeirinha cósmica, vai limpando sua garganta com essas partículas pequenas, como se fossem escovinhas douradas, e estas escovinhas douradas vão limpando você lá dentro, e assim, você pode ir sentindo uma limpeza profunda.

Esse raio de luz continua descendo enquanto limpa sua cabeça, sua garganta, ele também se espalha e vai ao peito, ao buraco que tem dentro do peito, um lugar que a gente guarda os sentimentos e, neste ponto, você observa ou imagina a luz preenchendo cada pedacinho do seu peito... Um tempo de energia para revigorar seu coração, e essa luz com sua poeirinha cósmica vai limpando, energizando, preenchendo, protegidamente cada pedacinho do seu peito, do seu coração...

E a luz vai limpando com as escovinhas douradas, vai limpando cada vez mais com as escovinhas douradas, este lugar dos ressentimentos, do aperto no peito... E a luz vai descendo pela coluna vertebral, pelos órgãos do abdômen, e você pode focalizar em algum órgão em especial, qualquer um, aquele que você precisa limpá-lo, curá-lo. Às vezes, são os seus intestinos carregados ou enfezados, ou pode ser o seu estômago agitado, nervoso, ou o seu fígado mal-humorado, triste ou magoado... Quem sabe? Seus rins acelerados, com medo, ou o baço encharcado de emoções... Eu não sei qual você vai escolher. Você pode deixar por conta da sua mente sábia, ir limpando automaticamente com esse raio de luz especial, que se espalha, que vai limpando, matando o que precisar matar, desinfetando o que precisa desinfetar, acalmando o que precisa acalmar, revigorando suas células, fazendo nascer novas células, boas, saudáveis, que trazem mais saúde e que nascem no meio desta luz, cheia de energia que revigora a sua saúde, que revigora o seu bem-estar, e seu corpo vai limpando por completo, tudo que não precisa ficar aí mais, trazendo a saúde em cada poeirinha cósmica, trazendo calma, energia... e a luz vai se espalhando pelo sangue, pelos ossos, pelos músculos, até a sua pele, vai transpondo a sua pele, transformando um escudo protetor, um escudo de muita luz, um banho de luz que limpa, revigora e forma como um escudo protetor de muita luminosidade, de cura, uma barreira divina, uma barreira para as coisas negativas, e você vai se sentindo totalmente energizado, saudavelmente protegido, desfrutando de uma sensação de plenitude...

E, assim, essa luz se encarrega de reativar todas as funções orgânicas do seu corpo que protegem você, que fazem funcionar todo o seu corpo da melhor maneira, e você pode ir descansando e desfrutando da sabedoria interna das suas células que se encarregam do seu bem-estar...

Essa luz traz o conforto, a paz de espírito e vai limpando você dos sentimentos carregados profundamente, que lhe tiram a alegria de viver...

Você pode ir sentindo que esta luz vai abrindo seu coração para uma vida nova, onde você é o único responsável pelo seu bem-estar.

E, de agora em diante, protegidamente, esta luz saudável vai curando todas as feridas, curando os desgastes do dia a dia, curando as células que precisam se renovar e revigorar protegidamente sua alegria de viver.

Este banho cheio de luz se espalha e se expande por você para o universo... E a presença divina, a presença de Deus, o Deus que mora dentro de você, vai se expandindo, contactando com todo o universo, pois sabemos que somos energia, energia divina, ou se você quiser, só energia... O que importa é que podemos chamar de energia também Deus e acreditar que Deus está dentro de nós, expandindo a vida e nos permitindo ter a alegria, brincar, sorrir, dizer algo bom a alguém no dia, ser simpático, ficar leve, aprender a apreciar o Deus leve, cheio de paz, em cada sensação boa do nosso corpo, dos nossos sentimentos...

E, neste banho de luz, você vai se limpando, se abrindo para viver melhor, protegendo com um escudo de luz, que recarrega sua energia de vida...

Permita poder, agora, ir respirando protegidamente para se recarregar. É um momento de uma profunda cura...

Assim, você está preparado para se curar...

Pense naquilo que deseja curar e mande sua energia para lá com o seu pensamento bom, imagine sua energia centrada no melhor de que você precisa. Um milagre está dentro de nós, acredite, ele está acontecendo agora, transformando saudavelmente o que precisa transformar... células, sentimentos, seja lá o que for, sua mente sábia faz agora o seu milagre de cura... Dê a você um momento, no seu silêncio imaginando sua energia de cura, e em um bem-estar gostoso, você pode aproveitar este relaxamento para levar pelo resto do dia ou da noite, ou dos dias que virão a expansão dessa energia, para ficar cada vez melhor, nos sentimentos, na alegria, na paz... no observar o belo em pequenos detalhes e curtir cada minuto da sua vida, mesmo aqueles momentos difíceis, lembrando-se desta paz agora...

Em um conforto gostoso, você pode adormecer e, se quiser, continuar dormindo ou ir devagarinho acordando, despertando, energeticamente, de corpo inteiro, com uma sensação de paz, de cura em uma energia divina!

Voltando, voltando devagar a despertar, completamente acordado e bem!

Retirando a dor do sofrimento

Quando nós temos um grande sofrimento, ou uma grande perda, ou uma grande decepção, sofremos uma dor enorme no peito. Às vezes, a dor se torna física, dói de verdade como se fosse um buraco, um buraco fundo...

Essa dor toma conta da gente, e assim o que nós podemos fazer é cuidar de você neste momento de tristeza, da falta, do aperto, seja lá do que for, para resgatar o seu verdadeiro amor, o respeito a você mesmo, o respeito a adorar a vida que existe em você...

Nós não podemos mudar o que já aconteceu tampouco mudarmos as pessoas ou as situações que nos machucaram, mas podemos mudar aquilo que incomoda dentro de nós...

É isso que faremos agora...

Nesse momento, para você respirar fundo, perceber seu peito, pare por um minuto, perceba a dor aí dentro, e vai notar que os sentimentos que vêm junto... tristeza, angústia e, às vezes, até desespero, nós vamos aos poucos limpando esta ferida, esse sofrimento, esse buraco que ficou vazio...

E assim, aos poucos, você vai me ouvindo e dando a você um momento apenas, observando como essa dor dói... Sinta, ela está apertando, agoniando? Imagine como se ela fosse uma ferida, que você pode observá-la... Como se fosse uma ferida, que ferida seria? Uma ferida aberta, sangrando, um buraco? Como seria?

Permita-se por um instante deixar que a respiração tome conta de você, desse buraco, dessa ferida e, cada vez, que você respira o oxigênio, ele entra devagarinho, limpando o seu peito, esse buraco e vai preenchendo com respeito, com paz, com amor próprio, com o oxigênio que limpa, enquanto o tempo ajuda a cuidar, a cicatrizar protegidamente...

E, assim, nós vamos ganhando tempo para o seu amor próprio cuidar mais e melhor, e, aos poucos, você vai descobrindo que vale muito mais amar a você, cuidando de você com carinho em cada momento.

Isso é o que estamos fazendo agora...

Você pode imaginar como a água do mar, que limpa, que tira os germes, vai limpando em pequenas ondas, lavando a sua alma, lavando o seu coração, lavando esta dor agarrada, esta dor presa no peito, presa naquilo que você perdeu. E a água vai limpando esse buraco, como ondas do mar que vão lavando a alma, lavando as decepções, curando... Existe mesmo um buraco, mas ele pode ficar limpo e vai se limpando cada vez mais, e, naturalmente, as feridas cicatrizam quando estão limpas, e você pode ir limpando a raiva, a tristeza, a decepção com as ondas do mar que vão lavando e limpando, levando embora toda a sua dor, e essa dor agora pode se curar. Permita esse momento de limpeza, pense em você, em você conseguindo tudo o que deseja conseguir, a sua cura, pense em paz. Não podemos mudar as pessoas, os acontecimentos, podemos mudar apenas a nós mesmos, e você vai se curando...

Enquanto você vai imaginando o mar, limpando este lugar aberto, o seu peito, a sua dor, vai preenchendo protegidamente com algo muito bom, onde só o amor verdadeiro, o amor próprio e a sua sensibilidade vão podendo preencher cada pedacinho, pedacinho por pedacinho, de uma maneira tranquila; e, nesse momento, a aceitação da dor, a respiração profunda e o sentimento de paz vão limpando a sua alma, preenchendo este lugar tranquilo, e você pode imaginar que a sua ferida está limpando, cicatrizando as dores de agora, as dores antigas, abrindo um espaço para receber algo novo, saudável, bom, que vai preenchendo este lugar...

Conto uma história, uma história linda, que um rei tinha um jardim maravilhoso. Naquele jardim, todas as plantas gostavam muito da sua majestade e queriam lhe agradar todo tempo, por ter muito amor ao rei. O rei não tinha muito tempo para se dedicar àquele jardim, e cada uma das plantas se desdobrava ao máximo para se fazer mais, melhor... Até que um dia, o rei reparou que todo o jardim estava muito feio e lá conversou com um grande carvalho:

- "Grande carvalho, o que está acontecendo com você"? E ele disse:

- "Ah, meu rei... eu queria agradá-lo, queria ser como um pinheiro verde até no inverno". E o rei retrucou:

- "Mas como? Estamos em pleno verão, e você está todo seco".

Ele disse:

- "É de tanto tentar ficar como um pinheiro".

O rei foi ao pinheiro e reparou que este também não estava bem e disse:

- "O que acontece com você pinheiro?" O pinheiro respondeu:

- "Ah, meu rei... eu queria tanto lhe agradar que queria dar uvas como uma parreira de uva, porém não consigo e, por isso, estou neste estado lastimável".

O rei chegou à parreira de uva e percebeu a mesma coisa e lhe perguntou, também, o que estava acontecendo. E a parreira de uvas lhe disse:

- "Ah, meu rei... eu queria mesmo era fabricar rosas, e não posso, para lhe agradar".

E, assim por diante, todo o jardim estava feio, menos uma florzinha pequenininha que estava toda colorida, toda tranquila. O rei, então, lhe perguntou:

- "Florzinha, o que você faz para ficar tão linda?" E a florzinha respondeu:

- "Sabe o que é meu rei? Deus me fez assim, pequenininha, eu não posso mudar nada, então o que eu posso fazer é fazer aquilo que Deus me tornou, o melhor possível".

- E o rei lhe perguntou: "Mas, quem é você"?

- Ela respondeu: "Eu sou o amor-perfeito".

E, então, o rei entendeu tudo, e todo o jardim entendeu que, para agradar alguém, é preciso que você primeiro seja você.

Eu queria que você se sentisse como o amor-perfeito neste momento, seja o que você é e preencha o seu peito com este sentimento, e a sua dor vai desaparecendo aos pouquinhos, protegidamente...

Tome um tempo, respirando gostoso, para ir despertando e deixando o seu peito cheio, cheio da energia do amor-perfeito...

Toque mágico

Permita-se, devagar, deixar-se ficar em uma posição de conforto, porque nós vamos brincar de fazer um toque mágico. É isso mesmo que você está ouvindo, um toque mágico aí dentro de você. Assim, você pode fazer qualquer tipo de mudança, de qualquer natureza: mudança de sentimento, mudança de comportamento, mudança de hábito ou mudanças físicas, não importa qual mudança você precisa no momento.

Pare, pense e se permita, por hora, ter um momento para ganhar um presente precioso, um toque mágico, um toque que pode mudar algo em especial para você, e, assim, por meio da sua mente, pelo seu poder, se permita fazer um toque diferente. Nós somos todos filhos de Deus, mas Deus não fica fazendo as nossa vontades. A gente reza, pede, pede um milagre daqui, outro dali e, por incrível que pareça, continuamos levando a nossa vida. O que será que Deus quer? Talvez Ele queira que você seja um empreendedor do seu milagre, que você faça o milagre e, assim, Ele nos deu algo em especial: a fé, o desejo de mudar, desejar muito, a vontade de fazer algo novo; esse é o poder do milagre, e, nesse momento, eu queria que você aprendesse a desejar, desejar muito e ser capaz de experimentar as sensações boas que virão com a sua vontade de mudar alguma coisa, e, assim, por incrível que pareça, essa mudança acontece.

Quando você imagina, uma nova situação já vai mudando mentalmente, e o comportamento vai seguindo a sua mudança nas atitudes, nos sentimentos e, até, no nível físico. Primeiro, é preciso que você acredite, e, para isso, eu queria lhe pedir que você comece respirando, sentindo que você está entrando em contato consigo mesmo, de um jeito gostoso, abrindo o seu peito, recebendo o oxigênio, permitindo-se equilibrar as suas forças e se encontrar com você mesmo aí dentro, com as dores que estão presas dentro do peito, com sentimentos que estão agarrados lá dentro, com as vontades que você gostaria de atingir e com os muitos sofrimentos que você vem tendo por não atingir aquilo que um dia você deseja alcançar.

Enquanto você respira, encontra seu ponto de equilíbrio; enquanto você procura o seu momento de silêncio, apenas sinta o oxigênio entrando, levando vida a todas as células, entrando, levando energia boa, o oxigênio que vai digerindo as emoções e abrindo caminho. Por um momento, aí, dentro de você, do jeito que você está descansando de olhos fechados, soltando os músculos, concentre-se nos seus pensamentos, em algum acontecimento que lhe traga boas recordações. Isso mesmo, alguma coisa gostosa que você já viveu, que lhe traga ótimas lembranças... Enquanto isso, permita-se ir sentindo uma sensação de conforto que vai tomando conta de todo o seu corpo. Isso é um exercício de concentração, deixando-se envolver com lembranças agradáveis, com uma lembrança em particular, experimentando que seu corpo sinta como se tivesse revivendo e trazendo para você um momento de conforto, um momento gostoso, protegidamente, desfrutando desta lembrança, aproveitando cada minuto desse tempo, pois o toque mágico começa neste instante. Quando você vai aproveitando cada minuto e ativa uma lembrança agradável, você produz aí dentro uma força de transformação.

Agora, imagine, pense e focalize aquilo que você deseja mudar. Aquilo que você deseja mudar pode ser uma dor, pode ser um sofrimento, pode ser limpar uma decepção, pode ser abrir um novo caminho, pode ser desejar uma mudança radical em sua vida. Eu não sei o que pode ser, mas você já sabe, pense o que deseja, pois você iniciará o processo do seu milagre, com o seu toque mágico. Vá pensando devagar nesse problema, nessa situação, nesse sentimento. Observe cada característica deste pensamento, sentimento, dor física ou qualquer outra coisa. Pense nos detalhes e nos sentimentos que acompanham, e, feito isso, você vai pensando consigo mesmo, dizendo à sua mente sábia, ao seu inconsciente, que você agora deseja um toque mágico, um milagre que vem aí de dentro, a sua colaboração, para que ajude você a fazer mudanças, todas as mudanças que forem necessárias nos seus sentimentos, no seu corpo físico, na sua energia, onde for, para modificar a situação a que você está se propondo e, assim, até eliminar o que o incomoda.

Você sempre vai se lembrar de que o seu inconsciente é capaz de produzir qualquer mudança em seu corpo, em sua mente, em sua energia, pois ele é responsável por tudo que acontece dentro de você. Você também pode se lembrar de que seu corpo é um complexo formidável, onde acontecem milhares e milhares de operações a cada instante: células nascendo, células transformando todo o tempo, tudo programado pela sua mente sábia inconsciente. Ela pode transformar dor física, células, pode transformar anticorpos, pode transformar tecidos, sentimentos...

Em seguida, você pode mostrar à sua mente inconsciente exatamente como você deseja ficar.

Imagine, agora, como seria, imagine, visualize, ponha a sua energia nessa imagem de você mesmo, melhor, saudável, desfrutando de uma vida nova, e assim você vai se concentrando nessa nova situação, permitindo ao seu organismo o tempo suficiente para que ele mobilize as suas energias, de todos os seus órgãos, de todos os seus sistemas, de todos os seus sentimentos, lembranças, tudo que possa ajudá-lo a poder mudar. Talvez, nesse momento, você possa fazer uma prece. Eu chamo essa prece de toque mágico, e ela diz assim: *Eu, posso agora entender que eu posso me mudar, entender como eu desejo mudar, e assim eu gostaria que, nesse momento, todas as forças do meu corpo fossem mobilizadas nessa direção, para minha transformação, e eu acredito que eu estou fazendo o meu toque mágico...*

Permaneça assim por uns instantes. Peça a Deus que o libere com uma energia boa tudo isso que você acabou de pedir. Vá se concentrando e mudando, dando o tempo de que você precisa para que as mudanças aconteçam, e sentir que o seu corpo já está se transformando, mente, energia, de um jeito gostoso. Seu toque mágico já foi dado, diga à sua mente inconsciente agora que você já instalou o toque mágico, e que cabe a ela trabalhar todo o tempo para você continuar todo esse processo protegidamente, que toda atividade interna necessária para todas as mudanças que você precisa fazer continuará, lentamente, nas suas células, nos seus órgãos, nos seus sentimentos, na sua energia. Elas devem agora continuar sem interrupção, protegidamente... e, dessa maneira, você vai se dando, o agradável momento de saber que o toque mágico já foi instalado, e você pode confiar em um milagre que vem de dentro de você, acredite, confie em você.

Essa mudança continua se processando aí dentro pelo resto do seu dia, pelo resto da sua noite, pelos momentos que virão sempre, pois esse é o toque mágico, um milagre que você faz por você mesmo, um momento especial, onde as energias do universo, das estrelas, do céu e das galáxias fazem parte de todo um complô para que tudo funcione bem, e essa energia infinita do universo, que também está contida dentro de você, pode gerar, cada vez mais, toda a energia de que você precisa para se transformar, desfrutando protegidamente deste momento.

Aquilo que você deseja transformar, e um toque no seu pensamento, um toque nas suas emoções, que levarão um toque a todas as células, a todo o seu corpo, um sentimento bom, aproveitando deste instante, deste toque poderoso, entregue tudo à sua mente sábia, mais profunda, que continue processando... E nós vamos finalizando este relaxamento, respirando gostosamente, sabendo que você faz parte do universo, que a sua própria energia pode fazer parte de todas as mudanças que você desejar e leve muita paz para dentro de você, permitindo-se ir despertando devagarinho, de uma forma gostosa e tranquila, um bem-estar delicioso.

Completamente acordado, da ponta dos pés à ponta da cabeça, em uma energia deliciosa de transformação.

Ansiedade

Neste momento, vamos trabalhar aquilo que pesa em você além da conta, que faz seu sinal de alarme disparar por pouca coisa. A ansiedade é algo muito saudável, protegidamente nos coloca em alerta para algo novo, para uma nova luta, para nos proteger de algum perigo. Mas, muitas vezes, a ansiedade se torna demasiada, ou porque estamos em um período difícil, ou porque acostumamos a ficarmos alerta, mas isso não importa. O que importa mesmo é regular nosso nível de ansiedade calma e protegidamente.

Neste momento, apenas imagine que você é como um copo d'água que, muitas vezes, fica cheio até a boca, não cabe mais, ou como um bichinho preso em uma armadilha, quer tentar sair e luta sem parar, só que os bichos da floresta quando se cansam param e descansam, e o bicho homem não, continua lutando, e assim vamos nos esgotando, ficamos estressados, e assim a ansiedade vai além da conta.

Dê a você um momento. Agora feche os seus olhos, respire gostosamente... Você pode ter um momento gostoso agora. Solte-se confortavelmente... Permita-se por uns instantes não ter de lutar, é uma trégua, um momento de paz... Você pode ir respirando e soltando o seu corpo e desfrutando de um momento de tranquilidade, de bem-estar... Deixe a sua respiração automaticamente ir trabalhando por você... E vá apenas observando neste momento o que o aflige, o que está castigando você, tirando sua paz...

Algum problema, algum compromisso, algum sofrimento, a gente não se dá conta do tanto que nós nos castigamos mantendo os pensamentos negativos, as preocupações que vão tomando conta sorrateiramente do nosso corpo, trazendo o estresse, o cansaço, a mente fraca.

Tenho uma amiga, a Magda, que conta que seu pai a colocava de castigo, fazendo bolinhas de sabão no quintal. Eu posso até imaginar, mas fico pensando que somos como um copo d'água já cheio... Vem alguém ou alguma coisa e joga terra dentro do nosso copo d'água. O que fazer? Ora, as bolinhas de sabão do pai da minha amiga, é claro! Imagine um copo cheio d'água e ainda por cima turvo de terra, coloque o detergente e misture bem... O detergente vai se misturando à terra. Agora, imagine, quando você estiver soltando as bolinhas, aquela mistura de detergente que já vai carregando a terra, limpando... Apenas imagine você fazendo bolinhas de sabão desta água suja. E como dizia a minha amiga, enquanto ela estava de castigo soltando as bolinhas de sabão coloridas, lembra-se de que seu pai ensinava que, às vezes, ela poderia ir se desfazendo, pouco a pouco, de todos os pensamentos que a chateavam. E, assim, ir soltando em cada bolinha um pouco da raiva, um pouco do medo, um pouco da tristeza, um pouco da preocupação. E cada bolinha ia deslizando, limpando a mente dela. E, assim, imagine você... O copo vai se esvaziando, levando embora tudo aquilo que estava sujo dentro de você, água suja, pensamentos sujos, e você vai soltando, soltando... Até que chega uma hora em que toda aquela água já acabou. Às vezes, fica um pouco de terra lá no fundo do copo. Coloca-se mais água, mais detergente, mais bolinhas, e tudo vai acabando de se limpar. Você pode imaginar fazendo isso agora... É fácil... Você coloca tudo o que está sentindo de ruim em um copinho, como se fosse a terra, junta o detergente do pensamento positivo e a respiração vai digerindo saudavelmente, transformando-se em bolinhas coloridas, protegidamente. Com um canudinho, ou como quando eu era criança, com um talo de mamão, você vai soprando e deixando sair tudo que estava preso lá dentro.

As bolinhas são coloridas, transparentes, vão levando embora todos os sentimentos ruins, aquela terra, e quando elas estouram, levam embora o que fica de ruim, pesado. Deixe que a sua mente sábia vá ajudando-o a liberar cada vez mais o que ficava preso dentro de você. E, assim, você vai limpando o que ficava agarrado lá no fundo do seu peito... É um caminho para ficar puro, limpo, mais perto do Deus que mora dentro de você. E vai limpando automaticamente tudo o que fica preso. Você vai se livrando das coisas presas e ficando mais leve e, quando você menos espera, seu copo está limpo para pôr água nova.

Conta uma história que um rei ofereceu um grande prêmio para o artista que melhor pudesse retratar a ideia de paz. Muitos pintores enviaram seus trabalhos ao palácio, mostrando bosques ao entardecer, rios tranquilos, crianças correndo na areia, arco-íris no céu, gotas de orvalho em uma pétala de rosa. O rei examinou o material enviado, mas terminou selecionando apenas dois trabalhos: o primeiro mostrava um lago tranquilo, espelho perfeito das montanhas poderosas e do céu azul que o rodeava, aqui e ali se podiam ver pequenas nuvens brancas e, para quem reparasse bem, lá no cantinho, existia uma casa pequenina de janela aberta, a fumaça saindo da chaminé... O segundo quadro também mostrava montanhas, mas essas eram escabrosas, os picos afiados e escarpados, sobre as montanhas, o céu estava implacavelmente escuro e, das nuvens carregadas, saíam raios, granizo e chuva torrencial. A pintura estava em total desarmonia com os outros quadros enviados para o concurso. Entretanto, quando se observava o quadro cuidadosamente, notava-se em uma fenda da rocha um ninho de passarinho, ali no meio daquele momento horrível que o quadro retratava, tempestade, raios... Estava sentada, calmamente, uma andorinha.

Ao reunir sua corte, o rei elegeu essa segunda pintura como a que melhor expressava a ideia da paz no nosso mundo. E ele então explicou: "Paz não é aquilo que encontramos em algum lugar sem ruídos, sem problemas, sem trabalho duro, mas aquilo que permite manter a calma em nosso coração, mesmo no meio das situações mais difíceis, esse é o verdadeiro e único significado da paz: poder ficar como uma andorinha no meio de um turbilhão de coisas, no meio da tempestade encontrar seu ninho de paz".

Colocar suas bolinhas de sabão para fora, levando embora o que fica preso no peito. Deixe-se imaginar que sempre você vai renovar suas energias, limpando seu corpo e o seu pensamento e deixando-o pronto para receber o que é bom saudavelmente... que você pode renovar as águas que entram pelo seu copo e abrir-se para o que é bom e soltar aquilo que você não precisa mais carregar.

Agora respire, levemente, gostoso, tranquilo... E vá trazendo-se de volta, bem alerta e bem desperto, tranquilamente, neste momento.

Curtindo liberar todas as suas tensões... Bem desperto, bem alerta, bem-disposto.

Fechando a percepção

As pessoas que são mais ansiosas, costumam fazer um treinamento para ficarem em estado de alerta sem perceberem. Alerta com algum mal-estar, alerta aos mínimos sinais físicos, que possam levar ao mal-estar, e assim, vão desenvolvendo um estado de alerta como se fosse um alarme muito sensível; e, a um pequeno sinal, disparam o mal-estar, a taquicardia ou o pensamento de que "vou passar mal agora".

Vamos aprender a diminuir ou fechar esta percepção aguçada.

Permita-se, agora, dar a você uns minutos para ficar à vontade... em um lugar seguro que lhe traga paz, desligando-se das obrigações, do telefone. Dê a você alguns minutos para fechar-se a tanto controle que lhe faz tanto mal. Você se cansa, esgota seus neurotransmissores, uma química importante do seu cérebro, a tal da serotonina. E aí, vem o pânico, o mal-estar, pois seu corpo tem mecanismos automáticos de regulação: se falta alguma coisa, ele compensa com outra. Na falta dos neurotransmissores necessários, como a serotonina, o organismo usa um outro, a noradrenalina... Bom também, em outras horas, para acordá-lo, deixá-lo sentinela, desperto, e assim, às vezes, você está bem, está tudo bem. Mas, se a sua serotonina falta, o corpo compensa com a noradrenalina e lhe dá um choque, um susto, uma descarga... Lá vem o pânico... Que tal, vamos produzir serotonina? É fácil...

Vamos soltando, relaxando e controlando saudavelmente, aprendendo a sentir o bem-estar... A cada respiração que você faz, não importa o ritmo, no seu ritmo... Observe... É a vida entrando protegidamente, levando oxigênio a todas as suas células... A respiração não para, por mais que você fique sufocado... O ar vai entrando protegidamente. Observe agora... Observe e sinta que, mesmo que a respiração esteja acelerada ou calma, você pode ir recebendo o oxigênio, aprendendo, controlando, ficando à vontade por alguns instantes e, principalmente, aprendendo a fechar a percepção exagerada, esse alarme que consome toda a sua energia, sua serotonina. Você pode ir aprendendo protegidamente a se controlar para o bem, a sentir sua respiração, percebendo como você recebe vida na inspiração, sentindo seu corpo apoiado da melhor maneira, soltando o peso do corpo comodamente, descansando seu lado sentinela, essa janela de percepção muito aguçada... soltando... controlando... saudavelmente seu bem-estar.

Muitos dizem que temos um terceiro olho. Se temos, o seu fica aberto demais, exposto demais, vendo e sentindo além da conta. Que tal agora começar a imaginá-lo descansando por algum tempo. Imagine seu terceiro olho fechando um pouco, descansando um pouco, com algumas piscadelas, descansando cada vez mais... Imagine, sinta como se ele estivesse fechando, descansando. Enquanto você vai deixando seu terceiro olho descansar, sinta como se você fosse se dar um abraço... É um abraço diferente... fechando seu peito. E, aí, você pode aprender a cuidar desse peito apertado, angustiado. Experimente... imaginando protegidamente que você está se abraçando... E suas mãos têm uma luz especial, tão especial que a luz vai ficando colorida.

A parte sábia da sua mente vai imaginando que cor você precisa hoje... E seu abraço sobre o seu peito vai ficando repleto dessa luz colorida. Enchendo seu peito confortavelmente de uma sensação de proteção, enquanto seu terceiro olho descansa de tanta pressão... Sinta, ou imagine, essa luz colorida... entrando, protegendo seu peito agora. Assim, ele poderá se abrir mais tarde vendo por um outro ângulo, sentindo e percebendo de outras maneiras, mais saudáveis a você. Imagine um lago calmo. Agora imagine uma pedrinha jogada no lago... Vá produzindo aqueles halos em ondas, cada vez maiores, que se propagam... As coisas, as pessoas, as palavras, os pensamentos, tudo tem energia. Imagine a propagação destas energias. Se você propaga calma, vibra a calma, atrai a calma... descansando mente e corpo protegidamente.

Você também pode ter um pensamento positivo, sensações positivas. E seu terceiro olho pode continuar descansando... E você vai aprendendo e propagando a energia da calma, que vai fechando a percepção aguçada ao seu sofrimento. É como se fosse um botão de volume do rádio, onde girando e diminuindo a percepção do sofrimento, você se acalma. E, assim, você vai sintonizando a percepção do bem-estar, do parar, do pensar positivo, do sentir seu terceiro olho fechado e descansando de tanto sofrimento. Estamos jogando a pedrinha da calma no seu lago. Deixe essa sensação entrar por todo o seu corpo. Curta isso, aprendendo a fechar a percepção aguçada do sofrimento, abrindo-se em um bem-estar, gostoso, que vai durando pelo resto do seu dia, da noite, sempre que você se lembrar de fechar esse terceiro olho, essa percepção e se deixar entrar para dentro do bem-estar...

Conta uma história que um consultor, especialista em gestão do tempo, quis surpreender a plateia durante uma de suas palestras, pegou um frasco grande de boca larga e o colocou sobre uma mesa, ao lado de uma pilha de pedras que tinham, aproximadamente, o tamanho de um punho. Em seguida, perguntou à plateia: "Quantas pedras vocês acham que cabem neste frasco?". Após algumas conjecturas dos presentes, ele começou a colocar as pedras até encher o frasco, e perguntou: "Está cheio?". E todos disseram que sim. E ele disse: "Não, não está". Desta vez colocou pedrinhas que facilmente penetraram nos espaços que existiam entre as pedras grandes, e perguntou novamente: "Está cheio?". Desta vez, os ouvintes duvidaram. "Muito bem", exclamou o consultor, pousando sobre a mesa um saco com areia, que começou aos poucos a despejar no frasco. A areia infiltrava-se nos pequenos vãos deixados pelas pedras e pelas pedrinhas e, de novo, perguntou: "Está cheio?". E eles, então, responderam: "Não". O consultor então pegou um jarro com água e começou a derramá-la dentro do frasco. A água era totalmente absorvida. Deu-se, então, encerrada a experiência e perguntou à plateia: "O que acabamos de demonstrar?". Um participante respondeu: "Não importa o quão cheia está a nossa agenda, se quisermos sempre conseguiremos fazer com que caibam nela outros compromissos". E o consultor, respondeu: "Não. O que esta lição nos ensina é que, se não colocarmos as pedras grandes primeiro, nunca seremos capazes de colocá-las depois".

E quais são as grandes pedras na nossa vida? São as coisas que valorizamos: filhos, amor, casa. Quais são as coisas que nós valorizamos? Se você não prestar atenção, acabará enchendo sua vida de pequenas coisas, sobrando pouco espaço para o que lhe é verdadeiro. O seu terceiro olho, poderá começar a aprender o que é importante em sua vida.

E assim, daqui a pouco, ele pode despertar abrindo-se vagarosamente, olhando o lado belo da vida. O lado belo de ficar bem, no meio de tantas coisas. Tem um *"Minuto de Sabedoria"* que diz assim: *"Olhe sempre o lado belo da vida, enquanto uma mosca é capaz de descobrir uma única ferida em um corpo limpo, uma abelha é capaz de achar uma única flor no meio de um pântano".* Seja como a abelha. Se tudo em sua volta estiver parecendo lama, procure, que você vai achar aquela florzinha que vem adoçar a sua vida.

E, assim, com muita paz, você pode agora treinar a abrir a percepção das coisas boas do seu terceiro olho. Como uma paz que se propaga em ondas boas, cobrindo você de proteção. Isso mesmo, deixando que você fique coberto de proteção e muito bem.

E, agora, depois de curtir um momento gostoso, você pode ir voltando, devagarinho, abrindo os olhos, a percepção boa, acordando saudavelmente, protegidamente... sentindo que você pode perceber a vida com outros olhos.

Depressão

Todos nós temos dias daqueles, temos momentos de esgotamento, pessimismo, tristeza, desânimo. Não importa o motivo ou, até mesmo, a falta de motivo; o que importa é que, neste momento, tudo fica pesado demais, ou triste demais, ou negativo demais. Mas que tal treinarmos recarregar nossas energias?

Procure um local tranquilo, coloque-se à vontade, dê a você uns minutos presentes. Afinal de contas, você pode se presentear quando não tem vontade de nada, de poder se esconder saudavelmente dentro de você. E sabe qual o maior segredo? Você vai descobrir sua fonte de energia dentro do seu silêncio, deixando de lado tudo que é pesado, inclusive seus pensamentos, sentimentos. Você se encontra com o silêncio da mente. Muitos chamam isso de meditação. Seja lá o que for, recarrega suas baterias, saudavelmente... Ajuda você a se recuperar. Portanto, dê a você de presente alguns minutos dentro do seu silêncio.

Você vai acompanhando a minha voz, mas vai seguindo seu caminho de descanso. Apenas observe a sua respiração, observe como você respira... Sinta o ar entrando e saindo e cada vez que você respira vai recebendo, protegidamente, mais vida, e todas as suas células se renovam... Sua energia vai se renovando a cada respiração, digerindo saudavelmente as emoções presas em seu peito, presas no seu pensamento... Apenas observe... Como é gostoso se entregar à sua respiração. Aos poucos, você pode ir se deixando ficar cheio de algo bom... Calma, tranquilidade e enquanto vai confortavelmente soltando as tensões do seu corpo, sentindo onde você está apoiado, aproveitando para recuperar sua força, seu bem-estar.

Já se sabe que as pessoas quando estão deprimidas pensam de uma maneira negativa, ficam desanimadas, sem esperança no futuro, sem desejos, contaminadas por pensamentos negativos, que minam e esgotam toda energia de vida. Muitos porque se esforçam além da conta, muitos porque fazem pressão e acabam sofrendo (de)pressão, depressão além da conta. Pense em você, você tem tido muitos pensamentos negativos ultimamente? Eles contaminam seu humor? Pois é, sem ver, na política de ser bonzinho, boa pessoa, ser aceito pelo outro, muitos de nós não ouvimos os nossos reais desejos; e, assim, vai se fazendo pressão e perdendo a qualidade de vida, e, aí, vem a sofrer (de)pressão; não é depressão, é de/pressão. Que nada mais é do que esta depressão que as pessoas falam, um esgotamento, um sofrimento contínuo.

Tudo tem energia, inclusive seu pensamento, e você esgota sua energia boa, inunda-se de pensamentos negativos, sobrecarregando-se mais e mais.

Conta-se que uma mulher foi reclamar com um mestre que nada dava certo em sua vida. Era um problema depois do outro, como ondas infinitas de coisas negativas. O mestre pediu a ela que fosse a uma praça linda, onde não tivesse ninguém e lá ficasse pensando sobre esses acontecimentos. Ela achou uma praça linda, em um dia lindo, e lá ficou a pensar. Na medida em que começou a pensar, seus pensamentos negativos a inundaram, pássaros começaram uma gritaria enorme sobre sua cabeça. Ela se irritou a ponto de brigar com os pássaros, voltou furiosa ao mestre, que lhe disse que tudo era como energia... A velha história da pedrinha jogada ao lago. Pediu-lhe que voltasse à praça, fizesse tudo de novo e logo que os pássaros gritassem que ela pensasse em coisas boas, que ela pensasse em coisas boas que pudessem ajudá-la. Ela fez o que o mestre pediu e, por incrível que pareça, os pássaros se calaram, e tudo ficou em silêncio. O que será isso? Se o pensamento negativo gera ondas, que tal modificá-lo?

Posso sugerir a você brincar um pouco agora: imagine um piquenique onde teríamos ótimos sanduíches, mas duas formiguinhas passeiam pelo sanduíche que você vai oferecer a alguém. Tudo bem, você retira as duas formigas e entrega o sanduíche. Agora, imagine um monte de formigas, um formigueiro, em cima do seu piquenique, você acaba jogando os seus sanduíches todos fora. Pois é, pensamentos negativos são como formiguinhas que invadem nossa mente. Se você tem uma ou duas, tudo bem, mas se invadem muitas delas, você fica contaminado, intoxicado, como as ondas energéticas. Cabe a você matar as formigas do pensamento negativo. Imagine quais são as formigas, imagine-as carregando tabuletas com os seus pensamentos negativos, uma a uma: "Eu não dou conta"; "Minha vida não é boa"; "Não nasci para isso"; "Não vai dar certo"; "Não sou feliz"... Inúmeras tabuletas.

Agora, com um pouco de boa vontade, você pode imaginar como combatê-las: uma frase positiva, uma atitude diferente, um "jogo do contente". É a morte delas. Vá imaginando, deixe a sua mente sábia criar saídas para essas formiguinhas do pensamento negativo. Utilize como um alarme que mostra você quando o pensamento negativo aparece. E você vai brincando de jogar o "jogo do contente", de matar as formiguinhas do pensamento negativo, treinando, protegidamente... treinando para o seu bem-estar. Raiva e tristeza são naturais, todo mundo sente, mas guardar raiva e tristeza fazem muito mal. Os pensamentos negativos nos intoxicam de raiva e tristeza e o enchem de pressão.

Conta uma historinha que, após a aula, o pequeno Zeca entra em casa batendo forte os pés no assoalho. Ao ver aquilo, seu pai que estava indo para o quintal fazer alguns serviços na horta, chama o menino para uma conversa. Zeca, de oito anos de idade, acompanha o pai desconfiado. Antes do pai dizer alguma coisa, o menino esbraveja, irritado: "Pai estou com muita raiva, o Juca não podia ter feito aquilo comigo, desejo tudo de ruim para ele".

O pai do Zeca, homem simples, mas cheio de sabedoria, escuta o filho calmamente. O menino continua a reclamar: "O Juca me humilhou na frente dos meus amigos, eu não aceito, gostaria que ele ficasse doente, sem poder ir a escola". O pai escuta tudo calado, enquanto caminha até o abrigo, onde guardava um saco cheio de carvão, leva o saco até o fundo do quintal, e o menino o acompanha calado. Zeca vê o saco ser aberto. Antes mesmo que pudesse fazer alguma pergunta, o pai lhe diz: "Filho, faça de conta que aquela camisa branquinha que está secando no varal é o seu amiguinho Juca, e que cada pedaço deste carvão é um mau pensamento seu, endereçado a ele. Quero que você jogue todo carvão do saco na camisa, até o último pedaço e, depois, volte para ver como ela ficou".

Zeca achou que era uma brincadeira divertida e pôs mãos à obra. No entanto, como o varal com a camisa estava longe dele, poucos pedaços acertavam o alvo. Uma hora se passou, e o menino terminou a tarefa. O pai que espiava tudo de longe se aproxima do filho e pergunta: "Filho, como está se sentindo agora?" Ele responde: "Estou cansado, mas alegre por ter acertado muitos pedaços de carvão na camisa". O pai olha para o menino que ainda não entendeu a razão da brincadeira. Carinhosamente, o pai o convida a se olhar no espelho. No quarto, o pai coloca o filho na frente de um grande espelho, onde o menino pode ver todo o seu corpo, que susto! Ele só consegue enxergar seus dentes e seus olhos.

O pai então lhe diz com muita ternura: "Filho você viu que a camisa quase não se sujou? Mas olhe só para você. O mal que desejamos aos outros é como o que lhe aconteceu. Por mais que possamos atrapalhar a vida de alguém com nossos pensamentos, a borra, a sujeira, os resíduos e a fuligem ficam sempre em nós mesmos."

Permita, então, deixar a sua mente sábia perceber o conteúdo desta história, enquanto você vai aprendendo a modificar seus pensamentos negativos, a não fazer tanta pressão, a deixar a raiva ir embora, a tristeza também. E, assim, de uma forma gostosa e natural, respirando profundamente, você pode ir aprendendo a cuidar bem de você, recuperando de uma forma saudável a sua mente, a sua energia. E, assim, protegidamente, você pode ir voltando bem alerta, bem-disposto, com toda tranquilidade, para ir modificando seus pensamentos no dia a dia, acordando bem alerta e bem-disposto.

Zen

Permita-se parar por uns instantes, ficar à vontade, sentindo a sua respiração, dando a você uns minutos para se recuperar do cansaço, ou da tristeza, ou da mente cheia de atribulações, até mesmo da raiva, não importa o que seja, importa que você pode dar um tempo a você, um tempo diferente... um tempo para sua mente descansar, recuperar a sua energia, um momento de silêncio, um encontro com a sua alma... Já reparou que você só tem ideias brilhantes quando fica em silêncio? Quando descansa sua mente? Agora é a sua hora... Solte-se... Relaxe... Descanse, protegida e saudavelmente...

Por um momento, recoste-se, sente-se confortavelmente, tome um tempo gostoso, descanse, procure relaxar seu corpo no sossego e acompanhar a minha voz, ela irá com você como um guia zen...

Procure começar sentindo a sua respiração... como o ar entra e sai, o ritmo que a sua respiração vai fazendo, e sinta, apenas sinta, o gostoso que é respirar... O que você faz, o que você sente, quando você tem um pensamento. Você já parou para reparar? Você já reparou? Já reparou como nossos pensamentos nos levam a sentir coisas e a fazer outras coisas mais?

Muito do estresse da vida diária vem deste pensamento que não para...

Preste atenção, por um momento, nos seus pensamentos e imagine o que os seus pensamentos estão desejando alcançar, o tão longe que eles vão! O que você observa? Que tipos de pensamentos aparecem aí, agora?! Vá percebendo que tipos de pensamentos estão rondando sua mente...

Somos como um rádio, podemos sintonizar nossa rádio na onda que quisermos, como música mais agitada ou mais calma, nossa antena sintoniza nossos problemas e começamos a captar, achar e ter todos os tipos de problemas... Se, por outro lado, você sintoniza nos bons pensamentos, no otimismo, na calma, você vai captando as ondas emitidas pela calma, pelo otimismo, e tudo vai ficando bem...

Vamos ficar ZEN? É saudável poder parar, trocar nossa sintonia do cansaço, ou da raiva, ou da tristeza. Deixe-se apenas observar por alguns instantes o que vem à sua mente... Observe os seus pensamentos. Observe que tipo de emoção os acompanha. Observe como seu corpo está. Observe... Você tem dores? Tem tensões? Está com o peito apertado? Ou com dificuldade para respirar? P-A-R-E! Apenas observe! Aceite-se com o que você tiver! Apenas observe... Olhe você mesmo... Veja-se com olhos diferentes... Veja o que você pensa e sente... Veja o que perturba... que pensamento fala mais alto... que voz comanda, controla, grita aí dentro de você...

Apenas pare! Respire... Pode ir se acalmando, e você se soltando... Será verdade tudo que ela fala com você? Bom, se fosse, talvez ela já tivesse o ajudado bem mais...

Por um momento, apenas observe seu campo de percepção, vá além dos seus pensamentos, largue-os de lado, sinta-se, calmamente, sinta-se onde estiver dos pés a cabeça... Se quiser, imagine um lugar lindo, talvez uma praia com muitas montanhas verdes da mata atlântica, soprando uma brisa leve com um cheiro de maresia, uma água transparente com ondinhas espumantes parecendo *chantilly* derretido na areia branca... Imagine o barulho das pequenas ondas quebrando, espalhando a espuma branca, os raios de sol espalhando luminosidade na água esverdeada, quase transparente, com pequenos peixinhos correndo em pequenos cardumes... e você podendo imaginar aquela água fresca lavando o seu corpo, lavando a sua alma... a água lavando você por inteiro, e a gostosa sensação do frescor se espalhando pelo seu corpo... e a água do mar energizando você... limpando tudo!!! Raiva, tristeza, ou cansaço, ou simplesmente, apenas, lhe trazendo paz, a paz ZEN que você merece... Se preferir, pode ser o topo de uma montanha, ou um riacho gostoso, límpido e transparente... Deixe-se levar pela amplitude da mente e dos pensamentos... Deixe seu corpo sentir o que sua mente produz, e tudo vai se limpando...

É como esvaziar a mente, mas esvaziamos quando enchemos do que é bom, calmo, gostoso... É a sintonia em uma nova estação... a estação da paz que protegidamente expande seus pensamentos e traz estas sensações de agora...

Que delícia tomar um banho de mar fresco, ver uma linda vista e deixar-se descansar por uns instantes...

Você relaxa e a mente contempla o belo, e você vai se soltando de um jeito delicioso... É um silêncio diferente. É sua mente silenciando diferente.

E você vai aprendendo agora que você pode se autolimpar, no dia a dia, sintonizando a estação da calma, da contemplação...

Contemplando novos pensamentos... aqueles onde a sua alma aparece, pois ela só aparece no silêncio, no meio do nada, vendo o que é belo. Na calada dos pensamentos, o que é bom surge...

Sinta... aprecie... imagine algo belo... algo bom... que você normalmente adora! E se deixe continuar sintonizado na contemplação do que é bom...

Dizem os mais sábios que o que é ruim grita, agita nossa mente, perturba nossa energia, alguns chamam de diabo! Seja lá o que for, desde o estresse até a raiva, tudo o que estiver gritando dentro de você não é bom. Traz inquietude, agitação...

Mas dizem que, por outro lado, o nosso anjo fala baixo, muito baixo e só o ouvimos quando fazemos silêncio... Ele então aparece e sussurra nos nossos ouvidos aquilo que precisamos ouvir. O silêncio traz as palavras do bem, as bênçãos... as saídas aos nossos problemas, e o nosso anjo nos abraça e nos dá as dicas... Seu silêncio e sua contemplação abrem a sua alma... Volte ao lugar de contemplação... Imagine, veja, sinta... Aproveite tudo de bom calmamente... saudavelmente... E sinta seu anjo por perto sussurrando as maravilhas de que você necessita agora... Seu anjo é a sua sabedoria, a chave da sua abertura com Deus.... Assim, Deus se faz presente dentro de você...

Deus é a luz que abençoa a sua contemplação, e você vai ficando abençoado, calmo, limpo, tranquilo, cheio de boas energias... Sinta como é gostoso... relaxe... aproveite... contemple... aproveite de uns minutos em silêncio...

Você pode fazer este exercício Zen sempre que quiser, e esta paz de agora ficará com você, continuando este processo de limpeza dos seus pensamentos intoxicantes nas próximas horas, por uma boa noite de sono, para um descanso reparador. Sua mente sábia vai dia a dia aprendendo e desfrutando desta aprendizagem Zen, para limpeza da sua mente, da sua vida...

Relaxe e aproveite... Aproveite de uns minutos em silêncio...

Se você puder continuar relaxando, ou até dormindo, fique à vontade para continuar...

Caso você precise despertar porque tem algum compromisso, é hora de ir despertando, protegidamente! Vá acordando de uma forma calma, saudavelmente desfrutando do exercício...

Acordando dos pés à cabeça por inteiro, agora...

Budista

Você pode se permitir, neste momento, receber algum alívio pelo sofrimento que está passando...

Dê a você alguns minutos para poder trabalhar de um jeito budista com o seu sofrimento...

Procure uma posição de conforto, sente-se, ou deite-se confortavelmente. Dê a você alguns minutos de uma paz gostosa para poder refletir sobre tudo que está machucando você...

Apenas respire, tome fôlego, deixe o ar entrar e sair. Do ar que você respira, apenas sinta a vida fluindo... as mudanças constantes a cada minuto ocorrendo em sua vida... pois tudo muda a todo instante, até mesmo o que estiver machucando você... pois tudo passa! TUDO PASSA! NADA DURA PARA SEMPRE NESTA VIDA!

Enquanto você vai respirando, respirando... deixe o oxigênio trazer vida para você... Vai também com a respiração, tomando o fôlego de que você precisa agora, na sua vida, para passar por estes momentos de sofrimento e vai se lembrando da IMPERMANÊNCIA NATURAL, da vida, como sua aliada... Tudo muda!

Respirando e se soltando. Cada vez que respira, sente a vida fluindo e vá observando, com carinho, seu sofrimento...

O que aflige você? Como isso perturba você? Que tipo de sentimento aparece? É tristeza, raiva, impotência, o que é? Que tipo de dor física isto traz?

Os budistas dizem que há dois tipos de sofrimento, o sofrimento inútil, que não leva a lugar algum, só traz mais dor; e o sofrimento útil, aquele que a gente sofre, encara e passa pelo obstáculo que deve passar...

O primeiro passo é encarar nossa dor e aceitá-la por mais difícil que seja. As pessoas pensam que o melhor é evitar o sofrimento, ignorando-o ou negando-o. Mas, paradoxalmente, quanto mais se tenta ignorá-lo, mais desconfortável a vida se torna. Mas, se você enfrenta aquilo que não está bom, você pode resolver a situação, o sofrimento, mas um sofrimento útil! Aquele sofrimento apenas é necessário para que você mude alguma coisa...

Dalai Lama diz que *"se você confronta seu problema diretamente, você fica em uma posição muito melhor para apreciar a profunda natureza do que lhe faz mal"*.

Que tal parar por um momento, respirar e buscar aquilo que machuca você hoje?

Apenas observe, sinta, enquanto eu vou lhe contando sobre o que Buda descobriu sobre sofrimentos...

Ele diz que, para podermos nos livrar dos sofrimentos, devemos reconhecê-los, ver suas raízes, ver como podemos lidar com eles e acharmos uma nova forma de passar este momento...

Os sofrimentos são universais e, de acordo com Buda, podem ser de seis tipos:

PRIMEIRO: sofremos porque nascemos. A vida é um sofrimento. Devemos apenas aceitar que a vida dói!

SEGUNDO: por meio da vida, sofremos com as dores de viver, de passar por enfermidades. Apenas podemos encarar e passar, pois tudo passa...

TERCEIRO: a idade inevitavelmente traz enfermidades e limitações. Precisamos aprender a aceitar, e conviver, e fazer a vida melhor, mesmo com estas limitações...

QUARTO: a presença constante do medo da morte faz parte da vida, todos teremos. Também devemos apenas aceitar que temos medo, que faz parte do estar vivo. Melhor é viver e bem!

QUINTO: por meio da vida, nós sofremos quando estamos envolvidos em alguma coisa de que não gostamos. Isso é natural, faz parte da vida este sofrimento...

SEXTO: nós sofremos quando nos separamos daqueles que amamos...

O seu sofrimento pode estar dentro de um desses seis sofrimentos básicos. Faz parte da vida sofrermos também...

Mas, a sabedoria budista nos mostra a saída, ao invés de evitá-los. Podemos enfrentar estes momentos, tendo como aliados a Lei DA IMPERMANÊNCIA, que, na vida, tudo passa, e assim, mudarmos nossas vidas, tomando uma nova direção, um novo posicionamento diante do que estava estacionado, travado...

A IMPERMANÊNCIA é o outro lado da existência... A mudança é a verdadeira natureza de todas as coisas... Nosso mundo, até onde nós sabemos, está alterando todo o tempo. Nesse sentido, nada é fixo, nada é para sempre...

Assim, você pode acreditar que a lei natural da impermanência é seu aliado agora, pois nada dura para sempre... Nós desejamos manter as coisas boas e, assim, criamos a ilusão de que elas podem durar para sempre... O segredo?! É mudar com a impermanência e sempre mudar e transformar para melhor... E se você vai entendendo isso agora, você pode começar a se mover para ter mais alegrias...

Vamos começar a limpar de um jeito budista a tristeza, ou a raiva, ou a dor pela qual você passa agora...

Comece contemplando a impermanência, pensando sobre as muitas mudanças que ocorrem à sua volta. Por exemplo, rever um amigo que você não via há anos e perceber as notórias mudanças na aparência dele, ou perceber sua vizinhança... casas, prédios, como tudo vem mudando nos últimos dez anos...

Vá expandindo o seu pensamento sobre mudanças... Pense como o mundo mudou nos últimos 100 anos... carros, telefones, computadores, aviões. Pense sobre 200 anos atrás, ou 500 anos ou mais de 1.000 anos... e veja como a Terra se transformou ao longo desses anos todos. E, agora, pense como você estava há dez anos, ou apenas há cinco anos... Imagine, então, como tudo muda, como você estará nos próximos cinco anos e depois daqui há dez anos e mais dez! Tome uma atitude, mude! Faça alguma mudança para frente! Você pode começar já!!!

Comece pensando na respiração, preste atenção como podemos modificá-la. Simplesmente, sinta o ar entrando pelas suas narinas, indo para dentro dos seus pulmões e abrindo vida a cada instante, mas a respiração é apenas um processo que faz parte do viver... Você pode modificá-la, pausá-la, ir fundo, com calma, receber mais ar, tomar mais fôlego, dar mais vida a este instante difícil, parar e tomar mais vida!

Enquanto isso, deixe-se ir pela impermanência, contando à sua mente mais profunda, à sua sabedoria, que você já está mudando... Seu processo de mudança já começou... e talvez você tenha uns instantes para rever o que você pode evitar, que caminhos alternativos você pode se dar... AMAR A VOCÊ MESMO EM PRIMEIRO LUGAR! Cuidar-se, mudar as leis rígidas que prendem você sem saída e ver que há algum caminho, algum atalho! E você vai descobrir que, encarando este sofrimento útil agora, você pode mudar muita coisa. Busque ajuda! Busque alguma coisa, alguém que possa ajudá-lo a descobrir saídas... Às vezes, precisamos primeiro sofrer, para depois colher o que é bom... Isso pode significar abandonar alguém, abandonar alguma coisa de valor, renegar algo que aparentemente é bom, mas lembre-se de que está machucando você... ou algo que parece bom, mas lhe traz muita dor depois... Aprenda a evitar isto, abrindo um novo caminho, um caminho de força e coragem, onde o que é bom vem para frente...

Acredite, se você plantar direitinho o que é bom, chega para você.

Então, pense! O que traz sofrimento para você? É algo que parece bom, mas, no fundo, não está sendo?

Conta uma história que uma pequena formiga ia lá pelo seu caminho da vida e achou um enorme grão de mostarda, ficou feliz demais! Aquele grão enorme economizaria um dia todo de trabalho... Que coisa boa! Mas, o grãozinho pediu à formiga: "Não me leve! Me plante aqui em frente ao formigueiro, por hora você ficará sem alimento, mas, em breve, lhe darei tantos grãos que você terá a recompensa pela coragem de me plantar". A formiguinha parou, pensou, pensou e teve a coragem de perder aquele grão, naquele momento, plantando-o! Passaram-se meses, anos e, quando ela já havia até esquecido, o pé de mostarda estava dando muitos grãos, tantos que se espalhavam por todo o chão e todas as formigas aproveitavam também!

Neste momento, apenas respire e pense que hoje você pode plantar um sofrimento útil e colher amanhã frutos de uma energia boa... Tudo passa, seu sofrimento também! Pense em mudança, descubra um novo caminho! Há sempre uma saída...

Agora, aos poucos, sinta que você está respirando diferente, de um jeito gostoso, cheio de uma nova energia e pense: você pode mudar sua vida! Só você pode!

Respirando... descansando... abrindo novos caminhos... deixando este sofrimento para traz... sentindo que a impermanência é uma lei verdadeira, já está funcionando em você... Tudo passa!

Você pode continuar relaxando ou, até mesmo, adormecer um sono tranquilo, gostoso, suave...

Mas, se você precisa despertar, agora é a hora...

Vá acordando protegidamente com uma ideia nova já em processo de transformação aí dentro de você! Vá despertando por completo, da ponta dos pés até a cabeça, com uma prazerosa sensação de alívio... Tudo muda! E pode ser para melhor! Vá despertando agora, protegidamente.

A luz da cabala

O poder da luz proativa

Pare por um momento, procure ficar bem à vontade... Você agora vai ficar diferente, aprendendo um pouco mais sobre como fazemos luz, energia, satisfação, a grande paz de espírito...

Não há pressa, apenas se deixe ficar ouvindo um pouco sobre o que a Cabala ensina sobre a vida e o viver...

Se você anda com raiva, ou nervoso, ou triste, é uma boa hora para refletir e ver como nós mesmos podemos fazer luz, e esse é o princípio de ficarmos bem aqui na Terra...

Enquanto você vai me ouvindo, procure se colocar em uma posição de conforto, de descanso, e sintonize a sua mente com a sabedoria dos cabalistas...

A Cabala foi escrita há mais de quatro mil anos e se chama o livro da formação, de autoria de Abraão... Dizem que este livro contém todos os segredos do universo, apesar de ter somente algumas poucas páginas... Ele foi feito com escrita de códigos, mas lá está a verdade de muitas coisas que já ocorreram... a verdade de onde viemos, por que sofremos e como podemos viver bem por aqui e muito mais...

Mas, conta a Cabala que, há aproximadamente 15 bilhões de anos, antes de o universo existir, não havia nada. Não havia tempo nem espaço, e o universo começou em um único ponto. Este ponto irrompeu em uma explosão de forma inigualável, expandindo-se à velocidade da luz como uma bolha. Essa energia, por fim, esfriou, e se aglutinou, transformando-se em matéria, estrelas, galáxias, planetas... A ciência já comprovou este fato e deu o nome de "Big Bang".

Mas o que aconteceu? Se tudo era perfeito, por que houve esta explosão? Por que viemos parar aqui?

Se tudo estava unificado e perfeito no mundo infinito, o que aconteceu? Por que experimentamos tanta dor? Onde está a luz? A alegria infinita? E a felicidade permanente?

Os cabalistas respondem de uma maneira genial... Éramos tudo com um Deus, que nos dava tudo, não fazíamos nada, apenas recebíamos... É como um garoto que faz aniversário, o pai o presenteia comprando todos os garotos para que percam em uma partida de futebol, e seu filho protegido seja o único goleador e vencedor... Na hora, tudo parece lindo, mas, depois, o garoto descobre que não venceu nada, seu pai lhe deu de presente... ele não se sente digno, e sente um enorme vazio...

Este é o dilema da explosão... Éramos apenas receptores da luz divina. Enquanto permanecemos como receptores, permanecemos infelizes... Neste mundo divino, havia somente a luz e o receptor unificados... Talvez o receptor pudesse compartilhar com a luz? Seria uma ideia louvável, porém a luz não tinha desejo de receber... A luz sozinha era a força infinita... qual não foi a solução do receptor... O receptor parou de receber a luz divina, o receptor repeliu a luz, resistiu a luz. Neste exato momento, ocorreu a explosão...

Os antigos cabalistas chamaram o ato do receptor de repelir a luz de resistência, e, neste momento, a luz se retraiu e criou um espaço vazio. E, assim, o infinito deu vida ao finito... tudo começou...

Parece esquisito não é mesmo? Como podemos não querer a luz?! O problema era o sentimento vazio...

Mas, como um pai carinhoso que se afasta e permite que a criança caia para que, assim, ela aprenda a andar, a luz se retirou no instante em que o receptor saiu, dizendo: "Ao seu mestre, à sua luz, agradeço, mas não, obrigado. Eu gostaria de aprender por mim mesmo a criar e compartilhar um pouco de luz".

A luz deu o tempo e o espaço para que o receptor pudesse criar sua luz pessoal, e isso é o nosso universo físico...

Ficamos de um lado da cortina onde há só escuridão; do outro lado, há muita luz... Para termos luz, precisamos criar luz...

Não é complicado... Vamos ver como é possível ser criativo?! Ora, é simples! Você precisa ser PROATIVO ao invés do que fazemos, sendo apenas REATIVOS.

Como dizia Tolstoi: *"Todos pensam em mudar o mundo, mas ninguém pensa em mudar a si mesmo!"*.

Aí muda tudo!!! Se você consegue mudar a si mesmo... você se torna luz!

Ser reativo significa apenas ser o efeito, ser uma entidade criada, ser controlado por tudo, receber... Pense sobre isso... Quando reagimos com raiva, ou com tristeza, estamos sendo reativos ao efeito de algo que se impõe a nós...

Mas pense! Ser proativo, como é?! É ser a causa, é ser criador, é estar no controle, é compartilhar...

Nossa missão aqui no mundo finito e da escuridão é fazermos nossa luz para voltarmos para o mundo da luz, para Deus, e aí, sim, sentirmos pertencentes a Deus.

O objetivo da vida é a transformação espiritual, passando de reativos às dores, ao sofrimentos, com reações de raiva e pesar, para proativos, aqueles que descobrem uma maneira de mudar a vida para melhor!

As pessoas proativas são alegres, felizes e se sentem iluminadas, cheias de vida, cheias de Deus... Quem sabe você pode me acompanhar agora e aprender um pouco como sair dessa vida de sofrimentos e escuridão, e fazer sua luz, e ficar mais próximo de Deus!

O segredo?! Quando você perceber que está reagindo com raiva, com tristeza ou com mágoa, pare e pense. Este caminho só traz mais escuridão!!! Mais distância, mais vazio!

Cada um de nós tem o poder de ser proativo, de trazer luz à própria vida, a mudar tudo!

Veja:

Um obstáculo aparece, você fica abalado, ou magoado. Percebe sua reação – não é o obstáculo seu inimigo, mas sim você! O obstáculo é a lenha que vai ajudar você a fazer a luz neste mundo de escuridão! Viemos aqui para fazermos a nossa luz!

Feche seu sistema reativo para permitir que a luz entre e expresse sua natureza proativa! Você pode! Quanto mais duro for o obstáculo, mais chance você terá para superá-lo e fazer luz! Deixe de lado suas emoções negativas, o que importa é sua decisão de não reagir!

É como um exercício físico, uma dieta alimentar. É duro conseguir, mas, quando se faz, você percebe que deu certo, que deu conta e fica feliz!

A transformação acontece neste momento, e a luz aparece! Você tem um pedacinho do céu de Deus e compartilha com o mundo da luz... Veja as pessoas alegres... elas são proativas, seja carregando um botijão de gás, lavando roupa ou se divertindo em uma praia. O que é que importa?! Você tem de fabricar a sua luz!

No momento da nossa transformação, fazemos contato com o âmbito dos 99% de luz do infinito e saímos do 1% do mundo da escuridão em que vivemos...

Vamos lá, vamos tentar?!

Acontecimentos externos sempre despertam reações dentro de nós o dia inteiro. Ao invés de reagir, aplique a fórmula, e você verá verdadeiros milagres acontecerem... Vou repetir a fórmula...

O obstáculo aparece...

Perceba que a sua reação é o verdadeiro inimigo.

Feche seu sistema reativo para permitir que a luz entre.

Expresse a sua natureza proativa, automaticamente, sentimentos e comportamentos positivos irão surgir!

Imagine-se como uma lâmpada. Sem resistência, não há luz! Resista a ser reativo!

A luz de uma lâmpada nada mais é que a resistência que empurra de volta a energia e gera iluminação. Quando o filamento de resistência arrebenta, o positivo se conecta no negativo, e a lâmpada sofre um curto-circuito. Ela explode, produzindo um clarão momentâneo de luz. Daí, então, vem mais escuridão. Assim, sem resistência, não há luz!

O polo negativo corresponde aos nossos desejos reativos... ao receptor. O polo positivo corresponde à luz, à plenitude. O filamento corresponde ao ato da resistência do receptor! O não sermos controlados, passivos...

Resistindo ao nosso comportamento reativo, mantemos a luz espiritual brilhando! Isto traz a luz permanente!

Agora, você já aprendeu dos ensinamentos de Abraão... Você pode imaginar que toda vez que você se torna responsável por seus atos e faz coisas positivas, você está fazendo luz e ficando mais e mais próximo de Deus, da alegria, da paz espiritual...

Você vai purificando o seu espírito para buscar uma vida infinita cheia de luz em outras dimensões... Pratique... Pratique... é claro! A luz vem...

Não aprendemos tão depressa! O principal é você RESISTIR A REAGIR. Apenas imagine a luz, a sua luz se conectando com a luz divina através da cortina da escuridão, e foi você mesmo que a fabricou!

Por um instante, antes de terminarmos este trabalho, de aprendermos mais sobre luz, pare por um momento para ficar um momento mais, sem reagir... Curta o silêncio, entremeando a minha voz... Sou apenas um guia, um guia de luz, de sabedoria, do silêncio da sua alma, um anjo.

Escute seu anjo, seu silêncio, sua luz... Pare! Respire! Sinta o seu silêncio interior, e você vai ouvir o que vem lá de dentro, falando baixinho! Você pode chamar de intuição ou do seu anjo, ou da sua sabedoria, um conselho de Deus, uma palavra, uma imagem... A LUZ...

Eles falam baixo aí dentro, precisam de calma... Ouça, conecte-se com os 99% do mundo da luz!!! Sinta a sua luz!!! Ela é divina, você é filho de Deus!!!

Que delícia ficar quieto aí... desfrutando da sua luz... curtindo mais alguns momentos...

Isso... muito bem! Luz... Paz... Sabedoria... Saúde... Alegria... Limpeza... Vida... Tudo... Deus... com você!

E devagarinho, se quiser adormecer, você pode adormecer um sono cheio de luz e curador...

Se precisar despertar, está na hora! Vá acordando devagarinho em paz, tranquilamente... Você andou fabricando muita luz, está cheio de energia... Sinta-a correndo em seu corpo! É sua, você a fez!

Desperte feliz, alerta e bem-disposto!

Indução do silêncio

Quando sua mente estiver muito agitada, ou com a cabeça cheia de pensamentos ruins, ou com raiva, você pode fazer um pouco deste treino... É como dar um tempo no pensamento agitado, na vida do dia a dia, nas emoções exacerbadas, em tudo que REAGIMOS! Reagir às nossas emoções de raiva, tristeza e medo é muito natural, mas ficamos presos em nossas reações, e elas se tornam exageradas. Ficamos ligados demais, pensamos demais, sentimos demais e não conseguimos desligar o nosso pensar... Até mesmo para adormecer, é preciso desligar o pensamento. Muitas pessoas não conseguem parar de pensar, demoram para dormir, ou até não dormem...

Este exercício é muito bom! Ajuda-o a soltar os pensamentos, ajuda-o a relaxar a sua mente...

Procure se colocar em uma posição confortável e ficar à vontade com você mesmo. Tome algum tempo para aprender a ficar em silêncio e simplesmente observar seus pensamentos, sem julgamento... Apenas observe... Veja quanta coisa passa pela mente... São tantos pensamentos, tantas vozes, não conseguimos ouvir todas elas, tantos ruídos da mente... Apenas dê a você algum tempo.

Enquanto isso, sinta sua respiração, observe o ritmo, a intensidade e vá tomando fôlego tranquilo, protegidamente saudável... (*respirar suavemente*).

A cada respiração, procure sentir como o ar entra, procure sentir a liberdade, a vida entrando em você... Você pode imaginar a respiração de uma forma diferente, inspirando e imaginando que você respira o perfume gostoso de uma flor, uma rosa, um lírio branco, ou um jasmim, sinta o suave e gostoso aroma... Você pode imaginar como é essa flor, a cor, a forma e, é claro, o perfume! Então, inspire! E solte o ar lentamente como se você estivesse pondo para fora as coisas ruins, tudo que precisa sair lá de dentro... Entra o perfume gostoso e suave e sai tudo que está preso aí dentro de você, da cabeça, do peito, sai o que é desagradável, protegidamente...

E assim, observe seus pensamentos... em silêncio... sem julgamento... Observe a confusão de ideias, as vozes gritando dentro de você ao mesmo tempo... Estes pensamentos gritam alto, cada um quer falar mais alto com você, mas perceba que quanto mais alto for, mais perturbado será o pensamento. É como se tivesse algo ruim perturbando você. A voz que precisamos ouvir é a voz da sabedoria interior... Ela fala muito baixinho... Para ouvi-la, é preciso acalmar a sua mente, e só assim conseguimos descobrir o que realmente queremos, o que somos, o que desejamos... É como ter paz mental para conversar com você mesmo. Por isso, é preciso acalmar os pensamentos, a gritaria. Apenas observe os pensamentos... ouça... observe... ouça e não julgue... apenas observe sua mente...

Em um primeiro momento em que você faz silêncio, você fica confuso com tantas vozes... O que elas querem? O que dizem? Cobranças? Medos? Obrigações? Razões? A cabeça fica cheia demais para elaborar coisas úteis, fica à mercê de tantas exigências, e você, paralisado! Você se torna escravo do pensar...

Imagine que os pensamentos são como folhas secas que caem no rio e vão embora com a correnteza rio abaixo. As folhas vão sendo levadas pelo rio da vida e chegam a um ponto onde o rio faz a curva, e você não as vê mais... Lá se foram mais folhas, mais pensamentos...

Permita soltar-se em silêncio... aprendendo a não julgar, não continuar os pensamentos... Apenas escute-os...

Existe uma bela lei da natureza, a lei do silêncio. É preciso ficar em silêncio para limpar a mente e pode ouvir uma voz suave, que fala baixo e calmamente... Fala aquilo que precisamos ouvir... É a voz da sabedoria, ela só fala quando o silêncio se faz presente!

Então, podemos ouvir a nossa essência! Podemos criar possibilidades... Você está tendo este momento agora... Pare tudo... Experimente ficar um pouco em silêncio, sem julgamento. Apenas escute... Solte-se e ouça... Você está indo fundo dentro de sua mente, calma, indo fundo para escutar suas verdadeiras intenções, enxergar você mesmo, enxergar saídas, as infinitas possibilidades... Fique por alguns instantes em silêncio... soltando as folhas do pensamento...

(*Silêncio 30s*)

Agora, você está começando a aprender a se escutar, escutar você mesmo, recuperando sua sabedoria interior e a sua paz. Você pode escutar você mesmo, escutar seus reais desejos... Essa é a lei do silêncio, ela é linda!!! Experimente!!! A lei do silêncio é a possibilidade infinita de criatividade e vem de você mesmo! Por isso, dizemos: "PARE E PENSE!". A nossa criatividade vai se abrindo no meio do silêncio interior, soltando os pensamentos, os julgamentos...

Sinta o silêncio, acalme todas as vozes, deixe o rio levar as folhas secas dos seus pensamentos... Assim você pode escutar o verdadeiro eu... seguro, calmo, livre do medo, das raivas, das cobranças, da mágoa... limpando profundamente...

Nós somos em essência a consciência pura do universo, que significa potencialidade para tudo, para parar os pensamentos, para criar coisas novas...

Ficar em silêncio nos faz ouvir esta consciência pura, esta é a sua chance... ir limpando os pensamentos... Escute o seu silêncio... Solte-se... Tudo vai se acalmando, e você vai escutando a si mesmo, muito melhor... Um pensamento de cada vez, e você descobre o que é essencial nesse momento, ou apenas descansa a mente...

Nossos pensamentos procuram todo o tempo a aprovação dos outros, mas, em silêncio, você acalma tudo isto e escuta o que você realmente quer. Seu verdadeiro EU é imune às críticas, não teme desafios, não se sente inferior a ninguém nem pior...

O verdadeiro Eu traz paz... É uma voz suave... Fala pouco... Traz boas ideias... ou um bom sono...

Vá devagar... no silêncio... aprofundando... escutando você mesmo...

Vá praticando agora mesmo, aprendendo, é gostoso. Você pode gostar tanto que vai virar uma mania saudável, de limpar os sentimentos negativos que você vive no dia a dia...

Nenhum pensamento é tão importante quanto este momento de silêncio. Você está aprendendo agora...

Fique em silêncio mais um pouco. Vou lhe dar algum tempo. Apenas observe... não julgue... escute... sinta...

Conta uma lenda que um velho sábio tido como mestre da paciência era capaz de derrotar qualquer adversário... Certa tarde, um homem sem escrúpulos desafiou o mestre, insultou-o durante todo o dia, até pedras jogou no mestre. Cuspiu, gritou, mas nada o mestre fez para reagir. No final do dia, o homem exausto desistiu e foi embora. Os discípulos indignados perguntaram como ele suportara. O mestre então respondeu: "Se alguém lhe dá um presente e você não o aceita, a quem pertence o presente? É claro! A quem tentou entregá-lo". O mestre continuou: "O mesmo vale para inveja, raiva, insultos... Quando não aceitos, continuam pertencendo só a quem carrega... Sua paz interior depende exclusivamente de você! As pessoas, a vida, não podem lhe tirar a calma"!

Respirando... soltando... abrindo sua mente... esvaziando... suavizando...

Neste momento, é possível introduzir um leve impulso de desejo, uma intenção de vida, de futuro... Apenas deseje e entregue ao mundo, como uma pequena pedrinha lançada no lago calmo... Os halos que formam levam à energia do seu desejo, é a ressonância dos nossos pensamentos, vibre com harmonia e paz... o universo recebe! E simplesmente espere! Sinta a quietude, calmamente. A quietude é o primeiro quesito para que os desejos se manifestem...

Calmamente, a natureza conspira a seu favor. Você apenas vai ficando tranquilo e vai fundo para dentro de você mesmo, da sua força...

Abrindo seus caminhos, vai ao fundo do silêncio, ao fundo do seu EU, e você vai sentindo uma gostosa quietude...

Quanto mais você acessa a sua verdadeira natureza, mais espontaneamente aparecem os pensamentos criativos.

Franz Kafka, filósofo e poeta austríaco, disse certa vez: "Você não precisa sair do seu quarto. Fique sentado diante da mesa e ouça. Não precisa nem ouvir, simplesmente espere. Não precisa nem esperar, apenas fique quieto, silencioso, solitário. O mundo se oferecerá espontaneamente a você para ser descoberto. Ele não tem outra escolha a não ser jogar-se em êxtase aos seus pés".

Você está aprendendo a superar a turbulência dos seus pensamentos e a encontrar novas saídas por meio das potencialidades da sua mente... Curta o momento agora, um pouco de silêncio...

Agora, se quiser adormecer, vá em frente... Solte-se, sinta seu travesseiro, a maciez dos lençóis, seu conforto...

Se quiser, poderá acordar lentamente, despertando com toda a tranquilidade que a mente lhe oferece agora e, protegidamente, utilizar sua mente limpa, abrindo novas possibilidades.

Acordando bem alerta e bem-disposto...

Indução de mudança

Este exercício foi feito para você que está sofrendo com as mudanças da vida, naturais ou não, elas levam a transformações do nosso EU. Muitas vezes, trazem dor – esse sofrimento pode ser sinal para fazermos uma grande virada e mudarmos de vida!

É curioso observar como a vida nos oferece resposta aos mais variados questionamentos do cotidiano.

A mais longa caminhada só é possível passo a passo.

O mais belo livro do mundo foi escrito letra por letra.

Os milênios se sucedem segundo a segundo.

As mais violentas cachoeiras se formam de pequenas fontes.

A imponência do pinheiro e a beleza do ipê começam ambas na simplicidade das sementes.

Não fosse a gota, não haveriam chuvas.

As imensas dunas se compõem de minúsculos grãos de areia.

É quase incrível imaginar que apenas sete notas musicais tenham dado vida à "Ave Maria" de Bach...

Assim, também, o mundo de paz, de harmonia e de amor com que tanto sonhamos só será construído a partir de pequenos gestos de compreensão, solidariedade, respeito, fraternidade, perdão, dia a dia... Ninguém pode mudar o mundo, mas podemos mudar uma pequena parcela dele: esta parcela é o que chamamos de "Eu".

Assim, agora podemos falar de uma palavra importantíssima para nossa vida – a MUDANÇA. Ela é necessária de tempos em tempos, assim para crescer, amadurecer, aprender... O bebê vai andar, sai do colo da mãe, ganha o chão, a vida, a liberdade... As mudanças acompanham nossas vidas... Temos mudanças naturais como o cair dos dentes, nascendo dentes maiores e mais fortes... o adolescer... casar... mudar... mas temos mudanças que acontecem que não são tão naturais e acabam causando sofrimentos, crises... mas toda crise nos faz crescer e, assim, vamos aprendendo a ter uma vida nova.

Esse exercício é para você que está passando por um momento de crise. Vamos hoje aprender que as crises nos empurram para alguma mudança...

Chega uma hora, durante uma crise ou diante de uma dificuldade, que vamos dizer: "**Chega, eu não aguento mais!**". Como esse desabafo é tão importante!

Procure parar por um momento, pense na sua vida, veja em que crise você se encontra, o que você não aguenta mais... Pare... Pense... Apenas respire!

Tome um tempo, acomode-se bem... Respire gostosamente... Deixe o ar entrar protegidamente, abrindo suas ideias. Deixe vir aquilo que aperta seu peito e que incomoda você. Procure ver se tem algo que está preso aí dentro há muito tempo e que você não aguenta mais... Um cansaço? Uma rotina que traz agonia? Um peso na sua vida? Uma situação que tem machucado você? Um sofrimento? Algo que você deseja mudar?

Vá respirando tranquilamente enquanto você me ouve...

Conta um lenda que havia um homem lagarta e uma mulher lagarta, e que eles viviam muito bem... Mas, um dia, este homem morreu, a mulher lagarta entrou em verdadeiro desespero, se enrolou em seu xale e saiu chorando mundo afora... Mas, como o mundo é redondo, depois de muito tempo de sofrimento, ela chegou ao ponto de partida! O Criador não aguentando mais ver tanto sofrimento bateu uma palma e disse: "Chega, desenrole-se deste xale e viva uma vida nova!". Ela então virou uma linda borboleta e saiu voando...

Pois, então, chega uma hora que você pode dizer a si mesmo: "Chega de tanto sofrimento! É hora da mudança".

Uma pequena lagarta anda rastejando pelo chão, em uma condição subumana, sentindo-se o pior dos seres... Se nos compararmos com a lagarta, também teremos as fases de transição, de mudança e que são necessárias para nossa evolução, mas precisamos deixar para trás os pesos que carregamos, etapas nas quais ainda estamos presos...

Enquanto você vai respirando, pense, reflita, no que você está preso. O que você não aguenta mais? Deixe o ar entrar livremente...

Assim como a lagarta, nossas vidas são feitas de mutações. Chega uma hora que a lagarta fadada a rastejar pelo resto da vida se fecha em si mesma, em um casulo, e se desmancha, se dissolvendo. Sua identidade de lagarta desaparece! Ela se torna algo liquefeito, uma sopinha, dentro do casulo! Mas é deste líquido que vai surgir uma borboleta. É das células da lagarta que surge a borboleta!

É incrível, a solução está lá, dentro do casulo... A cura? Vem de dentro da lagarta, de dentro de suas células em crise, que criam uma solução inusitada – as asas de liberdade...

Nós podemos fazer esta comparação com a lagarta e a nossa crise na vida: o desmanchar de desespero, cansaço, tristeza, falência, perdas... Mas, lembraremos que a cura é uma sementinha, que está dentro de nós mesmos!

Tome este momento para refletir...

Você como qualquer outra pessoa pode mudar, mudar tudo!!! Costuma doer, traz rompimentos, mudança na nossa identidade, mudança de emprego, de dinheiro, de *status*, de casamento e muitas outras... Ouça o que, no meio do seu silêncio, sua sabedoria interior deseja de você... o que você realmente deseja... Você pode mudar. Só você pode mudar... Os outros não podem fazer por você tampouco podemos esperar que a vida e as pessoas mudem porque queremos... Mas, você pode dar um basta a tudo isto que você está sofrendo agora.

Você vai ganhando o ânimo, a certeza, de que a sementinha da cura mora bem aí, dentro de você!

A cada momento do seu sofrimento, da sua dor, você pode lembrar-se da lagarta que um dia se desmanchou para mudar!!!

Pouco a pouco... descansando... respirando protegidamente. Guarde esta ideia: toda mudança a ser feita só poderá ser feita por você mesmo!!!

Sua força está no seu sofrimento. Você pode começar seus planejamentos: sonhe, imagine seu futuro sem pesos...

Há mais de 20 anos, não existiam telefones celulares. Os primeiros, eram grandes, tão grandes... Hoje podemos falar de qualquer lugar com um telefone tão pequeno! Por falar em telefone, você era do tempo do telefone de discar aquele disco redondo? Onde para cada número se rodava o disco? Pois, então, hoje, você aperta teclas...

A mudança é necessária, faz bem... Precisamos evoluir, melhorar a qualidade de vida... Você também pode melhorar a sua, sonhar um futuro melhor, ativar seu futuro! É assim que pensam os cientistas, os arquitetos e outros que reparam e constroem um futuro melhor!!!

Você é o arquiteto e o cientista do seu futuro! Sonhe... deseje... faça a mudança... Não fique aí parado!!! Suas ações de hoje é que farão o seu futuro... As ações do passado não influenciam o futuro. Não podemos mudar o futuro se ficarmos presos no ontem. Não podemos mudar o ontem, mas o que você faz hoje, à noite, já está abrindo um novo futuro!

Costumamos apenas evitar o que é difícil! Mudar gasta energia, muda identidade, mas trará para a vida um futuro melhor! O que prediz o futuro é aquilo que você faz agora... Então, faça já sua mudança.

Imagine a pequena borboleta se desmanchando ainda como lagarta, mas se desmanchando não em lágrimas e dor, mas em esperança e força... a força da transformação...

Pense, imagine o que você deseja, faça planos para você! Pense agora... Divida em etapas. Peça ajuda, mas comece sua mudança... Você vai criar asas de liberdade e bem-estar.

Tome algum tempo agora, sonhando, enquanto ouve a música tocar... Faça um pequeno filme bom para o seu futuro... Deixe-se ficar assim algum tempo...

Descanse... sonhe... projete... seja o arquiteto do seu futuro e, logo, parta para a ação! Uma boa ação para você!

Respirando... descansando... sonhando... agindo...

Depois de algum tempo, você poderá despertar ao fim da música, ou até adormecer se tiver tempo para descansar mais...

Bons sonhos, acordado ou dormindo! E boa ação!

Indução de aceitação

Neste exercício, você vai aprender a lidar com a vida e com as adversidades que não podemos mudar...

Você aprendeu a ficar em silêncio, escutar a voz da sua sabedoria... O silêncio abre a nossa mente, abre os nossos horizontes internos, nos leva a conhecer nossos desejos, até os mais escondidos... É no silêncio que aquela voz mansa traz à tona o que realmente pode ser um bom caminho.

Na indução anterior, você aprendeu que as crises nos impulsionam para a mudança, e que mudar pode dar asas à nossa liberdade e, assim, poderíamos alcançar o que desejamos.

Aos poucos, no silêncio da sabedoria, na crise que desmancha antigas identidades e traz o que é novo e bom, podemos também aprender a aceitação da vida...

Dizem alguns que a vida dói! Com certeza, a vida dói, mas é boa também!

Pense nos problemas que a vida traz.

Alguns deles podemos resolver, outros não são solucionáveis... Precisamos aceitar...

Vamos aprender a lidar com a **aceitação**!

Pare um momento, deixe-se respirar tranquilamente, trazendo o oxigênio para dentro de você e ouça esta oração:

"Deus,

Dai-me serenidade para aceitar as coisas que não posso mudar...

Dai-me coragem para mudar o que eu posso mudar...

E dai-me sabedoria para saber a diferença entre uma coisa e outra!"

Existem muitas coisas que afligem o nosso viver...

Neste momento, respirando com tranquilidade, tome fôlego para mais uma vez rever o que lhe causa aflição, desgosto, tristeza, raiva, mágoa ou o que quer que seja.

Apenas pense sobre algum sofrimento que você está passando, pense o quanto este problema tem desgastado você, tirado sua energia, enfraquecendo sua mente, endurecendo seu coração...

Nós temos tempo, todo tempo do mundo para aprendermos a trabalhar o que, de verdade, é melhor para você...

Apenas observe no seu corpo o que você sente quando pensa nesse assunto que o magoa, ou traz raiva, ou pesar, medo, culpa...

Observe quanto desgaste! Observe como nosso corpo reage! Você precisa mesmo carregar este problema? Vale a pena? Muitas vezes, sem percebermos, acabamos por arrastar pela vida, situações insustentáveis, mas vamos levando...

Um casamento péssimo, um trabalho torturante, uma mágoa com uma pessoa querida. Sem percebermos, vamos ficando presos nas armadilhas da vida, do rancor, do ódio, da culpa, do medo e nos pegamos paralisados!

Mudança? Você já aprendeu que pode mudar...Tente...

Mas, agora, estamos aprendendo que há coisas que não podemos mudar, mas, para mudar nossos sentimentos, precisamos aceitar... Aceitar uma ação ruim, um desrespeito, uma situação terrível? Como?

Pois, então, o que nós não podemos mudar, o melhor é aceitar... Há coisas que podemos e devemos mudar... Há outras que devemos ter a sabedoria e a força da serenidade para aceitar e mudar o nosso caminho.

Enquanto você vai respirando protegidamente, pode continuar a me ouvir, ou apenas ouvir-me inconscientemente... Sua mente sábia capta tudo de que precisa.

Conta uma história que um rei colocou uma pedra enorme no caminho que levava à vila principal. As pessoas vendo o obstáculo desistiam do caminho, desviavam da pedra, até que apareceu um homem com sua carroça carregada de verduras muito frescas e ele precisava chegar à vila para vendê-las ainda com frescor. Ele, então, desceu da carroça e fez toda a força que podia para remover a pedra do caminho... Ao tirá-la, viu que havia uma sacola com um bilhete... Na sacola, havia muitas moedas de ouro, e o bilhete dizia: *"Estas moedas pertencem a quem remover a pedra do caminho"*.

Neste momento, você pode pedir a Deus aquela coragem para você mudar e remover as pedras do seu caminho... inclusive, para poder saber que há coisas que só você poderá mudar e que há muitas outras que teremos de aceitar...

Reveja aí no seu íntimo o que a vida já trouxe para você... Que é impossível modificar... uma doença? Uma perda de um ente querido? Uma desgraça? Um abuso? Um desrespeito? Um abandono? Um furacão? Eu não sei exatamente o que já se passou, mas sei que, nesta vida, todo mundo passa por situações que não podemos modificar... Pense nisso agora...

Enquanto vai soltando o seu corpo, seu choro, sua tensão, seu cansaço, você pode ir aprendendo protegidamente que você não é o único a sofrer com a vida... Todos nós estamos aqui transformando... Em vez de ficar preso na raiva, na mágoa, faça alguma coisa, desobstrua o seu caminho, carregue sua pedra para o lado e abra sua estrada da vida.

Realmente precisamos aprender a aceitar as coisas imutáveis e tocar a nossa jornada! Pedra é pedra! Você não vai mudar as pessoas que o machucaram, o tempo que trouxe o furacão, o bandido safado que lhe fez mal... Mas, vai mudar muito se seguir em frente a sua vida. Isso já passou, agora já é passado! Isso já passou! A vida futura não vai mudar por conta das suas lágrimas e lástimas...

Você pode mudar, você pode criar uma vida nova...

Tome uma atitude, um rumo novo...

Diz Amir Klink que quem tem rumo, até vento contra se torna a favor, mas quem fica preso no passado não olha para frente e perde o rumo... Como vai aportar em um porto seguro?!

Tome alguns instantes... Sonhe com seu futuro... É claro que um futuro atingível... uma boa relação, um amor, um trabalho bem-sucedido, uma vida plena de alegrias, imagine-se lá vivendo com alegria... Faça planos... respirando e levando oxigênio e fôlego para dentro de você... abrindo-se para uma nova vida... Guarde aí dentro do seu coração este desejo, esta intenção e aguarde...

Enquanto você aceita que há coisas que não podem mudar, reserve energia e coragem para lutar por aquilo que você pode mudar... Então, comece, abra-se, limpe-se das mágoas...

Imagine uma gostosa cachoeira de águas límpidas e minerais... Imagine que você está lavando sua alma, as feridas da alma, lavando comodamente seu sofrimento, deixando-o ir embora pelas águas da cachoeira, deixando ir embora toda sua dor, culpa, mágoa, medo, rancor...

Toda vez que vier esse assunto à sua mente, pense na cachoeira limpando, lavando, a alma do sofrimento...

A cachoeira da aceitação lava tudo, purifica você, por completo.

E, assim, você está começando sua vida nova, sem pedra no caminho...

Aceitar não significa perdoar. Há coisas que não tem perdão, mas ficar preso nelas só faz mal para você! Por isso, aceite! Já aconteceu, mas já passou! Seu futuro depende mais ainda de você agora! Lave-se, purifique-se na cachoeira límpida da purificação... e sonhe com a vida limpa... tranquilamente... protegidamente...

Você pode, se quiser, adormecer um sono tranquilo agora... limpo... calmo...

Caso tenha de acordar, é hora! Bem desperto, bem limpo, bem disposto, com energia para uma vida leve e limpa...

Visualização do futuro

Nesse momento, vamos fazer um treinamento mental poderoso, aquilo que acreditamos acontece! Você já reparou quando colocamos uma ideia na cabeça e acreditamos que ela pode dar certo, nós vamos abrindo o caminho, coisas novas vão aparecendo e, logo, aquela ideia se torna realidade! Um projeto, uma casa nova, uma vida melhor... Esse é o nosso momento de exercitar esse dom maravilhoso de abrir o futuro!

A semente é que faz nascer uma planta nova.

Agora, concentre-se...

Tome um tempo... Você já espantou os pensamentos ruins com o silêncio, já está aprendendo que sofrimento nos faz mudar nossa identidade e nos traz um novo caminho, mais livre...

Já está aceitando que muitas coisas já passaram e que não pudemos mudar...

Mas, agora, é a hora de visualizar seu futuro... Então, tome um tempo... Descanse... Organize-se mentalmente... protegidamente... Sinta a respiração mais solta, mais leve e pense em uma intenção, em um desejo forte...

Vá respirando calmamente, vá se abrindo para as infinitas possibilidades... Você hoje, cansado, triste ou deprimido, ou desesperançado, ou raivoso, ou pobre, ou solitário, o que quer que seja, apenas imagine você com esse sentimento ruim ou esta situação que incomoda.

Agora, respire fundo... Puxe o ar... Puxe a vida... Pense em Deus, Pai nosso Criador... e imagine como você deseja ficar... Mentalize-se na casa nova, ou sem raiva, ou com um novo companheiro, ou ganhando dinheiro... com alegria, feliz, cumprindo seu dever, abrindo seu coração...

Imagine uma luz divina entrando pelo topo de sua cabeça, um raio de luz dourado se espalhando por todo seu corpo... Essa luz entra em sua cabeça e limpa os pensamentos ruins, negativos... vai varrendo tudo... limpando... Essa luz dourada passa da cabeça para a garganta, dissolvendo os nós da raiva, limpando os muitos "sapos engolidos", os nós da garganta... Imagine que essa luz curativa vai tirando de você os sentimentos agarrados...

E, assim, a luz vai descendo ao seu peito, aquecendo a região da tristeza, da dor, da mágoa profunda... A luz dourada vai abrindo o seu coração... Apenas imagine, sinta...

Nesse momento, imagine e mentalize seu futuro, coloque suas intenções para Deus e abra seu coração! A luz dourada vai preenchendo você, com as mais belas intenções... Sinta com força o seu desejo, abra o seu coração, deseje e entregue essa intenção nas mãos de Deus... Imagine que Ele o ajudará a abrir os caminhos nessa direção do seu pedido... Mentalize você na condição que deseja alcançar. Veja-se, lá, no futuro! Amanhã, talvez hoje à noite, talvez daqui uns dias, você já começará a perceber as pistas do universo, seu caminho se abrindo... Imagine você, lá, no futuro!

Deixe, então, a luz penetrar fundo no seu coração... Vá abrindo-o na direção da sua intenção... E, assim, todos os dias ao acordar, mentalize o seu pedido novamente... Imagine que você toca um sininho, chamando aquilo que já pertence a você, que venha logo! E abençoado por Deus! Imagine um pouco aí, agora, tocando um sininho, chamando aquilo que já pertence a você e que venha logo e abençoado por Deus!!!

Deixe a luz tomar conta de todo seu corpo agora, em um banho divino, de uma luz curativa...

Agradeça, desde já, a Deus por esse pedido a caminho... Sinta-se iluminado e preparando-se para a sua intenção.

Mentalize você lá e toque seu sininho pelas manhãs, chamando o seu pedido!

E, assim, acredite, tudo acontece!

Vai respirando protegidamente... descanse um pouquinho mais...

Se tiver tempo, e quiser adormecer, durma um sono tranquilo, com sonhos levemente gostosos...

Se tiver de acordar, vá acordando suavemente... tranquilamente...

Tomando um fôlego novo!

Lei da atração

(baseado no livro: "A Lei da Atração" de Michael Losier)

Agora feche seus olhos e apenas acompanhe as minhas palavras...

Sinta sua respiração por um instante, deixando seus pensamentos soltos, apenas focando em perceber a sua respiração... Sinta a inspiração, enchendo o peito de ar e soltando devagar, exalando tudo que está preso lá dentro. Dê uma pequena pausa, de segundos! Então, recomece inspirando o oxigênio, a vida, enchendo os seus pulmões, levando vida nova para dentro do seu peito e, aos poucos, soltando o que está lá dentro junto com o gás carbônico... Solte tudo... E, depois de uma pequena pausa, vá de novo repetindo... e assim, vá fazendo... Inspire o ar novo, expire soltando o velho... Pausa, recomece... Que delícia! Você está apenas respirando e renovando a vida! Deixe-se aprender isso agora! Como é gostoso se renovar, respirar, sentir o ar entrando, abrindo o peito, deixando sair o velho, o entalado, o estragado... Apenas sinta essa nova maneira de dar uma pausa na sua cabeça, nos seus pensamentos, nos velhos pensamentos... Continue respirando e fazendo pequenas pausas... e sinta que delícia é dedicar alguns minutos a renovar o oxigênio para o seu cérebro, para o seu corpo. Que delícia poder fazê-lo!

Enquanto isso, vamos cuidar de algo muito importante... os seus desejos, é claro! Os seus desejos! Vamos confabular! Isso mesmo! **Confabular**!!! Contar com as fadas! Dizem que as fadas são aqueles seres que aparecem para nos ajudar a realizar desejos...

Está na sua hora de acreditar que o que pedimos, então, acontece... Bem, vamos lá?! Continue sentindo sua respiração, soltando o seu corpo, deixando a vida nova entrar! Oxigênio, vida nova e tudo mais que virá!!!

É evidente que você já ouviu falar da Lei da Atração, e é com ela que vamos trabalhar, com a fada que vive dentro de você e fora de você, que acolhe os seus pedidos o tempo inteiro...

Fada, gênio da lâmpada, anjo, o que você quiser. Vamos trabalhar com o poder do pensamento positivo. O poder da sua mente.

Você já reparou que, às vezes, alguma coisa que está querendo, simplesmente aparece ou chega sem mais nem menos por meio de um telefonema, ou de um encontro casual na rua? Quando você pensava exatamente sobre aquela pessoa ou aquela coisa? Você já reparou ou já ouviu falar de pessoas que estão sempre às voltas com relacionamentos problemáticos e se queixam de estarem atraindo o mesmo tipo de relação? Isso é a Lei da Atração!

Podemos então definir a Lei da Atração da seguinte maneira:

"Atraio para a minha vida qualquer coisa a qual dedico atenção, energia e concentração, seja ela positiva ou negativa".

Se você já usou uma dessas palavras que eu vou falar agora, estava se referindo à Lei da Atração. Veja:

- ⇨ "Sem mais nem menos"
- ⇨ "Por um feliz acaso"
- ⇨ "Coincidência não?"
- ⇨ "Oh, é o destino!"
- ⇨ "Que carma!"
- ⇨ "Ai, que inspiração!"
- ⇨ "Que sincronicidade!"
- ⇨ "Nossa, que sorte!"
- ⇨ "É, era para ser"...

Assim, pense comigo...

"O que você irradia em seus pensamentos, sentimentos, imagens mentais e palavras, você atrai para sua vida".

"Você é um imã vivo: você atrai para a sua vida pessoas, situações e circunstâncias que estão em harmonia com os seus pensamentos dominantes. Qualquer coisa em que você se concentre em nível consciente se manifesta em sua experiência".

Portanto, vamos começar a mudar...

Enquanto você vai me ouvindo, respirando pausadamente, relaxando o seu corpo, vai aprendendo algo muito especial: Como o seu pensamento tem poder!

"Muitas pessoas ficam intrigadas com o fato de estarem sempre atraindo o mesmo tipo de coisas. Elas têm absoluta certeza de que não

estão emitindo nada negativo e, mesmo assim, em certas áreas bem definidas das suas vidas, as experiências negativas continuam a se manifestar. Isso acontece porque essas pessoas estão enviando vibrações negativas inconscientes, simplesmente pela observação daquilo que lhes acontece com tanta frequência".

Assim, para mudarmos a sua vida agora, a primeira coisa a se aprender é que *"a Lei da Atração vai lhe dar mais dessa mesma coisa"*. Cuidado com o que você pede! Isso vem com força! Pensamento tem força e vai **confabulando** em nossas vidas! Vibração que atrai do universo o que está no nosso universo interior!

Usamos muitas frases na negativa: "Não quero ser pobre"... "Não quero ficar doente"... "Não quero ficar só"... "Não quero essa vida difícil"... Você já reparou? Pois, então...

Mas o que fica é: "Ser pobre"... "Ficar doente"... "Ficar só"... "Ter uma vida difícil!".

É preciso exercitar o positivo, o agradável, desejar o bom!

"Cada dia, ganho mais dinheiro!"

"Cada dia, cuido melhor da minha saúde, estou mais saudável!"

"Cada dia, abro portas a novos relacionamentos saudáveis."

"Cada dia, a vida se torna mais suave!"

Experimente começar a vibrar os pensamentos positivos...

E assim... *"Quando você passa daquilo que não quer para aquilo que quer, as palavras se modificam. Quando as palavras se modificam, a vibração se modifica, e você só pode emitir uma vibração de cada vez."*

Portanto, escolha a do desejo positivo! O pensamento tem poder!

O importante é perceber que tipo de vibração você emite... *"Para saber se está emitindo vibrações positivas ou negativas a respeito de algo, dê uma olhada nos resultados que você tem obtido nessa área da sua vida. Eles são o reflexo perfeito daquilo que você está vibrando."*

Como fazer para pensar positivo, para se ter sentimentos bons?

O importante é desejar! Deseje e acredite! E as vibrações começam a atrair como um imã do universo. Vem para você aquilo que você desejar...

Mas cuidado, muitas vezes, não nos permitimos, achamos que só para nós não será possível... Isso também é um desejo e se torna uma crença que limita, barra os nossos verdadeiros desejos.

Assim, começamos...

Pare um instante! Respire... Sinta o ar entrando... a vida nova... Deseje... Sinta o seu desejo... algo bom agora. Veja lá no fundo se há algo que o impede... uma frase, uma sentença da infância, algo negativo que trava o seu sonho...

Identifique o que está fazendo oposição, que pensamento é esse e em que área:

⇨ na sua carreira?

⇨ nas suas finanças?

⇨ nos seus relacionamentos?

⇨ nas suas amizades?

⇨ na sua saúde?

⇨ onde você está intoxicado? E desde quando?

⇨ quem lhe ensinou que você não poderia?

Pois, vamos aprender com as fadas. Tudo é possível! É possível para todos!

⇨ ter saúde;

⇨ ter e ganhar mais dinheiro;

⇨ ter um amor;

⇨ ter alegrias.

Comece pensando...

"Agora tudo é possível!"

"Estou em processo de mudança."

Siga a Lei da Atração, já tão falada na atualidade. Ela é poderosa.

Se for no amor sua barreira, pense que, nesse momento exato, alguém está sendo pedido em casamento, alguém está recebendo um convite romântico, alguém está se apaixonando por alguém... Assim como eles, você também pode ter um parceiro romântico, que o queira bem, que cuide bem de você e tudo mais que desejar...

Se for no ganhar dinheiro, pense nesse exato momento que muitos estão aprendendo a ganhar mais dinheiro e melhor, muitos estão fazendo sua fortuna, muitos estão equilibrando os seus gastos, muitos estão fazendo sua poupança, e você também pode!

Portanto, seja em que área for, identifique o que o bloqueia... passe a acreditar que pensar positivo faz com que as fadas confabulem... faz o universo trazer o positivo e o bom... traz a abundância para você...

O segredo é acreditar e pedir, pedir o que desejar, repetir como uma reza positiva aquilo que deseja, sonhar acordado, imaginar já como deseja estar...

"Isso agora é possível."

"Estou em processo de mudança."

Lembre-se disso!

Pare um instante, identifique seu sonho positivo... Isso, sonhe, tome um momento. Identifique se tem algo que o bloqueia. Pense que agora você quer ser diferente. Quer o que é bom... Tudo é possível agora daqui e para frente.

"Muita coisa boa pode acontecer."

"Muita coisa vai mudar para melhor."

Sinta-se cheio de desejos positivos!

E pense no que você deseja, repita várias vezes esse pensamento agora...

Tome um tempo para pensar...

Desperte sua fada! Sinta a fada ativada, trabalhando para você, rodopiando à sua volta, vibrando uma nova onda de energia que vai se irradiando para o universo... Quanto mais você repetir o que deseja, mais o universo mandará para você... Pode acreditar! Sinta, deseje, sonhe acordado, sem dúvidas... Firme... E lá vai a fadinha, enviando sua energia ao universo que vai facilitando o caminho, abrindo as portas, e seu desejo caminhando para você de volta aqui... Sinta!

Muita coisa pode acontecer!

Agora, tudo é possível!

Seu desejo é uma ordem! Você pode tudo! Deseje... sinta... sinta o alívio de entregar o seu pedido ao universo...

Você pode, ao terminar esse exercício, escrever a lista das suas afirmações e desejos positivos... Leia todas elas diariamente.

Agora, sinta-se pleno do seu pedido.

Lembre-se de que, se for no amor... *Milhares de pessoas estão saindo para um encontro amoroso hoje. Milhares de casais vivem um romance estável e harmonioso...* e assim por diante.

Se for no financeiro, pense... *Há dinheiro demais nesse mundo. Alguém acabou de ganhar um prêmio nesse momento. Alguém aprendeu a ganhar mais dinheiro nesse momento. Milhares de pessoas conseguem pagar suas contas em dia, ter dinheiro suficiente. A cada dia, alguém mais aprende a ganhar dinheiro de uma forma nova...*

E, assim, vá sonhando, acreditando que também seus desejos se tornam realidade, que você abre portas, abre caminhos para encontrar o seu amor, encontrar o seu equilíbrio financeiro, resolver os seus problemas emocionais, encontrar o que você deseja, mas lembre-se de que é preciso fazer, praticar a simpatia, o trabalho sério, as trocas que o universo espera de você... E tudo pode acontecer! Tudo é possível!

Viva no positivo! Faça sua parte, invista no que lhe é positivo.

Acredite que você pode mudar a vida! Só você e o seu pensamento poderoso, todos os dias!

Que tudo que você deseja acontece!

E, assim, deseje positivamente... Nesse momento, de novo, os seus pedidos...

******

Para finalizar... tome então o seu momento para pedir à sua fada interior, acreditando que tudo é possível... Sinta que a sua fada limpa você dessa crença intoxicante que o impede de ser feliz... A fada vai ajudando você nesse banho de limpeza, agora mesmo e deseje, vibre! O universo traz! Acredite!

Pare...

Pense...

Sinta...

Deseje...

A abundância existe!

Você pode continuar nos outros exercícios a limpar aquilo que possa prender você. Os pensamentos negativos, as crenças...

Em outro momento, continue os exercícios que vêm a seguir...

Livrando-se dos pensamentos negativos

Nesta indução, você vai aprender um exercício poderoso e de limpeza geral e libertação do passado.

Posicione-se, confortavelmente, em um lugar tranquilo e prepare-se para limpeza geral de que você necessita neste momento. Você poderá repetir este exercício quando tiver pensamentos negativos ruminando na sua cabeça. Pode repeti-lo quantas vezes quiser, não importa qual o problema, sentimento. O que importa é o desejo de limpá-lo. Pois, então, vamos lá...

Em um primeiro momento, tome um tempo para desligar-se do mundo e de todos, para ficar só com você mesmo... Isso! Para ouvir a infinidade de pensamentos que estão afligindo você agora. Apenas tome um tempo, respire sentindo o oxigênio entrando, levando vida a todas as suas células... Solte o ar... no seu ritmo... e, aos poucos, você vai sentindo uma certa calma tomando conta de todo o seu corpo... Assim, podemos cuidar da sua mente, a casa chefe, o comando de tudo.

Respirando e soltando seu corpo, ficando a sós com você mesmo, desligando de tudo, para religar com uma energia nova... Isso mesmo... Para reabastecer, revigorar, limpando profundamente essa crosta agarrada aí dentro, as origens de tudo que faz mal... respire e se solte...

Agora, por um momento, pense no que o aflige. Qual ou quais pensamentos negativos aparecem todo tempo impedindo você de ser feliz? Tome algum tempo e ouça como estes pensamentos dominam sua vida. Eu não sei quais são eles e, por isso, eu não posso repeti-los, mas você pode, procure-os...

São coisas como:

"A vida é muito difícil."

"Não nasci para ser feliz."

Vai procurando...

"Homem não presta."

"Casar é impossível."

"É impossível emagrecer."

"Não sei ganhar dinheiro."

"A vida vem me castigando muito."

"Eu tenho de dar conta de tudo."

E muitos, muitos outros...

Qual é a reza negativa que você faz todos os dias? Esta reza está fazendo parte da sua vida diária, deixando sua vida ficar travada. Pare... Respire... Observe por um momento que pensamentos dominam a sua mente agora?

Agora que você já percebeu que existem pensamentos negativos, dê uma pausa e me ouça mais um pouco... Estes pensamentos são como uma lei negativa. Sem percebermos, vamos sendo dominados por esta lei terrível, que vem lá das nossas profundezas e nos imprime um destino, também negativo. Mas, você pode mudar isto. Sim, você pode. Todos os dias, temos a chance de mudar nossas vidas... Basta você mudar o que pensa. Você já reparou que somos aquilo que semeamos? O que semeamos quando pensamos e sentimos reflete no nosso dia a dia? Agora, chegou a hora da mudança, vamos começar a desintoxicar você dessa lei antiga, desse pensamento intoxicante, que trava sua vida, sua prosperidade. Pare... Pense... Sinta... Respire... Tome um tempo...

Qual é o seu pensamento intoxicante? Isso... agora, pense: limpeza, saúde, amor, riquezas e leveza são parte de uma natureza em harmonia. Vamos buscar este caminho...

Desde criança, você foi como uma esponjinha, foi absorvendo tudo que via pelo mundo... Muitas coisas você aprendeu até os sete ou oito anos de idade, quando não estava maduro o suficiente. E a grande maioria dessas leis terríveis foram impostas quando você ainda era pequeno, e o pior, por você mesmo. Sem perceberem, as crianças são rígidas e criam normas rígidas. Você não faria diferente. E dependendo do que você viu ou passou em sua casa, com seu pai, com sua mãe ou avós, dependendo das situações difíceis que viveu, pronto! Lá vem a sentença, que sentença! O comando pode não ter sido dito em palavras pelos seus pais ou avós, mas você pode ter entendido a vida assim ou ter assimilado a fala de seus pais... E, para não sofrer, a sua criança interior criou leis rígidas para protegê-lo de um mal maior, sem saber como resolver aquele problema tão difícil... A criança que existia resolveu ao modo dela, com uma lei rígida. Mas, agora, adulto, sofrendo muito mais por conta destas leis rígidas, você não está bem. E o pior, ainda está preso ao passado, às regras do passado, repetindo o mesmo diariamente, regras feitas por uma criança... Pois, então, agora é hora da limpeza! Todo dia é um novo dia, vamos começar esta limpeza... Todo dia é dia de uma nova chance, nova vida. Vamos educar a sua criança que existem saídas alternativas? Pense na sua sentença, na sua frase negativa, aquela que você fala para si mesmo todos os dias e que exatamente é ela que o trava, o intoxica...

Tome um tempo e pense: "Qual é a sua frase negativa?"; "Isso é impossível"; "Eu tenho de dar conta de tudo"; "Não sei ganhar dinheiro"; "Homem não presta"; "Nunca vou ter uma saúde boa"; "Nunca vou ser feliz"; "Tudo é pesado para mim"... Eu não sei qual a sua frase, mas pense nela agora...

Ouviu? Percebeu? Veja de novo. Veja de onde vem esta frase. Há muito tempo que você segue esta lei? Desde quando? Desde criança? Quando foi que tudo começou? Você realmente acredita que você deve e tem de seguir isto aí que você pensa? Ou isso é uma lei absurda, rígida, de criança?

Como assim todo homem não presta? Como assim você não pode ganhar dinheiro e os outros podem? Como assim a sua vida tem de ser mais dura? Agora é a hora da mudança, da limpeza, é a sua chance de lutar e querer o melhor...

Primeiro, vamos pensar nos seus pais? Algum deles teve um destino infeliz? Ou maltrataram você muito? Será porque eles não puderam ser felizes e lhe deram o exemplo, você ficou preso a esse sofrimento? Ou para nunca mais sofrer o que sofreu, você está se judiando tanto agora? Para alguns filhos, é difícil ser melhor que os pais, ganharem mais dinheiro do que eles, superarem seus pais... Mas tudo, tudo mesmo que os pais podem querer é que seus filhos sejam melhores em tudo! Melhor que eles inclusive. Ter mais dinheiro, ter mais amor, ter mais oportunidades, ter mais saúde, tudo!

Seus pais podem querer que você tenha uma vida melhor, mas, se, por acaso, você não teve a oportunidade de ser abençoado pelo seu pai, ou sua mãe, porque eles o maltrataram, temos a chance também de limpar isso agora!

Por favor, venha comigo! Fique curioso...

Imagine que você está em uma clareira, em um gramado lindo, em volta há árvores majestosas, de um verde esmeralda, pássaros cantando, um som suave e gostoso... em um belo dia de primavera... pequenos arbustos, jasmins cheirosos e floridos... e você lá no meio dessa clareira... nesse gramado...

Imagine que seus pais vivos ou mortos estão lá também. Bem à sua frente, esperando você para uma boa conversa... Essa é a sua oportunidade de um diálogo limpador, sim, uma verdadeira limpeza... Diga tudo que você deseja a eles... Se o maltrataram, diga. Se eles não têm perdão, diga que você SENTE MUITO, mas diga tudo que você sente e sentiu por muito tempo... Se for só saudade, ABRACE-OS... Sinta a emoção gostosa do calor amoroso deles... Mas, desabafe, ou mate a saudade. O importante é que, agora, você peça LICENÇA aos dois PARA SEGUIR A SUA VIDA, a seu modo, e peça a BENÇÃO deles ou LICENÇA para você ser feliz. Caso eles não tenham sido, apenas diga: "EU SINTO MUITO PELA SUA INFELICIDADE OU PELAS DIFICULDADES QUE PASSAMOS, MAS EU VOU TOCAR A MINHA VIDA, AO MEU MODO AGORA". Caso eles tenham sido felizes, peça a benção deles para você também ser feliz... brilhar mais... brilhar por eles também... pelos netos que virão... caso você deseje ter filhos ou já os tenha... Sinta-se libertando para ser melhor, para HONRAR os seus pais e, principalmente, para HONRAR a sua vida. Isso é o mais importante!

Você só pode fazer para você mesmo. Só você pode honrar a Deus, levando sua vida muito bem... Diga aos seus pais que você devolve a eles o fardo deles, da vida deles, caso eles tenham tido uma vida difícil. Diga-lhes que agora você segue a sua vida, LIVRE PARA SER FELIZ!!!

Sinta-se como se você estivesse jogando um fardo fora, aquelas sentenças negativas. Sinta-se leve... Veja seus pais indo embora com a tranquilidade necessária, cada um carregando o que é seu... Imagine que você os abraça com carinho. Se isso for possível, abrace-os tranquilamente, mas, se houver mágoa ainda, diga a eles que o TEMPO se incumbirá de limpar tudo... e deixe-os ir embora, agora, da melhor maneira possível.

Vire-se para o outro lado da clareira, olhe para seu futuro... Respire ... e sinta a brisa leve tocando o seu rosto... Imagine que este futuro está livre e por vir! E cabe só a você semear as emoções positivas, acreditar em você mesmo e dar um duro danado para que as melhores coisas façam parte da sua vida, pois todo ser humano merece! Merece ser feliz, ter amor, ter saúde, ser próspero e cheio de luz. Respire e sinta o seu futuro... Imagine você livre, feliz, realizando o que você deseja realizar...

Todos os dias, são novas chances... sonhe... imagine...

Veja-se, lá... no futuro... livre... solto... leve... fazendo o que você precisa fazer para alcançar o que você deseja alcançar...

Dê a você este momento gostoso de reflexão, de paz, de libertação...

E, com muita leveza, fique aí por um instante, sonhando um sonho bom...

Limpeza do perdão

Esse exercício do perdão, da limpeza das mágoas, é como tomar um banho para limpar a fuligem, aquilo que está impregnado dentro do nosso peito, do nosso coração e do nosso corpo. A fuligem, como mágoa, como raiva, como remorso. Machucar alguém ou ser machucado provoca mágoa, dor, dor de remorso. Para desejar o bom, é preciso sentir-se merecedor. Por isso, vamos também limpar e perdoar. Vamos continuar nossa limpeza profunda, e você como filho de Deus poderá sentir-se merecedor dos desejos mais sublimes... E, assim, tocará sua vida em frente, muito melhor... Vamos lá!

Talvez você tenha alguém que você precisa perdoar, ou mais de uma pessoa, e você carrega a mágoa, dia após dia, apertando seu coração. Quando fazemos o doce de figo aqui em Minas Gerais, ele precisa ficar de molho na água algum tempo, para sair o gosto amargo. Vai se trocando a água e vai se limpando todo o amargor. O amargor pode ser da raiva ou da tristeza de machucar alguém... Talvez você tenha alguém a quem você magoou profundamente. Que tal aproveitar agora para se limpar dessa fuligem agarrada em você também? Pois bem, vamos começar perdoando alguém que você deseja perdoar. Alguém que machucou você e não importa se foi de propósito, se foi sem querer, se foi porque a pessoa é doente e não soube o que fazia naquele tempo. O que importa agora é que você quer se livrar deste peso em você mesmo porque ficamos presos nas mágoas e acabamos adoecendo. Então, pense em alguém que o machucou a ponto de deixá-lo com uma mágoa profunda...

Imagine que você agora vai escrever uma carta de perdão e abolição para esta pessoa... Respire por um momento, peça iluminação à Deus, ou à luz mais pura do universo, que o ajude a se libertar e a libertar quem está preso na sua mágoa. Sinta o ar entrando, um fôlego novo e pense nesta pessoa, no mal que ela lhe fez, mas agora pense diferente. Você quer se livrar dessa sujeira, não importa se essa pessoa é o seu pai, é sua mãe, um irmão, um amigo... O que importa é que você deseja se livrar desta mágoa. Inicie sua carta, diga a essa pessoa qual era o valor dela em sua vida, pense nisso agora. Imagine o papel à sua frente, e você colocando nele tudo o que você sente, tudo que o machucou, e diga que não se sente raiva de graça, fale de todos os males que você precisa desabafar, ponha para fora, escreva tudo. Vá escrevendo, imagine que você está escrevendo... Isso mesmo... Vá mentalmente escrevendo... Você vai colocando para fora, deixando sair, lavando a sua alma, desabafe... Coloque a fuligem para fora... Isso... todos os males... todas as dores... todos os sofrimentos... Escreva... desabafando... Isso... Tome um tempo e escreva tudo, com todos os detalhes... Isso...

Agora que você desabafou, vem o principal: você precisa perdoar. Veja se está preparado. Se ainda não estiver, você já está ensaiando, tudo bem. Pense que os malfeitores são doentes. Algum problema eles têm, ou às vezes, foi um mero ataque de raiva, ou uma situação acidental. Então que tal agora, você pode dizer na sua carta que você está perdoando? Ou, se não conseguir, está apenas aceitando, porque há coisas que são imperdoáveis, que aquilo já aconteceu, já passou, que você fará um grande aprendizado do sofrimento vivido e que você já pode liberar do seu coração tamanha mágoa. Mesmo que não perdoe, apenas aceite o fato. Se for o seu pai ou a sua mãe, você deve respeito a eles, portanto, não é perdão, é aceitação de uma limitação deles, de um defeito deles, pequeno ou até grande. Os filhos devem respeitos aos pais. Limpe-se do sentido negativo em relação aos seus pais, se for o caso. Se forem outras pessoas, você pode perdoar ou entender o malfeito. Isso mesmo, você agora está tirando de dentro de você toda essa mágoa. Agradeça-lhes mesmo até pelos dissabores, pois fizeram você aprender muitas coisas.

Por último, peça licença a essa pessoa para você tocar sua vida, a seu modo, e poder, sem peso, viver a vida feliz. Se for possível, deseje a ela muita luz e um bom caminho. Neste momento, enrole a carta como um canudinho, coloque um laço amarrado a um balão cor-de-rosa e mande-o para essa pessoa neste mundo ou noutro, onde ela estiver... vivo ou morto... Deixe o balão subir ao céu... ir até lá... onde ela estiver... Imagine o balãozinho subindo, subindo, chegando lá, a pessoa recebendo a sua carta, lendo a sua carta, recebendo o seu perdão, ela se libertando e você sentindo como se tivesse tirado os grilhões que prendiam você de ser feliz. Como se as portas da prisão da mágoa se abrissem, e você se soltasse, sentindo os raios de luz, da liberdade, da vida, reluzindo sobre você... Você está LIVRE! Sinta, sinta a luz, a limpeza, o alívio. Você está fazendo a sua parte. Isso mesmo, curta sentir-se limpo, aliviado.

Mas, agora, vamos à segunda etapa?

Somos humanos e também cometemos deslizes... Às vezes, sem perceber, nos deixamos levar pela cólera, às vezes propositalmente... Veja a quem você deseja pedir perdão. Se for para limpar a fuligem, vamos limpar esta parte também. Muito bem, você também pode mandar uma carta de perdão, pedindo perdão para quem você deseja. Comece a escrevê-la agora... Diga o que você sente, a sua vergonha, a sua culpa, a sua falta de jeito, o seu fracasso, a sua falha, a sua falta de atenção, seja lá o que for. Apenas peça perdão pelo que fez e diga que isso pesa muito dentro de você e que mesmo que esta pessoa não possa perdoá-lo, que ela aceite que você está muito arrependido do que fez. Peça licença a ela para você seguir a sua vida e poder ser feliz, e, até mesmo, prestar mais atenção para não cometer o mesmo erro. Peça licença, isso mesmo, com paz e tranquilidade do fundo do seu coração. E mesmo que esta pessoa tenha dificuldade em aceitar, aceite isso, mas faça assim mesmo. Mande muita luz, prosperidade e paz a quem você machucou.

Agora enrole a cartinha, amarre em um balão cor-de-rosa, envie pelos ares até a pessoa machucada por você, neste mundo ou em outro... Sinta que a pessoa está recebendo o seu pedido de perdão, as suas desculpas. Sinta você podendo ter este momento de libertação. Mande luz para esta pessoa, sinta seu peito recebendo a luz divina, do amor divino, da cura desta dor tão profunda. Sinta que isso foi uma lição, que você pode continuar sua vida e dar luz, ajuda e alegria a muitas pessoas para compensar este momento.

E, assim, agora, dê a você um momento de silêncio, peça muita luz para o seu coração, para guiar as pessoas de quem você vai cuidar, encontrar e conviver. Sinta a luz entrando cor-de-rosa, rosa da alegria, harmoniosa em seu coração, limpando profundamente as suas dores, o seu sofrimento... É a sua oportunidade de viver uma vida nova, nesta mesma vida agora. Sinta a luz cor-de-rosa do amor, da alegria, tomando conta do seu ser, desmanchando as raivas, as mágoas e os sofrimentos... Essa luz se espalha por todo o seu corpo, pelo seu ser, como uma bolha de luz cor-de-rosa de proteção e alegria, envolvendo todo o seu corpo, renovando os seus votos de uma vida amorosa e de prazer... Deixe-se ficar nesta luz maravilhosa, neste manto de luz rosa, aproveitando a vida.

E durante o dia de hoje, de amanhã e de depois de amanhã, e de depois de depois de amanhã, dê um sorriso para alguém, elogie alguém, dê um presente, faça alguém feliz... E você sentirá renovando suas energias do bem querer...

Para finalizar, apenas respire da luz cor-de-rosa... Vá voltando aqui lentamente... completamente acordado e de bem com a vida.

Segredos e sucessos

Muito bem, chegou a hora de pedir ao seu gênio da lâmpada, ou à sua fada, o que você deseja. Pare por um momento... Respire... Solte-se de tudo e de todos... Você já está limpo e livre. Ligue-se à energia maior do universo, à energia do pensamento. Seu corpo está livre das mágoas, sua mente livre das crenças do passado. Dê a você um momento para atrair o que de verdade você deseja... Lembra? Os seus pedidos... Mas, é preciso ser algo que você deve alcançar e não vale pedir que o outro mude. O pedido é só seu, o gênio da lâmpada e a fada são seus, e é o seu universo, não o dos outros. A mudança só pode acontecer para você, para mais ninguém, é sua. Então, agora é hora... Acredite na força do pensamento, ela é uma lei poderosa, é a Lei da Atração, pensamentos atraem pensamentos semelhantes, pensamentos atraem fatos. Se você pensa negativo, atrai coisas negativas como já aprendeu. Se você pensa positivo, vai atraindo o que é positivo para a sua vida. E é assim que essa lei poderosíssima da natureza funciona. Portanto, é hora de começar a pensar ou rezar positivo e acreditar que estamos pedindo ao universo que isso aconteça. Nosso gênio da lâmpada, a fada e o poder do seu pensamento funcionam.

Tome um momento, pense em coisas que você deseja alcançar, coisas boas para a sua vida... Imagine-as com detalhes... Se for a casa nova, pense nela com detalhes, mas pense também que você deve e pode trabalhar mais, ter um reajuste de salário por merecimento para poupar e comprar a sua casa. Ou se quiser, pense no amor, aquele tão sonhado amor... Para isso, torne-se uma pessoa melhor: cuide-se, trate as suas chatices, os seus defeitos e, com certeza, as mudanças para melhor virão.

Então, quando pensar nos seus desejos, pense em todos os passos até alcançá-los, de uma forma positiva e proativa onde você se torna o protagonista do seu milagre. Comece a pensar no que você deseja para sua vida, pense com carinho... Pense com amor e coragem, pense que é possível alcançar... Veja-se, lá, no futuro, realizando os seus sonhos. Isso mesmo, pense agora, sinta-se, lá, nesse futuro...

Talvez esteja mais próximo do que você imagina: saúde, resolver problemas, casa nova, prosperidade, dinheiro, amor... tudo. Agora, imagine que você está colocando ganchos dourados presos por fios dourados e transparentes agarrados a esta cena do futuro e comece a puxar, em direção ao presente. Vá puxando as cordas douradas e transparentes do universo, agarradas ao seu desejo... Imagine a cena, aquilo que você deseja... Agarre os ganchos e puxe... Toda vez que tiver um tempo, pense nisso, puxe mais um pouquinho. Pense nesta imagem do seu desejo e puxe as cordas mais um pouquinho. Todo dia, sempre, puxe e acredite. Vamos, pense: prosperidade, casa, amores, família, tudo. Pensamentos positivos atraem pensamentos semelhantes, que atraem os fatos, as oportunidades... Guarde no seu coração o seu desejo... Acredite nele... Pense, imagine, sempre, e aguarde as leis do universo.

Se você quiser, ao terminar esse exercício ou amanhã, faça um mural com imagens do que você deseja alcançar. Assim, você se lembrará sempre que olhar e peça a Deus, caso acredite Nele, ou na lei do universo, que traga para você o seu desejo. Mas, lembre-se de que você tem de acreditar, e aí vem aquilo que você deseja. Para isso, comece a fazer a sua parte: trabalhe mais, invista mais, seja mais simpático, e a sorte nada mais é do que estar pronto, preparado, treinado para quando a oportunidade aparecer... Acredite!

Agora, simplesmente, respire e se sinta puxando as cordinhas do seu desejo do futuro para o presente. Puxe com o seu coração aberto, por alguns minutos, no silêncio do seu ser. Acredite, puxe para você o que é bom, o que é saudável... Ótimo! Tome um tempo de silêncio e se exercite. Pense no seu pedido, imagine você puxando o futuro para o presente. E, para que isso aconteça, só precisamos finalizar exercitando o seu sucesso, pois o sucesso faz parte de se ter um desejo realizado. Vamos lá?

Você deseja ter sucesso no que faz? Todos desejamos ter sucesso, mas poucos de verdade conseguem. Neste momento, para finalizar, quero ajudar você a entender como você pode abrir portas e ter um pouco mais de sucesso. Alguns dizem que é apenas talento, ou ser muito inteligente, mas temos muitos talentos e gênios sem algum sucesso. Parece que a lei aqui é dar duro, muito treino, muito estudo, muito trabalho e oportunidade. Quando você estiver pronto, aparece. Para alguns, esta mistura acontece na hora certa. Bill Gates tinha mais de 10 mil horas de computador quando a era dos computadores nasceu... Pronto! Ele sabia, estava treinado, estava no lugar certo, na hora certa. O melhor que você pode fazer é se preparar bem, estudar bem, muito bem o que deseja, treinar mais de 10 mil horas, 20 horas por semana por 10 anos, ou se quiser, 40 horas por semana em 5 anos... Ter uma rede boa de relacionamentos e dar um duro danado para ser bom, bom mesmo, naquilo que faz. E, é claro, contar com a oportunidade certa. Hoje, devemos ter centenas e centenas de jovens que sabem muito mesmo de computadores, mas hoje e, não quando Bill Gates começou. Portanto, é importante ficar atentos às oportunidades, correr atrás delas, mas, melhor que isso, aprender hoje que sucesso se faz com muito, muito trabalho.

Assim, agora, pare um momento... Reflita... O que você deseja para sua vida? Que habilidades você se dá melhor? O que você faz com prazer? O que você faz brincando, já que você vai trabalhar duro nelas por muitos anos? Mas, veja-se fazendo algo promissor, veja-se investido, cheio de garra, cheio de energia...

Quando você vê alguém de sucesso, você não vê um preguiçoso, uma pessoa parada; ao contrário, você vê alguém muito ativo, muito eficaz, alguém que não enrola, mas sim que faz. Portanto, o verbo é FAZER, fazer sempre, fazer mais, fazer com qualidade, fazer com prazer, fazer com criatividade, fazer com gosto, FAZER e FAZER.... muito, muito, muito mesmo. Esse é o grande segredo do sucesso.

E, assim, depois que você se limpou do passado, das amarras do passado, sonhou com seu futuro melhor. Então, agora, faça-o acontecer, arregace as mangas, pense em dar duro, muito duro. Mas essa regra não falha, e você chegará lá.

Ao terminar, queria lhe desejar BOA SORTE e MUITA PROSPERIDADE!

Respire profundamente, vá abrindo os seus olhos, com toda tranquilidade do mundo...

Todas estas palavras ficarão guardadas na sua mente inconsciente, e você pode treinar à vontade...

Como curar sua vida?

(Preparação)

Vamos começar agora um exercício poderoso de cura. Preste bastante atenção a cada detalhe que lhe vier à mente. Tudo é bastante importante nesse novo trabalho.

Coloque-se em uma posição confortável, desligue o seu celular, reserve um tempo para você, só para você! Procure um lugar tranquilo, acomode-se protegidamente...

Agora que já escolheu um lugar confortável e se deu um momento para se cuidar, vamos então começar nossa indução de hipnose.

Você sabe melhor do que ninguém o que o aflige, pois vamos lá! Pense nisso por alguns instantes, enquanto respira pausadamente, protegidamente, desfrutando e começando a aprender que você pode mudar a sua vida para melhor!

A cada respiração, preste atenção como você inspira e leva oxigênio para dentro e como você expira soltando não só o gás carbônico mas também tudo que lá dentro está preso, está entalado na sua garganta, no seu peito ou, até mesmo, na boca do seu estômago! A cada vez que você respirar, sinta o ar entrando e saindo protegidamente... Não há pressa... Não há correria. Agora, o tempo é só seu!

Desfrute desse momento do melhor jeito, inspirando e soltando o ar... protegidamente. Veja como é gostoso poder parar um momentinho só para você, no meio de tantas atribulações, preocupações, desgastes, tristezas, e seja lá o que for que está vivendo nesse momento, não importa. Mas o que é certo é que você está se dando um tempo de recuperação e pode parar... para pensar na sua vida com muito mais carinho...

Enquanto você vai respirando, apenas imagine um céu muito azul, de um dia claro, sem nuvens carregadas, limpo... apenas limpo e azul... Respire desse azul, desse céu azul, o oxigênio que chega fácil às suas narinas... Deixe-se desfrutar desse oxigênio que vem do céu azul e respire suave e comodamente. Respire do azul do céu, sinta que delícia poder recuperar seu fôlego agora! Não faça força para fazer isso, apenas imagine um dia de céu azul e lindo... e respire... comodamente!

Enquanto isso, você pode começar a pensar o que de verdade é problema para você, o que tem acontecido em sua vida nos últimos tempos, o que tem trazido tanto mal-estar, brigas, conflitos, tristezas e dores. Ah! As dores dos sentimentos... Essas mesmas dores, muitas vezes, nos deixam amargos, sem esperança, não é mesmo?

E, então, o que fazer? Enquanto você respira suavemente do azul do céu, deixe, então, vir à tona toda a lista de problemas que você deseja resolver, melhorar ou até se livrar... Isso... Pare e pense por um instante... Quais são as coisas que o afligem? Faça sua lista agora... Preste bastante atenção naquilo que você quer se livrar! Não vale dizer que você quer se livrar daquilo que é impossível. Vale pensar naquilo que você PODE MUDAR para sua vida ficar melhor e que não depende de mais ninguém... Só você pode fazê-lo. É isso mesmo! Coisas que você deseja se livrar, mas que vão depender apenas de você, pois esse exercício NÃO VAI MUDAR NINGUÉM QUE NÃO O ESTEJA FAZENDO, como seus pais, seu marido, sua sogra, a doença de um familiar, seu chefe. Mas, com certeza, VAI MUDAR, SIM, SUA POSTURA para enfrentar os problemas da vida diária.

Vou lhe dar um minutinho aqui para você pensar aí! Respire por um momento... Respire suavemente e pense nas coisas que não estão bem... Tome um tempo...

Se quiser, pense em apenas um problema... Vá lá... Eu estou aqui, esperando por você, esperando você pensar...

Tome um tempinho aí dentro de você!

(Dê alguns minutos só com música e vá respirando junto...)

(Positivação)

Muito bem, agora que você já pensou no que há de ruim, vamos rápido mudar de postura! Começa aqui uma nova fase!

Pense agora como você gostaria que sua vida fosse, dentro dos seus limites, é claro! Não vale sonhar em ser milionário da Mega Sena, ou ter uma ilha maravilhosa não! Coisas que, no seu dia a dia, vão fazer você ficar mais alegre e de bem com a vida! Podem ser coisas simples, que há muito você não faz. Tirar umas férias, ir a um cinema, fazer um churrasco de fim de semana, ou uma caminhada matinal, ou quem sabe voltar para a dieta, ter um bom trabalho, passar em um mestrado, em um bom concurso, se casar e muito mais...

Coisas que você sonha em alcançar e vem só jogando a poeira debaixo do tapete sem tomar providência alguma. Agora, pense o que seria bom mesmo na sua vida e que você pode começar a fazer... Ou até aprender a fazer! Faça sua lista agora. Coisas boas que você deseja para a sua vida futura.

Eu vou ajudá-lo... respire do ar azul, tome algum tempo... e pense no que de verdade você gostaria de ter na sua vida, que esteja ao seu alcance! Ótimo!

(Visualização do futuro)

Imagine que podemos fazer um passeio até um mundo encantado. O mundo das fadas, aquelas dos contos de fadas que abençoam todos os pobres e oprimidos em todas as suas dores.

Fadas existem? Eu gostaria muito de acreditar que sim. Mas, por hora, apenas imagine que possa haver um mundo da imaginação que curou a dor do Peter Pan, que não queria crescer quando sua mãe morreu e teve a Fada Sininho para protegê-lo. Pense na Gata Borralheira, ela teve sua fada madrinha para lhe dar roupas e carruagem. Será que pode existir algum tipo de força que nos ajude a prosseguir no bem quando estamos no mal? Por que não pensarmos então no mundo das fadas apenas como inspiração? Eu adoro a minha fada, dei-lhe o nome de fada Rose... É... Ela cura muita gente! Que tal parar e brincar um pouco com a sua imaginação... Não precisa existir fadas... mas aproveite desse momento de mágico...

Vamos lá, fadas gostam do belo, vivem rodeadas de flores cheirosas, borboletas, jardins encantadores. Quando vemos um jardim calmo e florido, com pássaros cantando, uma pequena fonte de água límpida jorrando, isso não nos acalma? Será que ali não moram fadas? A minha Rose, mora em um lugar assim!

Deixe sua imaginação prosseguir e vem comigo! Vamos para um lugar lindo assim, onde você vai imaginar flores, as mais lindas e coloridas, como desejar. Pássaros cantando, borboletas voando, raios de sol entre as folhagens verdes, uma brisa leve de ar batendo em seu rosto. Você escutando o barulho da água correndo, de uma pequena cachoeira, e ali ficar admirando o belo.

Enquanto você aí se encarrega de criar o seu cenário de fadas, eu desejo que você vá se acalmando e sentindo uma enorme paz no coração, pois iremos trabalhar com os seus desejos mais puros e profundos, para que eles se realizem! Sua fada já está a postos para ouvir os seus pedidos. Comece a pensar nas mudanças positivas que você deseja fazer. Com isso, você emite ondas magnéticas que atraem aquilo que você deseja! A Lei da Atração, lembra?

E, enquanto você começa a pensar, eu vou lhe contar algumas coisas que podem encorajar você a fazer essa mudança. Mudar do pensamento negativo que "nada dá certo comigo" para "o que podemos aprender", sim, como viver bem e melhor! Podemos aprender a ser felizes de verdade!

Existe um psicólogo americano, muito famoso, chamado Martin Seligman, que prega a Psicologia Positiva. Ele fala que existem pessoas que têm uma felicidade que não é fugaz, como aquela que sentimos ao comermos um chocolate, ou comprarmos uma roupa nova, ou quando vamos a um cinema com os amigos. Essa felicidade passa! Mas, existe uma outra felicidade que é existencial. Há pessoas que a possuem naturalmente. Podem passar por catástrofes, sofrerem grandes perdas, terem sofrimentos enormes, mas logo se recuperam.

E existe algo em comum nessas pessoas, pelo estudo que ele fez em uma gama enorme de voluntários felizes. Todos são cheios de amigos, estabelecem relacionamentos duradouros, casamentos duradouros, são generosos, vivem mais e têm hábitos saudáveis.

Você quer ser assim? Isso pode ser aprendido! Essa é a boa notícia, basta aprender a pensar positivamente.

Assim, vamos ao nosso exercício...

Pensou no que você deseja mudar para ficar melhor? E, sem jogar a sujeira, como sempre, debaixo do tapete. O que você deseja para o seu futuro?

Vai lá para o cantinho das fadas... Tome um tempo... Deixe-se ficar ali, olhando o belo, vendo a natureza por meio da sua imaginação. Pense: "O que eu desejo mudar para que a minha vida fique melhor?".

Agora, respire fundo... e peça à sua fada madrinha, linda e gentil, pronta que o ajude a mudar, abrindo vibrações e novos caminhos. Ela está aí no cantinho que você imaginou, esperando-o! Ou se você preferir, peça aos seres de luz, a Deus, não importa; peça ao universo que traga esse futuro positivo até você. Peça com vontade. Peça se vendo no futuro, agindo e fazendo o que você deseja alcançar. Mas, não vale pedir ao seu marido que mude, ao seu chefe que mude, ao seu filho que mude... Peça a você! Peça aquilo que você deseja de verdade. Veja-se lá no futuro fazendo e agindo como você gostaria de agir. Se você tiver um modelo de alguém que você gostaria de imitar, não tem problema algum, desde que seja um bom exemplo para melhorar a sua vida. Então, você pode pensar: "Quero ser assim, como fulano é hoje!". Mas pense com vontade de mudar! Você pode se tornar aquilo que acabou de pensar! Como em um toque de varinha mágica! Pensar no futuro e no que você deseja, e... de repente... você já está atraindo para o agora! É a Lei da Atração! Quanto mais eu penso que darei conta, mais eu dou conta e mais próximo eu fico do que desejo!

Congele essa cena! Nós vamos usá-la mais à frente. Faça como uma pintura do seu futuro, do jeito que você desejaria que fosse. Guarde essa cena no seu coração! Guardou? Então, vamos dar mais alguns passos...

(Limpando o passado)

Para se poder de verdade pensar positivo, é necessário se livrar das "sujeiras" agarradas em nossas vidas. Vamos fazer isso agora?! Pare por mais um instante e reveja por quais situações você já passou e que deixaram marcas de amargura, ou de rancor. Você pode imaginar como uma linha do tempo.

Comece pelo seu nascimento, vá devagar. Houve problemas? Você foi querido? Como foi sua primeira infância? Recebeu carinho dos seus pais? Foi abandonado ou maltratado? Teve pais abusivos ou alcoólatras? Passou por alguma privação? Veja tudo com todos os detalhes, ano por ano... Se tiver alguma coisa, logo vamos limpar essa cena... Aguarde!

Veja sua adolescência do mesmo jeito. Houve algum problema maior que lhe deixou marcas? Vá rastreando tudo que possa ter causado mágoas.

Em cada momento desses, você pode parar e pensar que tudo isso já passou! Já passou! E que agora é hora de começar uma vida nova! Sim, uma vida nova... Se ficar só olhando para trás, não verá a infinidade de possibilidades que você tem pela frente! Portanto, apenas veja o que foi mal, e faça o seguinte...

Pegue a cena em que você se intoxicou, ou ficou preso pela raiva ou pela mágoa.

Agora, imagine uma linda cachoeira com águas cristalinas, em uma floresta encantada, onde a sua fada madrinha estará por lá cuidando de você! E você lá nessa cachoeira com as águas caindo sobre a sua cabeça, lavando-o da cabeça aos pés. Você lá embaixo daquela água fresca se limpando das suas mágoas do passado, passando sua vida a limpo. Muita água cristalina, lavando e depurando todas as mágoas. Tudo isso já passou, e você sobreviveu! Isso é o que importa! Muita água correndo e banhando seu corpo, sua mente! Limpando com as mãos de sua fada, abençoando esse momento sagrado, onde você está, de verdade, se purificando dos males já sofridos no passado. Água caindo, você se purificando... Uma benção especial da fada madrinha. Sua vida continua em frente, você está se limpando agora! Para que você possa usufruir de uma vida melhor, é necessário largar o passado e tocar rumo ao futuro! Vá lavando-se debaixo da cachoeira, lavando mágoas, tristezas e decepções, sejam elas quais forem, já passaram!!! Você sobreviveu!!! Sinta-se saindo de lá agora e descansando ao sol, leve solto e tranquilo de que muitas mudanças já estão se processando. E você pode ir desfrutando protegidamente desse momento encantado de limpeza. Descanse em sua imaginação, sinta que todo mal foi indo embora com a correnteza da água, que você não está mais preso a esse passado. Sinta a sensação de desprendimento e de leveza tomarem conta do seu corpo. Fica só o frescor!

Você pode também imaginar, agora, que está escrevendo uma cartinha para aqueles que o machucaram, comunicando que, de agora em diante, você será o único responsável pela sua vida! Que tudo aquilo já passou e que você pode até entender que as pessoas tenham problemas e, por isso, machucam as outras (por querer ou não).

Você já se lavou das suas mágoas nas águas límpidas da cachoeira, vendo pequenas borboletas voando, ouvindo o barulho das águas levando embora tudo isso que ficou agarrado dentro de você! E lembrando que tudo aquilo já passou... Vai tudo embora, você vai se limpando dos freios psicológicos que a vida foi lhe impondo...

Sinta-se limpo, revigorado!

O passado ficou para trás! Agora, vamos acabar de limpar a sujeira mais sutil, agarrada no seu corpo e, assim, continuarmos em frente, em direção a uma vida feliz.

(Limpando seu corpo das memórias de trauma)

Pare mais um momento, respire e se solte... Lembre-se agora das coisas ruins que você acabou de se limpar... Veja se tem algum ponto do seu corpo que ainda sinaliza dor, ou aperto, ou algum desconforto. Se tiver ainda, não limpamos tudo! Talvez você precise perdoar alguém ou entender alguém com as suas dificuldades. Pode ser que seu corpo ainda guarde mágoas dessa pessoa. Ou do incidente que você sofreu. Lembre-se de desagarrar do seu passado! Ele tem mantido você triste! Vale mais a pena entender que quem o machucou era um ignorante ou tinha problemas mentais, do que guardar mágoas para o resto da sua vida!

Sinta seu corpo, tente se lembrar de quando você sentiu isso pela primeira vez. Lá mora a cena que intoxicou você. Pare um pouco, pense nessa cena como o adulto de hoje. Veja, já passou, você sobreviveu! Vai querer continuar a perder tempo com essa mágoa machucando o seu corpo? Então volte lá na cachoeira e limpe essa parte do seu corpo dessa memória antiga...

Lave-se bem! Se você não tem nada em seu corpo, lave-se novamente também, ajuda a ficar mais fresquinho, mais limpinho!!! Curta a sua cachoeira, a beleza da natureza, sua fada!

Podemos partir agora para uma vida melhor. Isso... fresquinho... limpinho... Então vamos aprender com os ipês?

(Resiliência)

Imagine os ipês cor-de-rosa ou amarelos que florescem em pleno inverno, quando tudo está seco! Como podem florescer fora da primavera, e se tornarem uma benção no nosso caminho em pleno inverno?

Eu amo o ipê cor-de-rosa contrastando com o céu azul turquesa sem nuvens do inverno. Acho tão maravilhoso que gasto horas admirando a beleza deles! Moro em uma cidade em que existem milhares deles plantados pelas ruas e avenidas. Dá gosto de passear pela cidade nessa época do ano. Tudo é lindo e mágico! Só pode haver fadas mesmo! E, com certeza, quando eles florescem, elas estão por perto, esbaldando-se. A minha fada Rose, com certeza, vai lá se revigorar na beleza sutil das flores dos ipês.

Imagine, então, que existem pessoas que são como elásticos, que, quando estão sob pressão, se esticam ao máximo, mas não arrebentam. Passada a tempestade pela qual tiveram de passar, essas pessoas voltam à sua vida normalmente, sem nenhum estrago maior. Pois é! Estou querendo ajudar você agora, definitiva e protegidamente a se livrar por completo das tempestades passadas! Para você não se arrebentar mais. Já passou! Imagine-se como os ipês, mesmo ainda em seca, você será capaz de imaginar aquele futuro melhor que lá, no início, você sonhou. Lembra?

Existe o otimismo aprendido! Está na hora! Você pode aprender, agora, tudo aquilo que você sonha para o seu futuro, depende desse humor positivo, do otimismo aprendido. E você está livre, pode sim ter um futuro lindo! Sonhe, imagine, que sua fadinha está agora mesmo batendo sua varinha mágica sobre você! Peça a ela seu pedido! Você será atendido!

As pessoas que são assim como o ipê têm coisas em comum com aquelas que são altamente felizes. Elas são mais comunicativas, têm muitos amigos, bons sentimentos de gratidão pela vida, fazem boas relações. Essas pessoas foram estudadas, e foi visto quais são as áreas do cérebro que são estimuladas por elas. Viu-se que o otimismo, a simpatia, as boas relações podem ser aprendidas. Se você tiver uma boa comunidade social, você pode se salvar e aprender a ser otimista e estimular essa área cerebral treinando a alegria, a simpatia e muito mais.

Portanto, peça à sua fada que lhe dê coragem para sair de casa e fazer sua nova rede social de apoio. Participar de um grupo e ter amigos ajudará bastante no treino da sua alegria. Você aprende a perdoar o outro e sentir-se grato por isso.

(Perdão e gratidão)

Então vamos em frente! Para que você alcance o que deseja, temos de fazê-lo mais alegre e comunicativo. Fazer amigos! Perdão e gratidão também são importantes. No mínimo, aceitação das dificuldades que já se passaram! Tome mais um momento para poder perdoar a quem lhe fez algum mal. Sinta que, quando você se desprende das mágoas, você fica mais leve e, ainda, libera a pessoa que estava com a energia presa na sua raiva ou mágoa. É muito melhor. Se for alguém que não dá para perdoar, apenas entenda a dificuldade dessa pessoa. Ela no mínimo é mais despreparada para a vida que você! Você sentirá uma imensa gratidão por entender que ela é que tem problemas e não você! Está na hora! Deixe-a ir embora, perdoe e libere! Imagine você se despedindo e deixando-a se libertar da sua dor... Perdoe ou apenas a libere de sua raiva e veja que a sua dor vai sumindo, sumindo, devagarinho... Agora sim, limpo de vez, pronto para viver sua vida saudavelmente, com otimismo que você vai aprender aos poucos... Você tem toda a sua vida pela frente para fazer isso! E, assim, agora é tempo da transformação da lagarta em borboleta... Vamos lá?!

(Metamorfose)

Naquela floresta encantada das fadas, em um lugar lindo, uma ilha no alto de uma montanha, um belo castelo de mármore branco, fadas passeando de um lado ao outro, fazendo seus chás de frutas, biscoitos leves, bolos suaves.

E a vista do lugar?! Simplesmente magnífica! O mar maravilhoso, batendo com suas ondas mansas na areia, como se distribuísse *chantilly* na areia. Pássaros cantando, pés de frutas as mais diferentes – pêssegos, ameixas, tangerinas, cerejas, mangas, tudo – e você sendo convidado a vir a um passeio na terra das fadas... um pequeno momento de isolamento... como uma lagarta em um casulo, fecha-se e sente as dores necessárias para sua transformação. Mas, de um jeito diferente, em uma escola de fadas, só para você aprender a ser simpático, alegre, leve e mais feliz com cada detalhe da vida. Então, sinta-se lá por um pouquinho, enquanto respira a vida. Tome ar desse lugar fantástico que a sua imaginação está criando para você e descanse protegidamente, aprendendo e desfrutando do novo, do feliz, do leve do ser. Uma hora vai chegar, e você sairá do casulo, já borboleta! Sonhe com o que você deseja agora! Aquele sonho do início. Veja-se sendo o que você deseja, traga a cena congelada do bem... Acredite no seu sonho... Você já o está construindo!

(Ressignificar positivamente a vida)

Você teve de passar por muitos obstáculos, mas agora está se preparando para viver a vida como ela é! Com coisas boas e ruins também. É natural. Mas, a forma como você vai lidar com tudo isso, será bem diferente. E tudo aquilo que você já passou, pode ser como *upgrade* para futuros problemas. Você saberá enfrentar qualquer situação, pois já até se livrou de muitas outras ruins! Até mesmo o ruim se torna bom! Faz a gente se tornar uma pessoa melhor. Não quer dizer que passar por sofrimentos nos deixe menor do que os outros. Talvez nos faça crescer mais. Tire proveito de tudo pelo que já passou e hoje viva bem... De bem com a vida!

Lembre-se do castelo das fadas, das bênçãos e dos bons momentos que virão, mas que dependem de você querer agora aprender o positivo de viver e enfrentar as dificuldades, pois só duas coisas nos fazem felizes de verdade: O DEVER CUMPRIDO E PRATICAR BOAS AÇÕES!

Assim, só para terminarmos esse exercício, pense: "Para que você veio a esse mundo?".

Se ainda não tiver resposta, fique com essa pergunta em sua mente, pense nela várias vezes ao dia. Sua missão nessa vida é muito importante! E não importa se você será um advogado competente, uma lavadeira competente, o que importa é a sua missão! Para o que você veio a esse mundo? Quais são as suas aptidões? Doe essas aptidões ao universo, e ele corresponderá a você!

Sua missão é o importante. Dedique-se no seu dia a dia a ela! Pode ser nas artes como artesão, na Matemática como engenheiro, na doação sendo enfermeiro e assim por diante! Pense: "O que você faria com prazer se doando?". Esse é o seu dom e a sua missão! Então, faça!

A vida não é fácil para ninguém. Sempre terá invernos e verões. Mas, você pode se comportar como os ipês e, até mesmo nos invernos secos, conseguir florir. É isso que eu lhe desejo... Muito sucesso!

Mas, o sucesso só vem depois de muito trabalho e com alegria.

Eu vou terminando por aqui... desejando que você volte à floresta das fadas ou ao castelo delas... Tome um ar gostoso e inspirador e reflita sobre tudo que falamos aqui agora...

Ouça quantas vezes achar necessário e descubra seu caminho no futuro! Que sua fada o abençoe sempre!!!

Pode agora respirar fundo... voltar aqui bem acordado e disposto... acordando completamente refeito e bem desperto.

Vencer as compulsões

Você quer vencer algum vício? Pode ser comer, fumar, pensar negativo, não importa qual seja, importa que você deseja fazê-lo.

Então pare por um momento, pare, respire... Vamos entender o seu cérebro. A parte do cérebro que é da tristeza não é a mesma da alegria. Portanto, mesmo que você esteja sofrendo de depressão ou de alguma infelicidade, ou de algum desajuste, você pode ter alguma alegria, entrar na Internet, ler um bom livro, assistir a um filme, escutar música... Eu não sei exatamente o quê, mas o que eu sei é que você pode exercitar seu cérebro para as coisas boas também. Dê a você alguns instantes para pensar em coisas boas... Por muito tempo, você vem se viciando em coisas ruins, que têm trazido consequências para sua mente e para o seu corpo e, principalmente, para a sua saúde. Sofrimento traz estresse, que traz desequilíbrios hormonais, aumento do cortisol, que diminui a imunidade do corpo e você adoece!

Então, que tal darmos uma pequena parada agora para refletirmos juntos... Com certeza, quem pratica alguma compulsão, como beber, comer, comprar, jogar, está procurando algo mais e, infelizmente, não está achando saúde e o verdadeiro prazer.

Dê a você um momento para descansar, refletir comigo e ganhar algo que, de verdade, preencha os vazios que estão dentro de você...

O tempo está passando, as coisas que fez errado ou de que você gostaria e não pôde ter feito já ficaram para traz. Agora vamos treinar o bom?!

Enfim, para isso, vamos primeiro aprender a relaxar um pouco... Normalmente, a compulsão vem como uma ânsia de fazer alguma coisa, preencher algum espaço... Vamos primeiro dar um tempo... Solte-se... Receba esse vazio, um lugar vazio, sem nada! Ele existe dentro de você, mas você tenta preencher fazendo algo. Algo não saudável...

Pare... Deixe-se ficar à vontade... até mesmo com o seu mal-estar, o vazio... Receba este mal-estar... Ouça seus milhares de pensamentos... Apenas ouça... Não julgue... Solte-se... Deixe-se ficar quieto ouvindo... sentindo... percebendo como esses pensamentos machucam você e machucam muito... o aceleramento do seu cérebro, das suas emoções, e solte tudo... Solte a dor!!!

Eu sei que os pensamentos nunca param... São como uma fonte que jorra sem parar... Portanto, deixe-os ir... ir embora... Solte-se... Respire suavemente... Seja um observador de si mesmo... Apenas observe o que está acontecendo agora... no que você pensa... Apenas deixe ir pensamentos, sensações, peso, angústia, dor, vazio... Aos poucos tudo vai se acalmando, e você vai se soltando, se desprendendo de tudo, até mesmo da ordem compulsiva de preencher o vazio, ou a tristeza, ou a dor, ou a angústia, ou a solidão.

Então, sinta o ar entrando e saindo do seu peito... o oxigênio que traz vida... Sinta seu corpo vivo, sinta a vida! E se solte, deixando os pensamentos seguirem soltos, sem julgamento. Vá respirando a vida... um pouco de paz, um pouco de leveza... Devagar a mente vai suavizando... A gritaria dos pensamentos vai se acalmando... Você pode ir soltando seu corpo confortavelmente...

Enquanto descansa... respire e sinta a vida... Você livre, solto, leve, sem nenhum vício... Você mesmo... por inteiro... suave...

Deixe-se aproveitar deste momento e vá aprendendo a se alimentar de bem-estar, a beber paz, a consumir harmonia... Olhe que delícia! Ouvir a música, soltando o corpo, soltando as decepções, ficando no vazio. Você, agora, no meio do nada, deixando seus pensamentos fluírem, tornando-se livre, livre de si mesmo... Apenas deixando os pensamentos fluírem, apenas observando seu cérebro acelerado... soltando, abrindo-se, relaxando, desacelerando... No meio do nada, sentindo paz, soltando a tensão, alimentando, bebendo, consumindo algo novo, saudável, tranquilo, que realmente preenche o buraco vazio...

Pesquisadores americanos foram atrás do que realmente traz felicidade e descobriram que comida e chocolates não trazem felicidade. Beber demais e comprar demais não traz felicidade, e ainda descobriram que nem o dinheiro nem a saúde são responsáveis pela felicidade... pois viram muitos pobres felizes e muitos doentes felizes!

Mas, afinal de contas, o que traz a felicidade autêntica? Você deve estar se perguntando...

Enquanto você está aprendendo saudavelmente a se livrar de ser prisioneiro das compulsões, isso pode ser muito interessante para você, e quem sabe a chave do sucesso?

Pois, então, depois de uma elaborada pesquisa com toda gama de pessoas pobres, ricas, com saúde, sem saúde, de tudo... que comiam chocolate, que não comiam chocolate... descobriram algo em comum entre as pessoas felizes... Elas praticavam duas coisas importantes: CUMPRIAM SEU DEVER DO DIA A DIA E PRATICAVAM BOAS AÇÕES!!!

Olhe que maravilha! Pense nisso agora! Dever cumprido... Que tal só por hoje não comer demais, só por hoje não gastar dinheiro compulsivamente, só por hoje não beber... Com certeza, a felicidade virá depois de um dia de dever cumprido e, depois, se você está fazendo isso para sua saúde física e/ou mental, você está fazendo uma boa ação, e o melhor é que é para você também!!!

Portanto, você estará fazendo as duas únicas formas de alcançar a felicidade... Lembre-se de que, mesmo que você tenha tristezas, o seu cérebro tem um espaço diferente para ocupar com a felicidade.

E, assim, enquanto eu vou falando, você pode continuar saboreando, e comendo essas informações, embebedando-se saudavelmente de todos esses conhecimentos e, aos poucos, aprendendo a gastar a energia no bem! Você pode! Experimente!

Sinta a sua respiração... Receba sua vida em você... Receba o bem-estar e as novas informações. Você vai assimilando, devagarinho, tudo isso e aprendendo a preencher o vazio com saúde, preenchendo os buracos vazios da vida, de uma nova forma...

Respire... Solte-se... Proteja-se... Além disso, você pode, aos poucos, ir vendo se, por detrás das suas compulsões, há algum distúrbio psiquiátrico, como a depressão, o transtorno bipolar, que acabam deixando a pessoa assim, ansiosa e necessitando de pôr algo mais para dentro...

Mas vamos lá... Vamos colocando algo novo e, de verdade, muito saudável... O cérebro tem espaços diferentes para a felicidade e para tristeza. Por isso, podemos treinar o seu cérebro para a felicidade cada dia mais, e é claro que você, compulsivo pela tristeza, pode treinar também a ficar compulsivo pelas alegrias, em pequenos detalhes.

Conta uma história que um pequeno gnomo só chorava, passava o dia lastimando, sentindo falta de algo que ele não sabia o que era, e todos tentavam ajudá-lo dizendo: "Jacinto por que você reclama tanto?". E chorando, ele respondia: "Não sei, falta algo em mim, falta algo para me preencher, mas eu não sei".

Até que um dia Jacinto resolveu procurar o mestre e foi pela floresta chorando como sempre: "Falta algo" – choramingava; "Quero algo"; "Não sei o quê"; e chorando chegou ao mestre e disse: "Mestre, preciso ser forte", "preciso dar conta"... E, assim, Jacinto foi pela floresta com o mestre, lamentando-se e passeando.

E o mestre então perguntou: "Por que você chora Jacinto? Antes de responder, pense com seu coração, bem lá no fundo! Por que você chora? Que vazio é esse?".

E Jacinto se deu conta: "Já sei mestre, eu quero ser gente grande, não quero ser um gnomo, tão pequeno, eu quero ser gente!"

O mestre sorriu gentilmente e disse: "Jacinto, você já reparou o que aconteceu no caminho da floresta por onde você passou derramando lágrimas?". Jacinto respondeu: "Não"! "Pois é Jacinto, está todo florido o caminho por onde suas lágrimas caíram... Já pensou se você sorrir, o que pode acontecer? Mude de atitude, volte pelo mesmo caminho, com o seu desejo de virar gente e sorria, vamos ver o que acontece?".

E lá foi Jacinto de volta, custou pelo caminho para dar o primeiro sorriso, mas, quando ele deu o primeiro sorriso, uma perna cresceu... logo em seguida de felicidade, ele deu outro sorriso e, imediatamente, outra perna cresceu! E, assim, até chegar a casa, Jacinto tinha virado gente, humano! Essa é a história de Jacinto.

Que tal então, você aí que está me ouvindo, mudar agora de atitude? Você pode até sorrir! Quanta coisa vai mudar, pode acreditar! Imaginar o seu futuro, sorrir...

Mãos à obra! Vá em frente! Mude de atitudes, vai ser surpreendente...

Agora, respire tranquilamente, vá digerindo esses ensinamentos com uma sensação saudável, a sensação de que você pode se preencher e se abastecer do bem-estar, de se cuidar ...

Lembre-se de que você pode fazer seus neurônios aprenderem a fazer felicidade. Tristeza e alegria não ocupam o mesmo lugar no seu cérebro. Você pode estar passando por um momento difícil, mas pode também treinar seu cérebro para a felicidade, para as alegrias, para o dever cumprido, para as boas ações. Você pode!

E, assim, como comer saudavelmente, praticar algum exercício ou uma ioga, ou uma meditação...

Ter um *hobby*, fazer algo que adora! Imagine aí agora, por um minuto, o que você adora fazer? *(pequena pausa)*

Há quanto tempo você não faz? Então vamos lá! Vamos fazer alegrias, risos, amigos, programas, SAÚDE.

Muita saúde no lugar do vazio, da solidão, da comida, do cigarro, da bebida! Pense em algo muito bom para você e se imagine lá... Que isso sirva de inspiração !!!

Agora, finalizando, descanse, solte-se, respire mais um pouco, confie... Você pode mudar sua vida!

Se precisar, peça ajuda, tome os remédios, fale com seu terapeuta, desabafe... Mas, vá em frente! Respire, descanse, confie... Você pode mudar a sua vida. Tome um tempo e vá voltando devagar... bem acordado, bem-disposto e aproveite a vida!

Boa sorte!

Obesidade

Pare por um instante e dê a você esse momento como um momento mágico e decisivo! Você deseja emagrecer, já fez muitas tentativas, sabe o tanto que é difícil, mas vamos lá? Você deseja fazer uma MUDANÇA, portanto podemos conseguir o que deseja, basta acreditar... Deixe de lado todas as vezes que você já tentou... Pense em AGIR... AGIR diferente!

Nesse momento, pare tudo... Deixe-se ficar à vontade... calmamente. Dê a você um tempo... Você vai me ouvindo e vai se soltando... soltando de tudo... tudo mesmo... dos medos, das dificuldades, das tentativas frustradas, daquela força inconsciente e invisível que o impede de emagrecer, da vontade de comer, irresistível...

Apenas dê a você um momento aqui comigo, ouvindo-me... Respire gostosamente, calmamente, tome fôlego, sinta o ar entrando, um novo ar, uma nova vida... Imagine um dia claro, de céu azul, um dia lindo de verão, um céu maravilhosamente azul, sem nuvens e o verde das montanhas, o azul do céu... Inspire desse azul, inspire dessa paz, desse momento decisivo... Vamos aprender a se alimentar de uma nova maneira, mais saudável, mais duradoura... Comece absorvendo o ar azul... abrindo o peito... recebendo a vida... uma nova vida... um novo momento.

Tudo novo... Vá sentindo o oxigênio entrar, o azul do céu e, na expiração, solte-se de tudo que atrapalha você, até o que lhe é conscientemente desconhecido e bloqueia o seu sucesso...

Os motivos podem ser muitos para o seu autoboicote... Não pode ser feliz, ou por não ter tido uma infância feliz, ter medo de encontrar um homem ou uma mulher e ser feliz, engordar para se proteger de algo pior, engordar por estresse, por aumentar a vontade de comer chocolates, por um desequilíbrio hormonal, por raiva, por preguiça, por desânimo com a vida, por depressão... são tantos os motivos onde você pode estar preso(a).

Mas, a sua mente mais profunda pode querer mudar o acordo feito anteriormente e já vai também inconscientemente mudando o planejamento mental... Confie na sua mente inconsciente!

Pois, o que queremos é ser feliz, e, com esse peso extra, você não está feliz! Pílulas do milagre, comprimidos que tiram a fome... Depois que para, o milagre desaparece!!!

Pois, vamos a luta com coragem, a ação do coração, a vontade de mudar para sempre...

Lembre-se de que o céu azul... do ar entrando azul no seu peito... o oxigênio levando vida e você começando a aprender a se alimentar do que é bom, saudável e natural... pois, então, respire, inspirando protegidamente, sentindo o ar entrando, o azul acalmando, abrindo a sua mente...

E, por alguns instantes, vá praticando essa respiração azul, entrando o azul e saindo tudo que fica acumulado lá dentro de você...

Você tem dois desejos que não combinam aparentemente: emagrecer e comer! Que tal começarmos a pensar diferente e agir diferente?! Emagrecer e comer! Comer saudavelmente, prazerosamente! Isso é possível! E o melhor, você vai aprender para o resto da vida a ficar magro, feliz e comer sempre, é claro, saudavelmente!

Do que você precisa? É agir diferente, comer diferente, tomar uma nova atitude...

Os cientistas já provaram que só há duas maneiras de ser feliz de verdade, lembra? Dever cumprido e fazer boas ações! Cuidar de você fará seu dever cumprido, e você vai praticar uma boa ação consigo mesmo(a).

Então, agora... imagine quantos quilos você quer perder. Imagine você bem mais leve e magro(a)... Imagine e visualize essa cena... Veja como um futuro alcançável! Só precisa cumprir seu dever! Pois é, quem vai ganhar a boa ação é você mesmo! Que maravilha!

Portanto, respire profunda e protegidamente e se imagine emagrecendo... derretendo as gordurinhas amarelas, fechando o zíper de uma roupa nova, fechando o zíper da gordura (*barulho de sugar*)... Imagine toda gordura sendo sugada (*barulho de sugar*), vá sugando todos os depósitos de gordura, vá derretendo todas as gordurinhas amarelas (*barulho de sugar*)... Isso mesmo... emagrecendo... apenas desfrutando de uma nova maneira de agir... Comer, comer sempre, saudavelmente, não é passar fome.

Um dia, quando pequeno, você aprendeu a ler e a escrever e, no início, era tão difícil, mas você foi treinando, treinando... Você queria muito aprender... pois foi de tanto treinar que hoje você lê e escreve automaticamente...

Assim, você vai aprendendo que deve comer seis refeições por dia, que o café da manhã pode ser bem apreciado e até comer fruta, pão integral, queijos e geleia. Que delícia! Talvez uma vitamina, um iogurte batido... Você deve comer também um lanchinho no meio da manhã...

Alguns adoram uma maçã suculenta. Além disso, ela é anticâncer, antioxidante, tem fibras. Outros preferem um iogurte (*light* é claro). Outros, uma fruta seca como uma ameixa para o intestino... E o almoço? Que tal imaginar um prato como uma circunferência, metade dele de verduras e legumes bem coloridos e a outra metade dividida: 30% de proteína... uma carne, um peito de frango, um peixe, uma carne de soja e 20% de algum carboidrato saudável. Não vá comer batatinhas fritas... Mas, pode ser um arroz, um arroz integral, um macarrão... saudável, com molho vermelho! Você terá um prato lindo, saboroso e saudável... E, de tarde, que tal apreciar seu último carboidrato do dia, lá pelas quatro, cinco até às seis da tarde, um bom misto quente, hum! De pão integral... Que delícia! Um pãozinho integral com um pedaço de salmão, um *cream cheese*. Quem sabe um pãozinho integral, uma geleia de frutas ou, até mesmo, uma camada de mussarela. Um pãozinho com uma rodela de tomate, ponha no forno e vira uma pequena pizza... Que delícia! Ou você pode saborear neste lanchinho: um iogurte com fruta, hum! E, de noite, é claro, um jantar maravilhoso, regado a boas saladas ou sopas, carnes, peixes grelhados e legumes... Ai que delícia! Apreciar uma *caesar salad*, um *carpaccio* com salada, um salmão delicioso e uma salada verde, um peito de frango grelhado com legumes, uma sopinha de abóbora com pedacinhos de queijo, uma sopinha de abóbora com alguns camarõezinhos dentro, sopas de legumes de cima da terra, não ponha batatas, mandiocas e coisas debaixo da terra... Aquela sopa quentinha, aquele caldo gostoso... hum... Forra-se a barriguinha. Aprecie e desfrute! E ainda lhe sobra uma ceia, será que cabe? Um iogurte *light*, um copo de leite desnatado, uma gelatina zero/ *diet*. Você pode escolher. Veja quanta comida... E como é saudável!

Meu Deus! É tanta comida! É saudável... e você vai se perguntar: "E o meu chocolate? E o meu docinho?". Se você comer assim saudavelmente, com certeza, poderá apreciar um pedacinho do seu chocolate ou um docinho com moderação... mesmo porque, não terá tanta fome...

"E a ansiedade onde fica? E o vazio que eu tenho lá dentro"? Ora, é para isso que eu estou aqui... Respire, tranquilize-se... Você pode se imaginar emagrecendo, enfrentando esta batalha, enfrente agora... Imagine superando os obstáculos e o que você conseguirá? A FELICIDADE! É, essa mesma, a felicidade! E autêntica, pois você está de dever cumprido... Experimente fazer sua reeducação alimentar por um dia., Você se sentirá feliz! Portanto, vamos dia por dia, só por hoje vencerei e, quando você menos esperar, terá aprendido esse novo hábito... comer muito, saudável e emagrecer...

Vamos lá, vamos tentar... Imagine-se magro, a caminho de ficar magro, suas gordurinhas derretendo, seu zíper fechando, seu prato saudável... Daqui a pouco, até a ginástica ou a caminhada, tudo vai se encaixando!

É claro que existem problemas por debaixo disso: a ansiedade, a depressão, a tristeza, um problema no casamento, um medo de relacionamentos... Mas, de qualquer forma, se alterarmos algum lado dessa equação do inconsciente, já vamos ganhar um pouco de autoestima, de felicidade autêntica, o que vai gerar uma grande força interior para mudar o que precisa aí dentro da sua mente mais profunda... Lembre-se de procurar ajuda – um psicólogo, uma terapia, um médico...

Mas, por agora, se imagine ficando mais e mais magro a cada dia, obtendo a felicidade autêntica, todo fim de dia... Vá mudando aos pouquinhos... E não é preciso ter pressa para chegar rápido, vá caminhando ao seu modo, mas agindo diferente todos os dias...

Mantenha-se no caminho... E agora você já pode começar... Seu corpo está pedindo, sua felicidade depende de uma nova ação... Você pode!

Respirando do azul, tomando um fôlego novo... comece... Quando desanimar, leia outra vez este exercício... Você quer ficar melhor, então chegou à sua vez! E a minha voz irá com você... às suas refeições, lembrando que o dever cumprido traz felicidade... O chocolate, muita pizza ou muito doce traz uma tristeza depois...

Você merece uma boa ação! Pratique, eu estarei com você na sua mente... Aquela vozinha dizendo... "as gordurinhas amarelinhas estão derretendo"(*barulho de sugar*)... Ai que delícia! Olhe sua felicidade chegando... um prato saudável, comidas saborosas... Hum, que delícia! Comer para emagrecer! Pense nisso! Eu sei que eu posso! Eu sei que eu posso!

Como a Maria Fumaça, aquele trenzinho que vai andando pelas montanhas de Minas Gerais dizendo cheia de entusiasmo: "Eu sei que eu posso, eu sei que eu posso, eu sei que eu posso, eu sei que eu posso!". Aí vem aquela montanha íngreme, ela vai com todo esforço dizendo: "Eu... sei... que... eu... posso.../ Eu... sei... que... eu... posso.../ Eu... sei... que... eu... posso" e quando ela começa a descer a ladeira do morro, entusiasmada e cheia de felicidade autêntica, ela assovia: "Eu sabia que podia! Eu sabia que podia! Eu sabia que podia! Eu sabia que podia"... PIUM! PIUM! PIUM! PIUM! "Eu sabia que podia! Eu sabia que podia!". E, com toda alegria, segue o seu caminho...

Portanto, imagine-se magro agora e comece! Estarei torcendo por você!

Respire fundo... Descanse por alguns instantes... se vendo vencedor(a)... triunfante... magro(a)! Agarre-se nessa ideia!

Dê a você uns minutinhos se sentindo assim!

Eu vou ler para você uma pequena poesia, que se chama: "Autobiografia em Cinco Capítulos" (*citado no livro tibetano Do Viver e do Morrer, de Rinpoche*). A poesia diz assim:

"*Andando pela rua.*

> *Há um buraco fundo na calçada.*
> *Eu caio.*
> *Estou perdido... Sem esperança.*
> *Não é culpa minha.*
> *Levo uma eternidade para eu encontrar a saída.*
>
> *Andando pela mesma rua.*
> *Há um buraco fundo na calçada,*
> *Mas finjo não vê-lo.*
> *Caio nele de novo.*
> *Não posso acreditar que estou no mesmo lugar.*
> *Mas não é culpa minha.*
> *Ainda assim levo um tempão para eu sair.*
>
> *Andando pela mesma rua.*
> *Há um buraco fundo na calçada.*
> *Vejo que ele está ali.*
> *Ainda assim caio... É um hábito.*
> *Meus olhos se abrem.*
> *Sei onde estou.*
> *É minha culpa.*
> *Saio imediatamente.*
>
> *Andando pela mesma rua.*
> *Há um buraco fundo na calçada.*
> *Dou a volta.*
> *Agora, ando por outra rua.*"

Pense neste poema, procure desviar do buraco, descobrir essa nova rua, você pode!

Vá acordando devagarinho, com toda essa nova ideia armazenada dentro de você! Bem acordado e bem desperto! Pronto para uma nova etapa da vida!

Boa sorte! E felicidades... AUTÊNTICA, é claro!

Para ajudar a parar de fumar

Pare por um momento e se dê um tempo de respirar e limpar a cabeça de um jeito diferente...

Apenas dê a você um tempo saudável... Sinta que você pode parar, tomar tempo e respirar diferente...

Sinta o ar entrando e saindo e, assim, pense, quando você fuma, talvez você fume para pensar, talvez você fume para abrir a mente, para ficar ligado, ou para dar um tempo, para fazer um desabafo, ou talvez para suspirar e pôr para fora o que fica preso dentro de você... Mas quem sabe, você agora, simplesmente, pare um momento e respire, pois o cigarro é um vício muito perigoso e indesejável.

A nicotina é uma droga capaz de ativar um neurotransmissor muito importante do nosso cérebro, a dopamina. Ela ativa imediatamente a dopamina, e o cérebro fica excitado. Muitas pessoas não percebem, pois este vício é branco, que estão se drogando e estão jogando fora um neurotransmissor muito importante, pois a dopamina é a responsável pela inteligência, pela memória, pela atividade física. E se você gasta sua cota do dia, de uma vez só porque fumou, depois não vai tê-la. Muitos deprimidos utilizam o cigarro como remédio, para ficarem ligados. Muitas pessoas ansiosas utilizam o cigarro para relaxarem. Cuidado, é falso. Depois vem o desastre, o vício é certo, certeiro. Dois meses fumando, e você está viciado. E o pior, a nicotina não só gasta a dopamina do cérebro mas também desgasta o seu corpo, estraga os seus pulmões, as suas artérias.

Portanto, vale a pena, venha comigo... Vamos parar um pouquinho de fumar cigarro, eu vou lhe ensinar fumar oxigênio, sim, como diz Dra. Teresa Robles, do México, que ensina essa técnica... Veja que delícia! E ainda é saudável. Assim, como um dia você fumou seu primeiro cigarro e virou um hábito... Quem sabe agora, você vai fumar o oxigênio e soltar o que fica preso dentro de você! Experimente, venha comigo... vamos aprender um novo hábito e saudável... desintoxicante... não causa ataques no coração, não provoca câncer e, ainda, lhe dá muitos anos de vida saudável.

Portanto, pare por um momento. Dê a você um tempo, sinta a sua respiração, sinta o oxigênio entrando em você como um ar azul, de um dia de céu azul... sem nuvens... limpo... claro... de azul turquesa e dê uma boa tragada do oxigênio, como se você tivesse dando uma boa tragada de um cigarro e, assim, fume o oxigênio, o ar azul... saudavelmente... e deixe sair de lá de dentro da sua baforada as suas preocupações, tensões, medo, todas as emoções presas, os pensamentos, as palavras. Apenas se solte e deixe ir para dentro de você o ar azul... como se estivesse fumando o ar azul... e o melhor, levando saúde para dentro de você... Olhe que coisa boa! Pois, então, dê a você esse tempo, esse novo hábito. Vamos lá? Inspire e trague o oxigênio, sinta o azul gostoso e fresco, o oxigênio saudável... Solte o gás carbônico e, junto com ele, todas as suas tensões, prisões, o vício do cigarro, as toxinas, a fuligem da fumaça e, assim, começa esse novo hábito. Trague de novo o oxigênio, solte o que está preso lá dentro... Que delícia! E você pode fumar quantos cigarros de oxigênio quiser. Experimente, é uma brincadeira saudável.

Nada como o dever cumprido, a sensação de felicidade tão grande... Vencer os obstáculos traz mais felicidade ainda... dando a você uma boa ação... oxigênio e saúde no lugar de poluição, de ataque cardíaco do câncer, de enfisema, de pele envelhecida e daquele cheiro horroroso de carvão, de fogão de lenha... Ai que delícia! Outra tragada de oxigênio...

Eu sei que você está sem a nicotina, mas você pode ficar sem ela um dia, dois dias, três dias, e vencer o vício... Treine! (*barulho de tragada*)

Fumando o oxigênio e soltando as emoções presas... ganhando saúde... praticando o dever cumprido e pronto! Que delícia! Em breve, você estará livre desta prisão de fuligem preta como uma chaminé suja...

Pois, então, imagine agora um lugar lindo, maravilhoso... uma praia sem poluição, de águas claras ou uma montanha verde sem nenhum lixo, com uma mata encantadora, cheia de pássaros cantando, o céu azul limpo, claro, sem poluição... Você pode imaginar o mar, um mar limpo, transparente, sem poluição... Se a mata for limpa, verde, linda, sinta-se lá... observando a natureza, apreciando a praia ou a montanha... onde você quiser estar... O que importa é que tudo esteja limpo e claro, sem poluição... Respire desse lugar!!! Sinta o ar do céu azul entrando no seu peito... Sinta você soltando o gás carbônico... Aprenda esse novo hábito e divirta-se! Que delícia se imaginar em uma natureza limpa, clara e saudável. Todo mundo prefere viver em um ambiente limpo, sem lixo, cheiroso! Aproveite, imagine cada detalhe desse lugar lindo, deixe-se ficar por lá respirando de uma natureza maravilhosa e vá aprendendo a respirar e se soltar das emoções sujas, das toxinas do seu pulmão, vá deixando sair tudo que intoxica sua natureza e falsamente parecem trazer tranquilidade... Curta esse momento nesse lugar limpo e lindo, e fume oxigênio... Solte as emoções presas... Aproveite, ganhe vida, limpe a sua natureza interior, mente e corpo...

Nosso corpo em pouco tempo consegue limpar todo o pulmão da poluição do cigarro...

Tome ânimo... Aprenda agora a trocar o cigarro por um momento de devaneio natural, limpo e saudável e fume... mas fume o ar limpo... o oxigênio... o ar azul... a vida... e, por um momento, relaxe...

Seja dono desta natureza saudável e limpa. Imagine se a praia que você vai é toda poluída e suja. Se a mata que você deseja frequentar está cheia de latinhas de cerveja, entulhos e lixo, você não vai gostar nada de andar por lá. Então, comece a limpar a sua natureza interna, seja dono da sua saúde, da sua vontade e se limpe saudavelmente de um jeito gostoso. As pessoas que fumam se dissociam de si mesmas, não veem o fedor do cigarro, não sentem o cheiro ruim, não sentem o ardor da fumaça, não percebem o quanto estão colocando de nicotina e alcatrão para dentro, mas estão se poluindo, como uma chaminé de fábrica.

Aproveite agora... Descanse... Limpe seu santuário... Comece neste momento a fumar o oxigênio, a limpar o seu corpo, a respirar diferente, para se limpar, e você vai aprendendo saudavelmente este novo hábito... respirar para se limpar...

Limpar a mente saudavelmente, limpar as emoções protegidamente, limpar o corpo comodamente e ganhar vida!

Ganhar bem-estar, e você pode, a cada dia, ir aprendendo protegidamente a fumar o oxigênio, sentir o azul e se limpar...

Basta treinar...

Tome um tempinho agora, aproveite as minhas palavras que seguirão com você para um novo hábito, basta fazê-lo pela primeira vez! E veja quanto você ganha se fizer outra vez e mais outra vez... e assim aos pouquinhos, você vai se surpreender... Vai substituindo cigarros... um, depois mais um, e aos poucos você não precisará mais dos seus cigarros... Você aprende a viver, saudavelmente.

Tente! Experimente! Repita! É fácil... Fume o oxigênio, ganhe vida, solte aí de dentro tudo que fica preso. Vá de novo para este lugar lindo da sua imaginação... limpo, desintoxicado, sem nenhum lixo. Sinta a vida lá, limpa, saudável... Observando a natureza limpa, respire saudavelmente... Sinta que delícia...

E, por último, sinta a liberdade, a liberdade da sua natureza sábia, de cuidar do seu corpo, de desintoxicá-lo, limpá-lo, de aprender este novo hábito... fumar oxigênio... uma boa tragada de vida. VIVA A VIDA! VIVA A VIDA LIMPA!

Pois, então, inspire-se nessa ideia e vá em frente... Eu estou torcendo por você. Será mais um que eu não vou ter de atender lá quando velhinho, morrendo de medo de ter um ataque do coração ou porque já está com câncer, precisando da minha ajuda.

Por favor, siga em frente!

Estou torcendo por você!

Respire fundo... Deixe-se ficar à vontade...

Anjo e fadas

(proteção contra medos)

Oi, você está aí do outro lado me ouvindo? Pois é, eu sou a fada Rose. Vim convidá-lo para brincar comigo. Vamos??? Pare por um minutinho, escute-me. Vamos passear no reino encantado das crianças... É, existe um reino mágico, encantado, das crianças... Ele existe aí dentro de você!

Há muito tempo que você vem sentindo esse medo terrível ou esta sensação de friozinho na barriga, um aperto no peito, não é mesmo? Pense no seu medo agora, ou naquilo que é ruim para você... faz você tremer, ficar com as suas mãozinhas geladas... Ai! Dá um frio na barriga, às vezes, só de pensar! Lá vem aquele friozinho na barriga, um arrepio, uma vontade que alguém nos salve desse enorme medo... o seu medo... Pense nele... Pois é... Como é o seu medo? Isso... mas aqui no nosso mundo encantado, assim como o medo existe, existe também alguma coisa que libera você do medo... Isso... é o mundo da imaginação. Você cria, imagina, transforma, heróis, princesas, fadas, anjos... Tudo que você desejar, e é você, só você quem comanda... Como sou fada, posso levá-lo para o meu mundo agora mesmo. Longe de tudo que está fazendo você ficar mal, com medo, com friozinho na barriga... Que tal? Vamos brincar um pouco comigo no mundo das fadas?

Lembre-se de que eu sou a fada Rose... As fadas existem... Estão por todo lado ao nosso dispor... Olhe eu aqui!!! Podemos até não enxergá-las, mas, se você fizer uma forcinha, fechando seus olhos... por um momentinho... pensando em uma fadinha linda que venha protegê-lo... como eu aqui, toda cor-de-rosa, uma fadinha linda, com uma roupa toda colorida. A minha roupa é cor-de-rosa. Como é a da sua fada? Você pode imaginá-la... Olhe, eu tenho um vestido cor-de-rosa longo, todo brilhante... espalhando pirilimpimpim com meu pozinho e a minha varinha de condão por aí. Como é a fada que você está imaginando? Ela está ao meu lado? Eu tenho longos cabelos castanhos e compridos... Meus olhos são verdes cor de floresta... Tenho um olhar misterioso, mas bondoso, e um maravilhoso sorriso... Veja, eu estou aqui, sorrindo para você agora! Procure a sua fada... É claro, se você quiser, pode ser só eu também. Eu com certeza vou ajudá-lo. Mas, olhe em volta. Se você quiser, podemos chamar alguma amiga minha agora mesmo. Olhe, veja se tem outra fadinha por aí, veja como ela é... Que cor é sua roupa? E os seus olhos? E o seu cabelo? E sua varinha de condão? Vá observando com detalhes... Isso... Que nome ela tem? E ela também está sorrindo? Ela também vai ajudar você a se proteger...

Olhe bem... Veja se vem apenas a fada ou a fada com seu anjinho da guarda... Ai, meu Deus, meu anjinho veio junto, foi só eu falar nele. Você está vendo? Ele é lindo, loiro, alto, de olhos azuis. Ele veio ajudá-lo a proteger você... Veio com seu anjo...

Olhe que lindo que eles são! Eles já estão com você... Respire o ar que eles mandam, sinta o pó de pirilimpimpim que a fadinha joga em você, fazendo um escudo de luz colorida proteger você de qualquer medo... Sinta a luz se espalhando sobre o seu corpo... Sinta como você vai ficando leve... mais leve... mais seguro... envolto pela luz linda e mágica da sua fadinha de estimação!!! Eu também estou mandando o meu pó de pirilimpimpim junto, cor-de-rosa... Você está dentro do escudo de luz protetora da sua fadinha e meu também... Aproveite! Sinta-se protegido por ela e por mim...

E o anjinho está aí também? Como ele se chama? Pergunte, pergunte o nome do seu anjinho... Peça a ele que o proteja... Olhe, veja... Ele tem asas... As asas se abrem sobre as suas costas, trazendo mais luz e mais proteção... Olhe, veja... Ele põe a mão sobre a sua cabeça. Olhe para cima, veja... Ele está mandando um feixe de luz curativa, uma luz de Deus, mágica, que cura os medos de ficar sozinho, de ficar no escuro, de tirar fantasmas de perto, de ficar preso no elevador, de cachorro, de perder o papai ou a mamãe...

Eu não sei qual é o seu medo, que você quer curar agora, mas a sua fadinha, o seu anjo e eu estamos aqui, mandando uma luz especial que protege você do medo... Fazem um escudo de luz protetora, e você vai vencendo os medos, descobrindo o seu mundo mágico, que as fadas e os anjos têm poder enorme para curar você! Eles curam todos os nossos medos... Imagine este escudo de luz envolvendo você... agora!

Depois, você vai descobrir que pode ir mudando sua vida, o que vem machucando você... E você vai crescendo... aprendendo protegidamente que você pode vencer todos os obstáculos que a vida apresenta... Mas, sempre peça ajuda à sua fada, ao seu anjo protetor e a mim também. Lembre, que me chamo Rose, eu adoro cuidar de você e de todas as crianças ... E nós vamos enchendo você de luz mágica e protetora...

Sinta que sua fadinha e eu também estamos cobrindo você com um pó iluminado e mágico, formando um escudo protetor, onde mal algum penetra em você... Sinta também que seu anjinho abre as asas sobre você mandando uma luz divina e protetora... Nada pode acontecer de mal agora.

Eles estão protegendo você do medo, eu também... Você está ficando forte... calmo... tranquilo... alegre... mais cheio de coragem... Sinta como você está melhorando dentro desta luz, do escudo protetor, da sua fadinha... Eu estou aqui, ajudando tudo... Você está muito bem aí... dentro do escudo de luz... Ai que gostoso!!! Sinta como é gostoso... Feche os olhos... Sinta a luz espalhando em você...

Agora, descanse... ou vá dormir o seu sono mais gostoso... totalmente protegido...

Sua fada, seu anjo e eu ficaremos de sentinelas vigiando para que mal algum apareça enquanto você dorme e cresce...

Descanse... Sonhe um sonho mágico... gostoso... Isso mesmo!

Se você quiser, ao terminar de me ouvir, vá desenhar a sua fada mandando pó de pirilimpimpim para você. Ah, desenhe-me também? Desenhe seu anjo, coloque o nome dele, o nome da fada... Ah, desenhe o seu medo sumindo... Isso mesmo! Pois, daqui para frente, sua fada e seu anjo vão protegê-lo, e eu também!!! Pense sempre neles protegendo você, e experimente testar o seu medo. Aos pouquinhos, ele vai desaparecer. Pode ser que suma muito mais rápido do que você imagina. Agora, para terminar esse exercício, pense na luz da fadinha, na luz do seu anjinho protegendo você... E eu, rodopiando à sua volta, jogando pó de pirilimpimpim cor-de-rosa... Pode abrir os olhos...

Ou se for hora de dormir, durma o seu sono de anjo, bem tranquilo com seu anjinho protegendo você agora...

Gênio da lâmpada

(para você alcançar os seus sonhos)

Vamos de novo passear no reino mágico, fantástico das crianças. Pois é, esse reino existe, está dentro de você. Você cria... recria... vive intensamente como desejar...

Pare um minutinho, feche seus olhos e pense em alguma coisa que você deseja alcançar, mas pense em algo que você deseja e depende só de você para alcançar, pois o gênio da lâmpada só pode ajudar você! Ele não pode mudar seu pai com problema ou sua mãe com problema, ou a Matemática, ou o Português... mas ele pode, sim, fazer mudanças fabulosas para você sobreviver e reagir a qualquer problema por você... sem mudar ninguém... Ele só pode mudar aquela pessoa que pede... Portanto, o pedido é para você ser forte... perder o medo... estudar melhor... não sofrer tanto... comer mais saudavelmente... emagrecer e ficar lindo(a)... não ficar mais bravo com as pessoas...

Pare um minuto, feche os olhos e pense o que você, de verdade, deseja mudar para ficar melhor, para ter mais amigos, para dormir bem, comer saudável, estudar melhor, não roer unhas, não fazer xixi na cama, não brigar tanto com os irmãos e muitas outras coisas que eu não falei aqui... Pense com força... Pense no seu problema... Pensou? Ótimo, então...

SURPREEEESA!!!!

(música forte)

A lâmpada... Olhe a lâmpada mágica. Olhe a lâmpada mágica do gênio da lâmpada... Como ela é linda, dourada, reluzente... Ela já está aí nas suas mãos... Esfregue-a. Pense no que você deseja alcançar... Esfregue a lâmpada... Acorde o gênio... Há uma criança aqui querendo alguma coisa... Acorde! Essa criança precisa de você agora... Esfregue mais uma vez, aí, na sua imaginação... Esfregue a lâmpada...

Oh gênio, deixe de ser preguiçoso... Vê se acorda! Acorda, acorda, acorda!!! Há gente aqui precisando, muito, muito, muito!!! Precisando de você... Esta criança quer lhe pedir algo especial... Vê se acooorda gênio...

(Voz do gênio)

"Uau! Nossa, que sono! Eu acho que alguém está me chamando"...

(Ei gênio, acorda logo, aquela criança está precisando de você... tá esfregando a lâmpada!)

"Sim, meu amo, o que você deseja? Ah, seu desejo é uma ordem! Mas, por favor, pense bem antes de pedir. Eu só posso mudar VOCÊ... Não tem jeito de mudar seu cabelo, não tem jeito de mudar a cor dos seus olhos... O que eu mudo é o seu jeito de ser... Pense firme... fale em voz alta... bem alta, para eu escutar... Isso!!! Muito bem! Agora, repita, repita seu desejo em voz alta... Isso! Muito bem, seu desejo é uma ordem! Eu preciso apenas que você desenhe seu desejo (daqui a pouco tá?) em um papel e pregue em algum lugar para que você possa ver todos os dias. Eu estarei lá no seu desenho e não se estranhe se, de vez em quando, eu piscar o olho para você (rá rá rá!!!) lá do seu desenho... Espere e você verá... O seu desejo é uma ordem! Acredite, confie! Hehehe... Olhe bem para o seu desenho, seu desejo é uma ordem! (rá rá rá!!!)"

Ai que delícia! O gênio veio, você viu? Você acabou de estar com o gênio da lâmpada! Pois bem, ele lhe pediu que desenhe o seu desejo, faça-o com muito carinho, daqui a pouco, quando eu terminar de falar... Vá lá fazer o desenho, o desenho do seu pedido... Faça-o com muito carinho! Pregue em algum lugar que você possa ver e se lembre de que seu gênio está providenciando as mudanças...

Agora respire... descanse um minutinho... imaginando o seu desejo... Guarde este desejo no papel quando eu terminar e acredite que sua vida vai melhorar... Olhe o papel todos os dias. O gênio vai providenciar para que tudo aconteça como você pediu... Quanto mais você olhar para o seu desenho, mais força você dará ao seu pedido... mais rápido ele acontecerá!

Ah! Esse gênio é tão maravilhoso! Já pedi tantas coisas para ele... E ele me deu tudo que pedi... Pode acreditar...

Por um instante, feche os olhos, respire profundamente! Pronto! Desejo pedido!

Abra os seus olhos e, logo que puder, faça o seu desenho dos seus desejos e boa sorte!

(Voz do gênio)

"Rá rá rá ... Eu sou o gênio da lâmpada!... Vamos trabalhar! Mais um pedido para realizar...!!!"

A lagarta que virou borboleta

(indução para mudanças)

Minha gente pequena, preciso contar para vocês como foi encantador virar borboleta! Sim, pois sou a borboleta azul...

Pois é, acreditem, um dia fui uma lagarta feia, gorda, que rastejava pelo chão e que vivia das migalhas das folhas das árvores. Que vida ruim eu tinha! Não tinha casa... Não tinha proteção... E os homens a dizer: "Ui, credo! Uma lagarta!". Ai, coitada de mim! Se eu não tomasse cuidado, eu já era... como muitas colegas pobrezinhas que morreram esmagadas pelos pés dos seres humanos. Que horror!

Ainda bem que minha fada madrinha me disse: "Peça ao gênio da lâmpada algo especial". Aí eu pedi... Quero voar livre, quero ser solta, quero ir a todos os jardins, quero cheirar as rosas, as flores bonitas, voar por aí. Eu quero ser borboleta, eu não quero ser lagarta! Isso seria pedir demais? O gênio riu para mim e me disse que era da minha natureza passar por uma fase difícil, de lagarta... mas eu teria tudo... tudinho que era preciso para ser linda, voar, ser esperta e virar borboleta... mas eu precisava de um ingrediente especial e logo perguntei: "Qual senhor Gênio? Diga-me!" E ele então me disse: *"ESFORÇO"*! Puxa vida, ainda vou ter de fazer força para ficar legal? Ele sorriu amigavelmente e me disse: *"Só com muito esforço é que aprendemos alguma coisa (com voz de gênio)"*.

Mas, quando queremos de verdade... não importamos de fazer esforço... queremos o resultado! Queremos ficar legal! Foi o que eu fiz, acreditei nele...

Foi assim que começou a minha jornada, com muito esforço. Fiz tanto esforço, pensando como seria virar borboleta, que me fechei dentro de um casulo com minha própria seda e fiz um esforço danado para criar as asas. Sonhava todo dia como eu ficaria. Ah! Minha cor predileta... azul... Queria ser azul da cor do céu por dentro... com tons de branco... e lá ia... eu fazendo uma força danada... um azul mais noite do lado de fora... umas rajadinhas de preto nas minhas asas, mas o que eu queria mesmo era ser uma borboleta grande e linda! Ser esbelta, radiante, flutuando levemente... Ai, como eu sonhei... sonhei... sonhei... sonhei... e dei muito duro... Estudei... Comi... Fiz tudo que tinha de fazer... Aí? Dormi, segui as orientações, rezei, pedi ao Papai do Céu, pedi ao anjo da guarda, pedi à minha fadinha, pedi a Deus... tudo! "Ajudem-me, eu quero mudar, quero bater asas e voar", e foi feito!

Um dia, eu acordei borboleta, e tudo mudou... levou tempo... mas que tempo bom... Hoje, você me vê por aí... é... essa borboleta azul... linda... voando... leve... solta... Sou eu! Sou eu!

E estou aqui para dizer a você: Muito esforço! Muito estudo! Bom sono! Boa comida! Seja obediente! Bom menino ou boa menina... e tudo vai dar certo! Aquilo que você quer melhorar, você vai melhorar! E é só treinar, muito treino... Passar da fase do *video game* para outra fase... Andar de bicicleta sem rodinhas... Fazer manobras no *skate*... Aprender Matemática... e o Português? Não xingue... Ai meu Deus... É só treinar!

Voe na sua imaginação e seja feliz, você vai chegar lá!

Agora respire do céu azul, de um dia lindo. Sinta o ar entrando azul no seu peito... levando um pouco do meu azul para dentro de você... Inspire do azul do céu e sonhe com a sua vida nova! Passar de fase no *video game*, andar de *skate*, bicicleta sem rodinhas, Matemática, Português, não fazer xixi na cama... Vá se soltando... Sinta-se flutuando... relaxando... respirando do azul... inspirando os seus sonhos... se relaxando... Mudar e mudar para melhor...

Sinta o ar azul e se solte... relaxando... flutuando no seu bem-estar... Voe comigo...

Sonhe que você está melhorando...

Sonhe... voe... sinta que você pode mudar!!!

Sonhe... voe... sinta que você pode mudar!!

Isso...

Descanso nas nuvens

Agora, é hora de dormir... Deixe que seu anjo da guarda e a sua fada cuidem bem de você...

Por favor, deite-se na sua caminha, em uma posição de conforto, e apenas se deixe ficar à vontade... Você pode desfrutar de um conforto gostoso... Não faça nada agora... apenas se deixe levar para dentro de uma sensação de conforto... tome fôlego... sinta como o ar entra e sai... e aproveite desse momento para descansar seu corpo...

Você pode aproveitar para deixar os seus pensamentos de lado... fluindo...

Vamos iniciar um gostoso momento... uma pequena ilha de prazer... um passeio nas nuvens...

Não importa no que você esteja pensando, mas, por um momento, tudo pode ficar de lado e você pode fazer uma pausa, saudável, para o seu cérebro...

Imagine um dia lindo de céu azul turquesa, passarinhos cantando... e você vai imaginar uma nuvem... branquinha... linda... uma nuvenzinha bem branca... Venha buscar você para um passeio lá no céu... Ela é como um colchão, branquinho, macio... uma caminha, com um travesseiro grande, bem branquinho. Isso mesmo, um passeio no céu...

No azul do céu, levemente, você pode ir se acomodando na nuvenzinha branquinha, fofa, suave, como a sua cama... uma espuma dos deuses. E essa nuvenzinha vai subindo, subindo, subindo no céu azul... Você se sente ali deitado, confortavelmente... Sente a nuvenzinha branquinha, linda, suave...

Solte-se e se deixe ir pelos ares... respirando suavemente, sentindo a brisa do ar... deslizando *(Zzi... zzi... zzi... zzi)*...

Flutuando no céu... sentindo a brisa fresca do ar... soltando-se e vendo a cidade toda lá do alto... confortavelmente protegido... Vá flutuando *(Zzi... zzi... zzi... zzi)*...

E, assim, se, por acaso, você tiver algum medo de altura, ponha o cinto de segurança na sua nuvem *("cleck-cleck")*, mas lembre-se de que é na sua imaginação. Solte-se na nuvenzinha... deixando sentir aquela sensação de liberdade...

Na nuvem... no ar... no céu azul... no bem-estar... Que delícia!

Deslizando suavemente pelo céu (*Zzi... zzi... zzi... zzi*). Acima das nuvens, no céu azul, flutuando como se estivesse em um tapete de nuvens branquinhas abaixo de você e acima o céu maravilhosamente azul, e você lá... deslizando em sua nuvem branquinha reluzente...

Sinta o conforto da brisa do ar... sinta o pensamento se soltando... e você deslizando (*Zzi... zzi... zzi... zzi*)...

Desfrutando confortavelmente, aprendendo a ter uma pequena pausa, um momento gostoso...

Nosso cérebro precisa de pausa para descansar...

E você vai vendo o céu azul, vai deslizando, soltando-se (*Zzi... zzi... zzi... zzi*)...

Conta uma história que um homem queria se tornar encantado... Contaram para ele que, do outro lado do mundo, havia uma ilha onde existiam sinos soterrados debaixo da água, e quem queria se tornar encantado deveria ir à praia dessa ilha e lá ficaria até escutar os sinos da ilha tocarem debaixo d'água... E assim, esse homem maravilhado em ouvir essa notícia correu para ver também se ele podia se tornar encantado na tal ilha do outro lado do mundo.

O homem partiu, foi de viagem para o outro lado do mundo, pois ele queria se tornar encantado!

Lá chegando, foi direto à praia, sentou-se com a sua malinha do lado e ficou prestando muita atenção... mas começou a ficar incomodado com tanta distração... As ondas do mar faziam barulho... Os coqueiros farfalhavam e faziam barulho... As crianças rindo faziam barulho... Os pássaros cantando faziam barulho... Tudo atrapalhava, mas ele não desistia, ele queria escutar os sinos que viriam de dentro d'água...

E, assim, os dias e os meses foram passando, e lá estava o homem tentando escutar os sinos da ilha, sentado na areia com a sua malinha.

Ele insistiu o mais que pôde, mas tudo atrapalhava... Até que ele desistiu e foi se despedir da praia...

Deitou-se na areia... Ouviu as ondinhas do mar... batendo na areia... aquele barulho gostoso (*xuááá...xuááá*) e se deliciou...

Escutou a gaivota cantando e dando aquele mergulho para pegar um peixe dentro do mar, e amou... Ouviu a risada das crianças que brincavam ali perto e sorriu junto... Ouviu os coqueiros farfalhando e sentiu o prazer da brisa do ar...

Foi então nesse momento, e só nesse momento, onde ele estava todo encantado com natureza, que o homem ouviu o primeiro sino tocar, depois ouviu outro sino e mais outro sino, até que ele ouviu mil sinos tocarem ao mesmo tempo...

Ele ficou encantado... maravilhado... Ele estava feliz... Parecia que ele estava em cima das nuvenzinhas, flutuando...

Extasiado, entendeu o que era ficar encantado, percebeu a maravilha que é poder contemplar a vida, a natureza, a beleza nas pequenas coisas...

Ficar encantado é poder ver o que é belo, sentir o bem-estar, flutuar de prazer, ver a beleza nas pequenas coisas...

Você está aí flutuando nas nuvenzinhas? Deslizando no seu bem-estar? Ótimo! Então, respire do céu azul, do ar azul, sentindo-se flutuando em paz na sua nuvenzinha... Deixe-se deslizar para dentro do seu sono... Em um sono tranquilo... Durma um sono gostoso *(Zzi... zzi... zzi... zzi)*.

(Pausa... silêncio... respire...)

Durma bem... Boa noite! Sonhe com seu anjinho... Sonhe um sonho bom *(Zzi... zzi... zzi... zzi)*.

Indução de Tal Ben-Sharar

Então, com o corpo e as costas bem ajeitadas e encostadas confortavelmente, alongue o seu pescoço o máximo que você pode, criando uma linha bem reta... Respire confortavelmente sentindo os seus pés no chão, descruze as suas pernas e as suas mãos e descanse as suas mãos sobre as suas pernas... ou pode escondê-las do friozinho, como você se sentir mais confortável... Feche os seus olhos... (pausa). Onde estiver a sua atenção, o seu foco agora, traga para a sua respiração... Respire profundamente em direção à sua barriga, ao seu centro... Então, respire bem levemente, gentilmente, graciosamente e, para fora, expire... Traga o ar para dentro, tome uma respiração profunda, bem devagarinho e solte a sua expiração calmamente e repita isso várias vezes...

E, se você preferir, você pode pensar simplesmente que você pode sentir a sua respiração... e você pode praticar respirar... E você pode se perguntar por quê? Simplesmente para praticar respirar... (pausa). A medida que você continua respirando, mude a sua atenção para o seu corpo, para os seus pés, vai soltando as suas pernas, seus pulsos, sua barriga, suas costas...

Simplesmente verifique o seu corpo inteiro, seu pescoço, sua cabeça, seu queixo e ache alguma área no seu corpo que está levemente tensa, mais do que as outras, que você sente que está mais tensa que as outras e simplesmente se deixe relaxar... Não importa onde essa parte está, coloque a sua atenção nela agora e observe este desconforto... Apenas observe a atenção neste ponto... Simplesmente observe e aceite isso... Simplesmente isto está aí, aceite isto...

Continue a respirar profundamente à medida que você observa esta parte do seu corpo e olha como é interessante olhar para esta parte do corpo onde você tem essa sensação de tensão... Em cada respiração, abrace este lugar... Não há nada certo, não há nada errado, simplesmente é como você se sente, é a sensação que você está tendo... Continue respirando e respire até esta parte e expire soltando esta parte e observe, aceite-a e esteja com ela como ela estiver no seu corpo... inspirando e exalando desta parte do seu corpo de desconforto e tensão ... (pausa)

Continuando, como você está aí, com essa parte do seu corpo, respirando e sentindo essa experiência... Então, sinta a experiência... O que é isso? Simplesmente é isso, uma tensão... Então, gentilmente, diga adeus para o foco nessa particular parte do seu corpo e, bem gentilmente, por que você já abraçou este lugar, volte para a sua respiração e, a cada respiração, lave e limpe todo o seu corpo com essa respiração... começando pela sua alma e vai pelo seu corpo, entrando pela sua cabeça e, em cada respiração, você introduz uma calma profunda, uma aceitação profunda, um sentir-se você mesmo profundo, lavando o seu corpo... Essa experiência é para você simplesmente sentir a leveza, a luz que aparece da aceitação do seu estado natural de ser humano, a aceitação do seu estado de ser – um ser humano... Dê outra respiração profunda, tranquila, gentil... Quietamente, solte o ar (pausa)... Então, na próxima expiração, abra seus olhos!

Ressignificando minhas dificuldades

Se você está triste com seu desempenho... ou triste porque não é tão brilhante como gostaria de ser... ou mesmo acha que vale menos que os outros... venha comigo por um momento!

Ou mesmo você que, só às vezes, acha que não é tão bacana assim, ou que se cobra demais! Ou queria ser melhor do que já é !!! Venha comigo também por um momento... descobrir-se de um jeito novo!

Vamos agora, hoje, começar um novo programa! Ou melhor! Vamos instalar um novo programa dentro da sua mente!

Então, pare um instante e dê a você um momento novo, de aprendizado... Aquele tempinho que leva para uma atualização de programa ser instalada lá no seu inconsciente... profundamente...

Pare... respire... tome um tempo...

Sinta o ar entrando e saindo... Sinta que você está prestes a mudar algumas ideias... alguns sentimentos para poder ficar melhor...

Sinta o ar encher seu pulmão... Encher você de vida! Sinta que você pode soltar na expiração tudo que fica preso lá dentro de você... sufocando você...

Então ...

Inspire... sentindo-se renovando a vida!

Expire... Solte-se... Solte tudo que lhe faz mal... em uma respiração tranquila e solta...

Apenas sentindo que você pode agora se reprogramar...

Enquanto você vai inspirando a vida e soltando o que está lá dentro preso, intoxicando-o... você pode ir me ouvindo... assimilando... atualizando o que há de melhor em você mesmo! ...

O filósofo Sêneca um dia fez a seguinte pergunta: "Qual foi o meu maior progresso?". E ele se respondeu: "Comecei a ser amigo de mim mesmo!".

Isso mesmo que você acabou de ouvir... Esse filósofo se perguntou qual teria sido seu maior progresso, e ele, após muito pensar, vê que fora ter se tornado amigo de si mesmo!

Pare! Por um momento, pense... E você tem sido seu maior amigo? Ou não?

Estamos com tempo... Você pode aprender a ser o seu maior amigo!

Apenas sinta sua respiração... Tome fôlego... Podemos mudar esse jeito inimigo de ser de si mesmo... Esse jeito carrasco, ou juiz de si próprio... Só você pode se cuidar melhor do que ninguém para cuidar de você ...

Como fazer isso? Ora... essa é a nossa atualização de programa!

DESCOBRIR SUAS QUALIDADES, torná-las mais fortes... Mostrar o que você tem de bom!

O pinheiro não pode dar flores, mas, em compensação, fica verde o inverno todo!

As roseiras são lindas, perfumam o ar, mas não podem dar frutos... As parreiras de uva podem nos presentear com uvas deliciosas, mas não podem nos dar flores...

E, assim, é a vida! Cada um tem sua característica peculiar de marcar o mundo! Você também, é claro! ...

Mas então por que sofremos? Sofremos porque sempre cobramos mais daquilo que temos menos! Isso mesmo queremos sempre ser algo além daquilo que viemos para ser... e esquecemos de cuidar daquilo que é sagrado em nós... o nosso DOM da vida! Aquilo que naturalmente fazemos bem ...

Você vai me ouvindo... respirando e avaliando...

Então, pense... Existe gente que nasce artista... Pinta, desenha ou canta!... Existe gente que nasce para fazer negócios... Faz negócio até quando está de férias!!! Existe gente que nasce para cuidar dos outros... Existe gente que nasce para sorrir e espalhar alegrias... Existe gente que nasce para costurar... bordar... fazer contas... guardar dinheiro!

Nossa! São tantos modelitos... Ninguém é melhor ou pior do que outro tampouco igual ao outro...

Todos somos filhos de Deus... Nascemos para brilhar no nosso dom da vida... Você pode se tornar seu melhor amigo... conselheiro... sábio... Pense... Qual é o seu DOM? ... O que você faz bem e faz naturalmente? ... Apenas pense e sinta seu coração falar...

Inspire... levando vida para dentro dos pulmões...

Expire... pensando o que você tem como qualidade? O que você faz gostando... naturalmente?

Pare...

Pense um pouco! ...

Todos temos nossas qualidades... Uns gostam de cozinhar, outros de escrever... outros de falar... outros de fazer esportes... outros de fazerem negócios.. outros de fazer contas... outros de cantar... ou pintar...

E você? ...

O que você gosta e faz naturalmente?

Apenas se permita se imaginar fazendo algo de que gosta... não importa o que... Imagine e sinta-se lá fazendo algo que você adora... Imagine com detalhes essa cena... essa imagem... Observe as suas sensações físicas... Veja como você FLUI com isso. É gostoso!

FLUIR COM AS EMOÇÕES... ISSO!

É muito importante fluir com as emoções, fluir na vida... como aquela florzinha do mato... mata-leão... Quando sopramos, ela se solta em várias pequenas plumagens como pequenos helicópteros voando... flutuando com a brisa do ar !!!

Pois é... Pense em algo que você faz e, quando o faz, você flui... cantar... dançar... pintar... fazer cálculos... correr... Eu não sei do que você gosta... mas você já deve estar aí imaginando muitas coisas nas quais você flui na vida... conversar... cuidar... sorrir... cozinhar... plantar... dar presentes... vender... comprar...

Ai que delícia! Apenas sinta sua respiração... inspirada na sua imaginação do fluir com a vida! Solte o ar levemente, soltamente se deixando levar por aquilo que você faz facilmente, que você gosta de fazer... seu DOM... seu talento... ou suas forças moram nessa direção...

É melhor se tornar ótimo no que você já é bom ... se tornar um *expert* do que ficar tentando ser bom em algo que você não tem o dom... Não leva jeito ou não é sua área de força e aptidão!

Pense nisso... Ser melhor no que você já é bom! Ficar melhor ainda e fluir na vida... mais e mais fluir... crescer... florescer...

Abrir-se para você mesmo...

Soltar-se das amarras do impossível... do ficar bom no que é ruim... Gasta-se energia, fica-se triste e sofre... Você se torna um inimigo de si mesmo!

Para quê? Por quê? ... Ora porque é bacana ser médico, sem gostar de ver sangue... Ou ser engenheiro sem querer aprender cálculos... Ou ser vendedor apesar de ser tímido!!! Ora... isso é ser inimigo de si mesmo!!!

Você pode agora mudar sua vida... se ressignificar... tomar novos rumos... sair da vida ruim... se tornar amigo de você mesmo! Bons amigos se perdoam... Têm coragem de dar uma boa palavra... um incentivo...

Então! Vamos lá... MUDAR... TRANSFORMAR!... Pense no que você faz fluindo... solto... com prazer... As **informações** são feitas para pormos lá dentro da cabeça... no arsenal de conhecimentos... MAS AS TRANSFORMAÇÕES se fazem na SABEDORIA de tirar das informações novas AÇÕES NA VIDA!!!

Essa é sua hora... de ser seu melhor amigo!... Usar essas informações e começar sua TRANSFORMAÇÃO... VIR A SER AQUILO QUE VOCE TEM O DOM PARA SER!...

Respire fundo e tome fôlego!

Limpe-se do passado... seja lá quais forem as energias, os sentimentos, as amarras as quais sutilmente esteja preso...

E reze comigo... como um ritual de limpeza: "Senhor,... que toda raiva... todo ressentimento... todo o medo que tenho dentro do meu ser... na minha alma... no meu coração... que tudo isso se cure agora! Senhor, eu lhe peço que me limpe, purifique da origem de toda minha raiva... ou medos... ou ressentimentos presos em meu coração... que eu esteja, agora, nesse momento mesmo, me curando... sarando de todas as origens e crenças que me prendiam... de todos os lugares da minha mente... do meu corpo... da minha vida... da minha alma... onde isso foi um problema...

Agora, tudo está sarando definitivamente! Agora! Estou me livrando de todo esse peso, esse fardo, essa prisão de sentimentos negativos...

Que a sua luz poderosa me ilumine e abra meu caminho... meu futuro... minha alegria de ser... o meu novo viver... minhas oportunidades de viver uma vida nova... o melhor amigo de mim mesmo, cuidando dos meus desejos e dos meus dons!

Imagine, nesse instante, a luz divina abençoando você... Veja-se fazendo o que deseja fazer de agora em diante...

Apenas dê a você um momento... Imagine... Sinta... Flua com suas ideias... Deixe seu dom florescer... Você pode aprender a ser um *expert* naquilo que você já é bom!

Sinta-se alegre... fluindo nas suas novas ideias... Crie seu futuro passo a passo... O que você precisa para se sentir fluindo com seu dom, com o que você mais sabe fazer?

Imagine cada detalhe... Construa seu futuro... passo a passo...

Uma borboleta um dia fora uma lagarta. Rastejou pelo chão, sofreu humilhação, por vezes quase morreu esmagada pelas pressões da vida... mas, lá dentro dela, tinha tudo para se tornar borboleta... e eis que surge o momento sagrado da transformação... da informação genética se decodificar... ressignificar o que aquela lagarta tinha de bom... e lá foi ela se fechar em si mesma, ser a melhor amiga de si mesma e se TRANSFORMAR em borboleta...

Um passo de cada vez, o sonho, o descobrimento... a capacitação e pronto! Um dia, ela saiu voando com asas que já lá estavam desde sempre, desde o começo em seu código genético... O SEU DOM! Mas, foi preciso rever, parar, sofrer e se abrir para si mesma para se transformar... ISSO SIM É SE RESSIGNIFICAR... SER O MESMO DIFERENTE MAIS E MELHOR... e assim fluir e florescer... e se encher de vida... dar sentido à sua vida...

Ficar alegre... de bem com a vida!

Pois, você está pronto... Sonhe... Imagine o que deseja melhorar em você... sendo seu melhor amigo... transformando o que você já é bom em melhor ainda!!!

Você pode...

Você deve...

Sonhe... Imagine... Pense no que você pode melhorar... Comece agora... sonhando... imaginando, criando os passos novos... RESSIGNIFICANDO O SEU VIVER! E de patinho feio você se transforma em cisne negro... Está em suas mãos...

Tome o tempo de que precisar... Monte seu plano de ação... talvez agora... talvez outro dia... um outro mês... outro ano... ou para daqui a oito anos... Não importa quando... Importa que você já começou a se transformar... a ser melhor no que você já é bom...

Guarde esse sonho...

Faça um mural, escreva em um diário...

Monte planos de ação para semana que vem, para o mês que vem, para daqui a um ano ou dois anos... mas faça!!!

Dê a você um momento para repensar o seu sonho de fluir com a vida...

Respire a vida...

Solte-se...

E comece sua mudança agora mesmo! Só você pode fazê-lo!!! Mas, você pode fazê-lo agora...

(silêncio)

Assim que se sentir pronto com seu sonho guardado no coração... Vá voltando a abrir os olhos... acordando bem-disposto... depois de algumas respirações profundas e saudáveis...

O corpo fala
Um banho de limpeza das emoções negativas

Pare... Respire... E venha me ouvir nessa profunda reflexão!

Essa indução é para você lavar sua alma...

Limpar os sentimentos que ficam agarrados em você... As emoções contidas no nosso corpo nos adoecem... geram uma sobrecarga no nosso ser que nos condena ao adoecer!

Cuidado... os sentimentos foram feitos para serem expressados – para se colocar para fora! Quando não o fazemos, machucamos a nossa carne!

A mágoa... nos deixa amargurados... semblante fechado, mãos cerradas e coração fechado... Quem é que fica ruim quando você está magoado? Será que foi quem o magoou ou você e quem gosta de você? ... Pare e pense nisso por um instante...

Quando você tem raiva... você consegue devolver a quem, ou que lhe causou a raiva alguma coisa? Ou vai tudo para o seu corpo?

Pois é, nosso corpo fala das nossas emoções... Além de falar, ele expressa... põe para fora nossas dores, dissabores, desamores!

Nosso corpo sofre... Adoecemos de estresse, de tristeza, de medo, de raiva e muito mais...

Para você que está sofrendo, magoado, cheio de raiva, ou de medo e até de tristeza... venha comigo! Vamos dar uma geral na casa hoje! Um banho de limpeza...

Coloque-se confortavelmente... Sinta sua respiração... Permita-se ser honesto com você mesmo...

Enquanto sente sua inspiração... um ar gostoso vai entrando no seu peito.. Você já está fazendo trocas importantes... Sai na expiração o gás carbônico, toxinas e tudo o mais que lhe faz mal...

Apenas, pare...

No silêncio...

Sinta seu corpo... machucado... ou se machucando pelo sofrimento...

Seu corpo é um santuário... Seu corpo é uma máquina sagrada, divina... Você está dando um tempo de tratamento... uma massagem mental... uma mentalização... lá no fundo uma ordem... uma nova ordem!

O corpo fala todo o tempo das nossas emoções... Quer ver... Imagine uma pessoa com raiva... ela arregala os olhos... fica vermelha... cerra os dentes... quase rosna como um cachorro... fecha os punhos... Às vezes, até bate na mesa ou no sofá... Parece um corpo pronto para dar um soco ou um golpe no outro... ou um animal feroz pronto para atacar...

A raiva gera no homem o movimento de ataque... Atacar a quem o agride... como defesa!

Imagine ficar 24 horas com raiva?

Pois é... Todos os músculos tensos... mandíbula tensa... pescoço tenso...os punhos tensos... Ao longo do tempo, podem surgir dores, fibromialgia, artrite, alergia.. entorce... hérnia e por aí vai...

No consultório, quando alguém fala de algo que lhe dá raiva, logo vejo o pescoço enrubescendo de vermelho... É a região do "engolir sapos", engolir a raiva... também não é bom!

E você já pensou como fica uma pessoa triste?... Olhar voltado para baixo... ombros caídos... peito apertado... mãos entre as pernas... corpo fechado... coração batendo fraco... coitada!

Geralmente essas pessoas sentem dor física no peito... aperto!

E quem tem medo? ...

Essa pessoa treme todo o corpo, fica com o olhar arregalado, sem sangue no rosto, pálida, sua frio... O estresse leva ao aumento do cortisol que libera adrenalina, e essa, por sua vez, diz para o corpo que há algo perigoso nos atacando... É hora do *blackout*... do apagão... Alguns literalmente desmaiam como fazem os animais, presas de um tigre, de uma onça... para não sentirem o ataque... mas a maioria sente na hora do medo, quando a adrenalina é liberada os seus efeitos... coração acelerado, descompassado, o sangue sai da cabeça e desce todo para o tronco, onde estão os órgãos vitais, vão protegê-lo... Assim, suamos frio... tira-se o sangue das extremidades... dá branco no cérebro ou desmaio...

Ah! O medo... Ficar em medo constante vai gerar desequilíbrios hormonais, baixa nos hormônios, nossas defesas caem... Lá vêm as doenças autoimunes! Uma infecção, uma inflamação...

Pobre de nós... Precisamos de um pouco de paz... Mas em tempos de guerra, onde achar paz?...

Lá dentro de nós mesmos... em uma pequena pausa... em uma reflexão como essa... apenas relaxando, respirando... enviando uma ordem de limpeza desse sentimento ruim que o está afetando!

Você pode! Você deve!!

Aperte o botão de pausa... Respire!

Pense em um sorriso, em uma gargalhada... em várias gargalhadas que você já deu! Como fica seu corpo quando você está soltamente alegre!

Alegria também contamina! O sorriso se espalha com outro sorriso!

Seja seu melhor amigo...

Vamos começar sua limpeza já!

O que lhe adianta guardar esses sentimentos? É para se defender de outros que virão? Mas vai ser estragando seu corpo ou pode ser sob nova ordem SE REVIGORANDO!!! ISSO REVIGORANDO...

Apenas, respire... deixando-se receber o ar divinamente... curando... limpando e protegendo você agora!...

Pense no seu corpo como um santuário... Ele está sujo de sentimentos ruins...

Pare e veja qual ou quais você deseja limpar?

O que é que está impregnado?

Raiva? Do quê? De quem? Há quanto tempo? Ou será medo... ou tristeza? Ou tudo junto?

Que situação, ou que pessoa anda causando esse sofrimento em você?

O que vale mais a pena: Ficar guardando isso para se proteger? Ou mudar a sua energia para outra direção?

Quando você fica preso em um sentimento ruim... seu corpo expressa a emoção... sua energia fica presa nessa expressão física e você adoece...

Chegou a hora de se limpar...

Imagine a grandeza desse universo... Somos como um grãozinho de areia nesse infinito de energia... mas somos energia sutil! ...

Você pode agora parar para se purificar... Você pode escolher uma entre muitas situações que o incomodam... ou a que mais incomoda...

Busque algo que aperta seu coração...

Você tem culpa... lave-as...

Você tem medos... limpe-se...

Você tem raiva... desmanche-as...

Você tem tristeza... deixe-as ir embora...

Limpe tudo! Como? ... apenas imagine...

Um banho de cachoeira...

Um banho de águas cristalinas... refrescante... um banho gostoso...

Um banho de águas que vão lavando suas dores... seus dissabores... seus amargores...

Enquanto imagina essa água fresca limpando seu corpo...

Como o doce de figo e o de laranja mineiro precisam de muita água, de ficar de molho para sair o amargor...

Dessa mesma maneira... imagine esse banho desgarrando a sujeira sutil do estresse... a sujeira sutil da raiva... ou a sujeira sutil da tristeza... o que seja a sujeira sutil do medo... indo embora com a água corrente... lavando e limpando tudo... lavando sua alma... seu corpo e a sua dor...

Limpando as feridas mais profundas...

... deixando você fresquinho!

... Imagine-se lá debaixo de água límpida... lavando as dores e deixando-as ir embora... seu corpo agradece...

Sinta o frescor...

Reze! Peça a Deus... ao Senhor... ao seu anjo da guarda... ou à sua energia que limpe seu corpo das emoções guardadas que cure a sua alma!

Peça-lhes que devolva o brilho nos seus olhos... o seu coração aberto... o sorriso no seu rosto!

E, é claro, a esperança da renovação de uma vida melhor...

A cada sofrimento superado, você fica mais forte!... Não se acabe porque sofre... Faz parte da vida ter obstáculos, ser prejudicado, sofrer injustiças, ser abandonado, traído... Faz parte do viver... e, por muitas vezes, você é vítima sem querer... mas ficar guardando as emoções ruins não ajuda... só faz o corpo adoecer!

Apenas imagine a cachoeira... Deixe a água correr e lavar sua dor... levar embora pela correnteza... levar embora...

Sinta o frescor...

Sinta renovar sua energia...

Sinta... VOCÊ ESTÁ VIVO !

Limpe seu santuário e sinta o frescor do viver!

Aproveite o banho mais um pouco...

Vai deixando sair as dores... os dissabores enquanto imagina a água lavando sua alma!

O frescor entrando em você...

Sinta a luz do sol que irradia energia...

Você é luz... é vida!

Viva sem pesos... Solte essa energia ruim para fora...

Às vezes não podemos falar do que se trata... nem temos mais como nos defender ou lutar... não importa...

O que importa é pôr para fora! Deixe sair de você! Você é luz! É a alegria divina!

Sinta a luz do sol... Imagine-se depois desse banho de limpeza... um banho de sol... de luz... de paz!

O calor divino... a paz no seu corpo!

Seu corpo em silêncio... seu corpo buscando o equilíbrio... Todas as suas células, tecidos e órgãos sabem bem como se recuperarem...

Eles já estão se recuperando... Esse processo já começou...

Você já está em processo de cura...

Você já está se limpando!

Tudo vai se acalmando!

Você pode escutar seu coração... o silêncio... o ritmo da vida saudável... Você pode sentir o silêncio da mente...

O vigor em seu corpo...

Aquela energia negativa se foi !

Apenas sinta você! Um ser divino limpo... limpando-se...

Sinta o sorriso da sua alma!

Sinta o sorriso que contagia...

E, de agora em diante, sempre que perceber que você está preso em um sentimento ruim, venha à cachoeira para um banho saudável, venha ao banho do vigor... limpe-se!

Não se deixe preso nas emoções negativas!

Não temos como não sentir... Podemos sentir e mandá-las embora! Não se agarre a elas... elas fazem seu corpo falar...

De agora em diante... quando você perceber que seu coração se aperta... lave essa energia... deixe a luz do vigor voltar... sempre haverá um caminho depois da tempestade!... sempre haverá uma luz... um recomeçar!

Vamos! Que tal pensar em caminhar o dobro, comer pela metade e sorrir o triplo como alguém já falou ???

Sorria ! Viva! Brilhe... vença os obstáculos...

Deixe seu corpo viver bem...

Conta uma história que

"Jacinto era um gnomo que queria virar gente... mas ele só chorava pela sua sorte de ser apenas um gnomo...

Um dia, chorando pela floresta, ele foi buscar ajuda com o mestre... Chorou suas mágoas com o mestre que lhe disse: "Mas Jacinto, você não percebeu que, ao longo do caminho até aqui, enquanto você lastimava, cada lágrima que caía de seu rosto virou uma flor? Imagine, se ao voltar para casa, ao invés de lágrimas, você dê sorrisos? Vá, experimente! ... E Jacinto voltou para casa pensativo... Lá pelas tantas, ele resolveu sorrir, quando viu o caminho florido que havia feito enquanto chorava... e quando deu seu primeiro sorriso... uma perna cresceu! Espantado, sorriu de alegria! Outra perna cresceu!!! Nossa! Pensou ele... isso dá certo! Foi sorrindo até em casa... e quando chegou lá já tinha virado gente grande!

E você?

Já sorriu agora? Então, o que está esperando, sorria e viva!!! Viva feliz!!

Imagine que, hoje, você vai sorrir para todos... O sorriso contagia!

Abra seu coração para ALEGRIA, ela é o melhor remédio... o que verdadeiramente cura seu corpo!

Apenas respire... Solte-se... Sinta-se! E, quando quiser, abra os olhos e sorria!

Limpeza e gratidão

Se você estiver se sentindo impregnado de algum sentimento ruim, de alguma dor física ou de algum mal-estar... experimente esta indução...

Vem comigo por alguns instantes ...

Feche seus olhos... Sinta sua respiração... o ar entrando e saindo... E apenas desligue-se aos poucos, de tudo à sua volta... e sinta você respirando... o ar entrando e saindo naturalmente!

Quando você inspirar, pense ou imagine-se falando EU durante sua inspiração... e quando soltar o ar, na expiração, imagine-se dizendo SOU...

Então... inspire... EU... expire... SOU! EU SOU é o verbo de Deus... a presença divina dentro de você! Vamos lá... apenas solte-se... e... inspire... EU... expire... SOU...

EU... SOU... energia...

EU... SOU... paz...

EU... SOU... luz...

EU... SOU... a limpeza de que necessito...

EU... SOU... EU cheio de um novo sentimento positivo, de paz... que abre o meu coração... que abre a minha energia... que abre o meu ser divino!

Inspire... EU...

Expire... SOU...

É um tempo para você olhar para dentro... ganhe força no seu silêncio...

Inspire... EU...

Expire... SOU... vai ganhando...

Energia, purificação, limpeza, bem-estar...

Um oportunidade de trans... formar!

Mudar a forma... tirar de dentro tudo que precisa sair!

Então sinta sua respiração e pense nas palavrinhas de Deus... EU... SOU...

Inspire... EU... energia, limpeza, paz...

Expire... SOU... solte para o mundo sua luz!

Pense nos momentos gostosos que você já viveu... enquanto inspira... EU... e solte para o mundo na expiração... o SOU cheio de lembranças boas... exale do coração o amor... a paz... a bondade... sua energia boa!

Continue seu exercício... calmamente... protegidamente...

Inspire... EU... as boas lembranças... algo da sua infância... ou algo bom!

Expire... SOU... levando para fora o que você deseja doar ao mundo... energia... luz... alegria... paz.

INSPIRE... EU...

EXPIRE ... SOU... ENERGIA... LUZ...

INSPIRE... EU...

EXPIRE... SOU... LUZ, PAZ... ALEGRIAS QUE POSSO DIVIDIR...

SOLTE-SE... e continue esse exercício...

Imagine-se em um lugar de paz... em um lugar lindo e seguro... vendo uma bela paisagem ao seu redor... o canto dos pássaros... a energia fluindo... seu bem-estar...

INSPIRE... EU...

EXPIRE... SOU... a energia fluindo, a paz, a transformação!

INSPIRE... EU... lembrando-se de coisas boas...

EXPIRE... SOU... soltando-as para o mundo!...

E na medida em que você vai se sentindo seguro... tranquilo... entrando em sintonia com o SEU EU SOU... tornando-se um elo com a paz divina... você pode se livrar da energia sutil de algo ruim (...) que está lhe perturbando...

Se for fisicamente... pense nessa parte do seu corpo desprendendo essa energia negativa, ruim a cada expiração...

Inspire... EU... pensando em algo bom... sentindo o seu lugar seguro... talvez ouvindo os pássaros cantarem... ou simplesmente se lembrando de algo muito bom!

Expire... SOU... pondo para fora de você a energia sutil agarrada em seu corpo, no coração... no amargor... em cada parte do seu corpo... cada órgão... cada tecido... cada célula...

Inspire EU...

Expire SOU... um poço de energias do bem, de paz, de limpeza... de todo o meu ser... alma e corpo por inteiro... desgarrando as energias... sentindo que está libertando...

Inspire EU...

Expire SOU... energias boas que me banham de paz... criando um escudo de luz! Revigorando o seu bem-estar!

Se for algo impregnado sutilmente e também emocional... sinta seu coração se abrindo... deixando sair as mágoas.. as dores profundas...

Inspire EU...

Expire SOU... uma energia linda de paz... abrindo seu coração para que entre muita luz, paz.. o silêncio do bem-estar...

Conta uma história... (história de Deus escondido no ♥ coração dos homens)

Pois é... respire com seu coração...

Solte as amarras da mágoa... No coração, só habita nossas alegrias... Abra seu coração!

Sinta que seu corpo vai se desprendendo protegidamente dessa energia sutil negativa a qual você estava preso...

Sinta a energia boa, saudável percorrendo todo seu corpo... Sinta uma paz leve e gostosa...

Emane essa energia boa até as pessoas às quais você estava preso em um sentimento ruim... Sinta que eles também se libertam... que a luz da energia sutil boa que você emana pode reverberar até elas... que todo o caminho é alegre... doce... tranquilo...

Que todos se libertam...

Deixe essa energia boa fluir em todo o seu corpo... pelo seu corpo... em uma profunda GRATIDÃO A DEUS... AO UNIVERSO, como você preferir!

GRATIDÃO... graças... de graça... uma graça... um presente... um bem... uma energia de agradecimento!

Inspire EU...

Expire SOU... grato...

Inspire EU...

Expire SOU... grato por viver... grato por ver o dia nascer e se pôr... por ver o sorriso daquele que faço sorrir... grato por ter o que comer... grato por ter saúde... grato por ter onde morar... grato por ter... e você mesmo pode completar... UMA VIDA PLENA DE PAZ!

INSPIRE EU...

EXPIRE SOU LIVRE DAS ENERGIAS RUINS!

INSPIRE EU...

EXPIRE SOU CHEIO DE PAZ E GRATIDÃO!

INSPIRE EU...

EXPIRE SOU... um ser divino, abençoado, protegido e agora livre das energias sutis e negativas que prendiam meu corpo, meus órgãos, meus músculos, minhas ideias, meus sentimentos, meu coração...

Eu me abro para uma vida leve... de GRATIDÃO...

Eu me sinto renovado de energias...

Eu me sinto renovado de amor e paz...

Eu exalo o amor do meu coração...

Dê a você um momento de silêncio para agradecer... agradecer por tudo... por se sentir livre e em paz!

E, depois, devagarzinho, vá voltando aqui com a luz no seu coração... bem desperto e tranquilo!

Dê a você esse momento de silêncio e agradecimento... Tome os próximos (... minutos) para voltar aqui bem alerta e bem-disposto...

Induções de psicologia positiva

parte I

1 - Indução: EU IDEAL

Feche seus olhos e respire fundo uma ou duas vezes, bem calmamente... não há pressa, você já sabe... Apenas se dê um momento de paz para ir para dentro de você mesmo e ter um momento a mais de reflexão.

Quando inspirar, como sempre, você está aprendendo que pode inspirar em cinco tempos e depois soltar o ar e expirar em cinco tempos também..

Ao fazer esta respiração mais calma, em cinco tempos para cada inspiração e cinco tempos para cada expiração, você sabe que está fazendo seu coração entrar em sincronia com seu cérebro, avisando seu cérebro que está tudo bem agora...

Nosso coração é um órgão que funciona como um segundo cérebro, e você pode, então, respirar com mais calma neste momento que ele vai avisar ao seu cérebro pelo feixe de inervação, o nervo vago, que você está bem...

Assim, vamos lá... respirando protegidamente, calmamente, em cinco tempos... aprendendo e desfrutando de um momento de paz consigo mesmo, para pensar diferente e FICAR MAIS FELIZ...

Ao respirar devagar e protegidamente, você está aprendendo a se dar um tempo, a fazer uma pequena meditação, que sempre faz bem ao nosso corpo e mente...

Neste momento, vamos falar de sonhar... sonhar um sonho grande... idealizar um futuro próximo, com todo seu coração e seus desejos...

Pense naquilo que você deseja ser, nas coisas que deseja realizar... e lembre, nunca desista de seus sonhos... como nos diz Carlos Drummond de Andrade... é hora de sonhar um sonho alto, com vontade... O que você gostaria de ser no futuro e o que você pode modelar?... Pense em um exemplo de pessoa que você deseja modelar, algumas qualidades de um professor, de um amigo, de um parente querido, de um colega... tudo pode! Você pode certamente aprender a aprimorar qualidades que deseja ter!

Assim, respirando com calma, abrindo seu coração para um novo momento, tome alguns minutos para sonhar seu IDEAL DO EU...

Pense no que já conversamos antes... nas qualidades das pessoas que você mencionou... naquilo que você deseja alcançar e imagine-se no futuro... fazendo o que gostaria e como deveria... cheio destas qualidades que você escolheu que quer ter e terá!... Tudo simples assim?!! Sim!!! Por que não?! Você pode ser o que desejar ser... e comece já este seu trajeto... Respire devagarzinho, tome fôlego e vá em frente mudando passo a passo toda sua vida...

Vou lhe ensinar um pequeno segredo... O gelo precisa de apenas um grau para se derreter e virar água! Precisamos de pequenas mudanças para podermos chegar no ponto certo de fusão com nossos sonhos! Apenas é necessário começar a mudar... e, para isso, o primeiro passo é sonhar com as qualidades que você deseja modelar em sua vida... Por isso, temos de sonhar e muito... Temos de pensar no que vamos modelar... na garra e determinação do nosso chefe, na delicadeza de nossa colega, na generosidade de uma avó, na sabedoria de um professor, no coração aberto de um amigo... seja lá qual for a sua necessidade. É hora de parar e pensar: O que você deseja mudar?

Assim, pare por um momento e pense nas qualidades que você deseja alcançar para chegar ao seu EU IDEAL... Que qualidades são estas? Respire devagar e pense, repita em silêncio para si mesmo... que qualidades são estas... Enumere-as em seu coração... Imagine em sua mente... Sinta lá dentro de você que você pode mudar agora! Chegou a sua hora... Começar bem devagar é sempre bom. Lembre-se de que as mudanças podem ser feitas um grau de cada vez... e que nem sempre é fácil assim mudar... Por isso, apenas abra a sua mente e sonhe...

Como você deseja ficar em breve? Quais qualidades deseja desenvolver...

(Dê um momento de silêncio e coloque a música do Rainbow)

Respire profundamente, imagine como se estivesse subindo escadas em direção do EU IDEAL... e lá estará você novinho em folha, com suas novas qualidades já bem instaladas... mas, a cada degrau que você sobe desta escada em direção ao arco-íris da esperança, vá pensando nas mudanças que você vai efetuar em sua vida... Quais qualidades você pode conquistar primeiro? O que é mais fácil? O que você pode mudar primeiro? O que você deve fazer para chegar até o arco-íris? Vá subindo degrau por degrau da sua vida pessoal...

Apenas imagine cada degrau desta escada, subindo e se vendo lá... junto ao arco-íris do lado de lá do céu azul... para além das nuvens de chuva, do mau tempo da vida... você do outro lado, atingindo os seus desejos mais profundos e sonhe...

Sonhe alto, sonhe um sonho bom! Sonhe alcançar o que deseja alcançar...

Você pode, sim, alcançar tudo que desejar... mas lembre-se de que é preciso ter suas metas em mente e seguir adiante, mudando devagarzinho no seu ritmo, do seu jeito...

Vou ler para você um poema de Carlos Drummond...

Momento de Reflexão

"Não importa onde você parou... em que momento da vida você cansou... o que importa é que sempre é possível e necessário "recomeçar". Recomeçar é dar uma nova chance a si mesmo... e renovar as esperanças na vida e, o mais importante... acreditar em você de novo.

Sofreu muito neste período? Foi aprendizado...

Chorou muito? Foi a limpeza da alma...

Ficou com raiva das pessoas? Foi para perdoá-las um dia...

Sentiu-se só por diversas vezes? É porque fechaste a porta até para os anjos...

Acreditou que tudo estava perdido? Era o início de tua melhora...

Aonde você quer chegar? Ir alto? Sonhe alto... queira o melhor do melhor...

Se pensamos pequeno... coisas pequenas teremos...

Mas se desejamos fortemente o melhor e principalmente lutarmos pelo melhor ... o melhor vai se instalar em nossa vida.

Porque sou do tamanho daquilo que vejo e não do tamanho da minha altura."

Carlos Drummond de Andrade

Então, que tal, agora, deixar que seu sonho entre em você como algo que já está instalado lá dentro, uma nova ordem de vida... Suas novas qualidades que serão aprendidas, aos poucos, vão entrando, uma a uma, devagar, como água vira gelo. Um grauzinho faz a diferença total... uma tarde de descanso, um dia com as crianças no parque uma vez por mês, um sorriso pela manhã para o chefe, um pensamento positivo, o coração aberto a todas as mudanças que deseja e muito esforço, é claro!

Para mudar, é preciso começar! Comece já! Comece agora, com um pequeno gesto diferente, mas comece a mudar agora... Não fique aí parado achando que a vida vai mudar... É você quem tem de mudar e agora! Neste instante, antes mesmo de abrir seus olhos, pense: "Como devo abrir meus olhos agora? O que já posso fazer diferente ao sair deste lugar? Que mudança posso fazer, pequena que seja, mas que já pode me pôr naquele caminho que desejo seguir para ser eu de novo, mas diferente e mais feliz?".

Para Fernão Capelo Gaivota, não foi impossível fazer o que uma águia fazia, voar tão alto, que atravessasse nuvens... Ele como gaivota tentou, tentou, até que conseguiu alçar um voo mais e mais alto... e você também pode, tenho certeza!

Respire fundo seus sonhos, as qualidades escolhidas por você e toque em frente a sua nova jornada para SER MAIS FELIZ! Acredite, só você pode mudar... Mude agora!

Respirando fundo e calmamente, ponha lá dentro do seu coração esta intenção de mudança e comece devagarinho dia a dia este processo... Você vai chegar lá! É uma questão de tempo... Tudo pode mudar, basta querermos e fazermos por onde para SERMOS MAIS FELIZES...

De coração aberto ao seu novo desejo, apenas respire profundamente e se traga de volta... aos pouquinhos... respirando e abrindo seus olhos bem alerta e bem desperto... pronto para recomeçar sua vida!

Como dever de casa: releia o seu IDEAL DO EU, veja a colagem em seu caderno sobre seus sonhos... Faça seu lembrete diário, o que você precisa mudar para chegar lá!

2- Indução: PERMISSÃO PARA SER HUMANO (banho de luz curativa das emoções negativas)

Pare por um momento... Deixe-se respirar profundamente e deixe que a vida possa preencher todas as lacunas das culpas, das faltas, dos erros, dos sentimentos que corroem por dentro... Apenas dê a você um instante de pausa!

Respire tranquilamente daquele jeitinho que você já sabe... cinco tempos para inspirar e cinco tempos para soltar o ar e tudo mais que está preso dentro de você e o fazendo sofrer tanto... Deixe sair... Podem sair lágrimas também... Podem sair dores... constrangimentos... vergonha... medo... tristeza... até mesmo raiva... Apenas deixe sair a cada respiração que você faz... soltando o corpo, a mente e apenas sentindo o ar entrando e renovando suas energias... Agora você pode soltar tudo que está preso dentro de você... no seu peito, na sua garganta, na sua cabeça, nos ombros... onde estiver agarrado, sentindo-se preso, tenso... Apenas solte-se... Deixe-se ir tranquilamente e protegidamente para dentro de você mesmo... ter um minuto de paz... um momento de reflexão... respirando pausadamente... comodamente... desfrutando e aprendendo a se soltar das cobranças... do ter de ser perfeito!

Ser bom é inimigo do ótimo! Você pode ser bom o bastante e ser muito mais feliz...

Precisamos nos dar as mãos... Precisamos ser mais benevolentes com o nosso ser... Você se torna o carrasco de si mesmo quando se cobra tantas coisas a fazer, a ter de ser perfeito... ou mesmo não poder sentir raiva, tristeza, inveja, medo... Isso é ser humano!

Só não sente quem está morto ou é um grande psicopata! Pois, viver nos faz sentir, além do amor, raiva, tristeza, inveja, medo, desamparo e tudo mais... faz parte da vida! Um cachorrinho sente raiva e rosna... Sente medo e treme... Sente saudade e chora... Sente alegria e abana seu rabinho... E nós não podemos sentir nada que seja negativo? SIM! Podemos e devemos!

O que não podemos é guardar as emoções só porque elas são negativas. As emoções são como ductos que levam a seiva da vida... Se interrompermos uma emoção de sair, pararemos de fluir com a vida! O ducto fica interrompido para toda e qualquer outra emoção sincera que temos, e passamos a viver de fachada, com uma couraça que machuca no real ser... Esse ducto ao ser interrompido de dizer o que sentimos de verdade interrompe nossas emoções todas... e ficamos frustrados, ou cínicos ou até mesmo adoecemos por guardar mágoa, sofrimento ou raivas...

Precisamos aprender que sentir é algo humano, que podemos sentir sim! O que não podemos é esconder nossos sentimentos eternamente! Fale, desabafe e mude sua vida! Escolha um novo caminho... Faça sua vida ficar diferente... depende apenas de nós mesmos mudar este trajeto...

Há pessoas que passam suas vidas a lastimar... Mude o foco para o que funciona, recomece! Reveja seus planos, tome um novo rumo!

Vá respirando e aprendendo que, hoje, você pode soltar o que está preso aí dentro de você mesmo... as mágoas, as raivas, as tristezas... Deixe sair enquanto respira... enquanto imagina uma linda luz curativa que entra pelo topo de sua cabeça com milhares de pequenas partículas de luz de purificação, que vão limpando aí agora... Essa luz curativa é feita com micro-partículas de luz, como pequenas esponjinhas limpantes, que vão limpando seu cérebro, suas células, seus tecidos, desintoxicando seu corpo todo... cabeça, mente, pensamentos, garganta... abrindo seu coração e pondo luz que limpa, traz paz, traz bons sentimentos... limpando todos os órgãos do seu corpo, todos os tecidos, todas as dores registradas neles... Apenas imagine seu banho de luz purificadora! Limpando, deixando sair mágoas e dores da vida... há muito tempo guardadas aí dentro, adoecendo seu corpo e sua mente... limpando... recuperando... protegendo... automaticamente...

Conta uma história que um homem levava todo dia o mesmo sanduíche de manteiga de amendoim e geleia para o trabalho... E todos os dias, no almoço, ele reclamava: "De novo! Não aguento mais comer este mesmo sanduíche todos os dias!". Um colega que almoçava sempre por ali, um dia, não aguentou e perguntou por que ele não pedia à sua esposa que fizesse outro tipo de sanduíche ou uma salada, ao que o homem apenas retrucou: "Mas você não está entendendo, sou eu mesmo que faço meu sanduíche, nem casado sou!".

Então, você vai ficar aí parado, reclamando dos seus sentimentos como o homem do sanduíche ou vai trocar de vida? Veja, você pode escolher o quer para sua vida! Mas, só você pode fazer isso! Não estou aqui dizendo que você deve largar seu emprego, esposa (ou marido), ou abandonar seus filhos porque isso é que lhe faz mal... Estou dizendo que é hora de escolher um caminho mais saudável, em vez de só reclamar, escolher por onde deseja caminhar e SER MAIS FELIZ...

Portanto, é hora agora de refletir... Pare por um momento e pense... Esses sentimentos que você está sentindo são frutos do seu caminhar e de suas escolhas? Se são, você pode mudar! Se não, apenas entenda que há coisas que precisamos de coragem e pequenos momentos bons para recuperar a força de passar por eles... E isso também está nas suas mãos! Passar de forma melhor ou pior pelos desafios da vida, pelos obstáculos, com coragem, força, determinação e de lá sair dignamente... Assim, você escolhe como deseja levar sua vida de agora em diante... Passar por momentos difíceis todos nós vamos passar... hoje, amanhã ou várias vezes pela vida... A questão é como eu desejo passar? Sofrendo mais ou menos? Só reclamando sem fazer nada? Mantendo-me no mesmo caminho que me leva a ter raivas? Ou escolhendo melhor o que posso escolher e tendo dignidade de enfrentar aqueles que não posso escolher?

Permita-se ser humano, sofrer, desabafar, mudar... trocar de vida, dizer que tem raiva, que ficou chateado... Mas, sempre tome uma atitude e mude seu comportamento diante dos acontecimentos...

A vida é muito curta para passar só se lastimando ou se acusando disso ou daquilo... Dê a você permissão para ser humano e viva cada momento... e chore quando precisar... Sinta raiva, sim, se algo lhe fizer mal, mas logo mude seu caminho... não guarde mágoa, dor, ressentimento... Se puder falar, fale... Se não puder, saia fora deste mal o quanto antes...

Você faz seu caminhar... e se, em algum momento, você apenas não puder mudar nada... tenha seu momento de reflexão para recuperar suas energias... pequenos prazeres que recuperam... uma música bonita, um passeio no parque, um momento de silêncio...

A vida está aí, e você já sabe que esculpir o seu mármore é a sua missão... pode não ser um David como de Michelangelo, mas está em suas mãos fazer o melhor que você pode para deixar seus ductos de emoções livres e fluir com as mesmas!

Espero que você aprenda que pode sentir raiva, medo e tristeza e que pode se livrar logo destes sentimentos para que eles não entupam sua vida mais ainda!

E como diz a prece...

Ó Deus,

Dê-me paciência para enfrentar o que não posso mudar...

Dê-me coragem para mudar o que posso mudar...

E dê-me sabedoria para distinguir as duas coisas!

Respirando mais fundo... dê a você uns minutinhos para ir despertando desta hora de meditação e paz... de limpeza dos sofrimentos... e pense: "O que estou reclamando da vida nos últimos tempos? O que eu posso mudar? Mudando atitudes, tarefas? O que eu não posso mudar, mas posso ter paciência de passar? Pois tudo passa"...

Guarde a ideia de que você é o escultor de seu mármore da vida...

Respire com calma... Dê a você um momento de reflexão... e vá voltando aqui devagarzinho... bem alerta e bem desperto... A vida vai mudar devagar... mas comece a dar seu primeiro passo agora!

3- Indução: APRECIAR O LADO BELO DA VIDA

A vida é muito curta! Portanto, precisamos aprender a ver o lado belo da vida, mesmo quando a vida dói! Isso será um bálsamo para os dias difíceis e uma bênção para os bons dias que você tem aqui na Terra! Por isso, vamos, agora, aprender a ter um momento de meditação e aprender a ver o lado belo da vida imaginando as coisas...

Apenas respire daquela maneira que você já aprendeu... cinco tempos para inspirar e cinco tempos para expirar... abrindo seu coração para uma vida nova e cheia de coisas boas! Como diz o provérbio, "enquanto uma mosca é capaz de achar uma ferida em um corpo inteiramente limpo, uma única abelha é capaz de achar uma única flor no meio do pântano"...

E você quer aprender a ver o lado belo da vida e ver com bons olhos o que você pode aprender...

Respirando com calma, abrindo seu coração... vou lhe contar uma história que ouvi algum tempo atrás... Está em um livro de Deepack Chopra e conta algo mais ou menos assim...

Merlin prendeu rei Arthur em uma caverna, enquanto ainda era garoto, treinando para um dia ser rei da Inglaterra... mas o prendeu em uma caverna escura, em pleno verão... O menino inconsolável pergunta por que o mestre fazia aquilo com ele, que respondeu que era para treiná-lo mais ainda... um dia seria um grande guerreiro e precisava aprender a ser privado das coisas boas.

O rapazinho indignado retrucou dizendo que era verão e que perderia as delícias da água gostosa dos lagos para nadar, as árvores com suas frutas silvestres para saborear, que perderia as sombras frescas das grandes árvores, que perderia ver os animaizinhos soltos para caçar etc. O mestre sorrindo, pediu a ele que apenas fechasse os olhos e sonhasse com aqueles bons momentos de verão. O menino sorriu e disse que não precisaria fechar os olhos, pois estava tudo tão escuro! O mestre continuou... Vamos lá, sonhe em voz alta para que eu possa ouvir também... o que você veria lá fora em dias de verão? E assim os dois ficaram um bom tempo conversando... Falaram do sol, do céu estrelado à noite, da lua cheia, e de muito mais...

Ao terminar, o mestre o convidou para fazerem uma fogueira e assarem batatas... e foi quando o mestre lhe disse: "Estou lhe ensinando tudo isto, meu rei, para quando você for um grande guerreiro e estiver em um momento de luta, no meio do inverno frio, cheio de neve, você possa sonhar com bons momentos que você já teve... e possa entrar em sua barraca e descansar pensando nas belezas que a vida tem... sem perder a esperança de um mundo melhor!".

Podemos, assim, começar aqui e agora a ver um mundo melhor... aprender a apreciar a vida em cada detalhe, em cada pequeno gesto, em cada coisa bem simples do seu dia a dia....

Coisas pequenas como acordar pela manhã com o canto dos pássaros... sentir seu travesseiro macio ao deitar... tomar um copo de água fresca quando se está com sede... tomar um banho cheiroso e gostoso, quando se está sujo e suado... comer uma comida apetitosa... receber um sorriso... ver as flores em um jardim... receber um elogio, fazer um elogio...

Apenas respire e pense... o que você aprecia das pequenas coisas à sua volta... a natureza, as pessoas, a vida... No seu dia a dia, o que faz a diferença e torna sua vida mais FELIZ? São pequenos detalhes... mas pense, relembre, pare por um momento e sinta... São, sim, pequenos detalhes que fazem nossa vida linda! Mas, se você anda sempre com pressa e com a doença da humanidade... *TOO BUSY DISORDER* (desordem de estar Muito Ocupado)... Está sempre correndo para dar conta de todas as tarefas que precisam ser cumpridas... realmente pode ser que você não consiga apreciar nada em volta... Por isso, neste momento, pare, respire e pense... O que você aprecia das pequenas coisas da vida?

Faça de conta que você está neste momento preso na caverna do Merlin, aprendendo sabedoria de vida, RECUPERANDO sua energia para as grandes lutas do seu dia a dia... São mais felizes aqueles que apreciam a vida... que param para ver uma paisagem bonita, um pôr do sol, um ipê florido no mês de julho, as flores de um jardim, uma mesa bem posta, o cheiro de um perfume gostoso... e mesmo que sua vida esteja um verdadeiro inferno... quem sabe... seu travesseiro, seu banho, um café que lhe traz forças, uma palavra de um amigo...

Apreciar a vida... apreciar o belo... revigora nossa energia! E, por incrível que pareça, o belo aprecia ser apreciado! Ele retorna nosso elogio... Se você diz a alguém que ele está bonito, ele sorri e trata você melhor ainda... Se você diz a alguém que está trabalhando muito bem, ele vai trabalhar melhor ainda!!!

Aprecie mais o belo da vida... Dê algum tempo a você mesmo para se recuperar das coisas intoxicantes que desgastam sua vida!

Tornar-se um apreciador da vida é como agradecer à vida o que ela nos dá de conforto para vivermos o que não tem jeito... As dores e os sofrimentos são inerentes à nossa vontade, eles existem mesmo!!!

Você sabia que gratidão vem de graças, de graça, do dar graças a Deus? Olhe como ser grato é algo bom... Vem como uma graça, um presente, uma graça divina, que podemos AGRADECER pela GRAÇA! De graça, um presente momento, um graça divina, uma gratidão!

Assim, espero que, neste momento, você possa perceber as belas coisas à sua volta e que, quando abrir seus olhos, possa dar mais reparo ao que é bom em sua vida... aos pequenos detalhes que você pode, além de apreciar, elogiar, agradecer... e você verá a diferença no seu dia a dia...

Ver a vida com bons olhos pode ser aprendido, e, além disso, só lhe trará benefícios... Você se tornará mais doce, mais gentil, e menos reclamador de coisas que não vai poder mudar... E se estiver reclamando de coisas que você pode mudar, por favor, o faça agora mesmo! Não fique aí parado! Crie sua nova vida...

Uma vez perguntaram a Michelangelo como ele pôde esculpir aquele David maravilhoso. Ele simplesmente responde que viu naquele pedaço de mármore a imagem de David. O trabalho foi só esculpir!

E você vai esculpir alguma coisa no mármore de sua vida? Ou vai ficar só se lastimando e vendo as coisas ruins que lhe acontecem? Estas vão continuar acontecendo do mesmo jeito... mas se você se abastecer do lado belo da vida, nos pequenos detalhes... Ah! Como muda! Para SER MAIS FELIZ, comece agora... Ao abrir seus olhos, repare em cada detalhe do belo da vida... em pequenas coisas, em pequenos gestos... e faça você mesmo sua mudança!

Apreciar o lado belo da vida requer treinamento... e você pode treinar no seu dia a dia elogiando e fazendo seu diário de gratidão!

Sim, fazer um diário de gratidão ajuda você a ver todo dia algo bom, pelo menos cinco coisas todos os dias... e não importa se for a mesma coisa... o que importa é que você está se abastecendo da graça da vida!!!

Respire tranquilo, sinta seu corpo recebendo doces palavras, sabedoria e ajuda... Deixe-se descansar e aprender a ver a vida com os olhos de quem busca o que é bom!

Descanse... Respire em cinco tempos enchendo seu coração de confiança que limpa tudo... limpa todo lixo emocional que há dentro de você... que deixa você aberto a sentir um prazer em ver coisas boas, em ser um buscador de coisas boas... um curioso do bem... um eterno apreciador do belo! Isso sim traz paz aos momentos difíceis, e, nos bons momentos, nos faz sentir em conexão com o divino que existe em nós e no mundo...

Que você possa levar estas palavras para dentro do seu coração e lá instalar esta cápsula de confiança, paz e ternura... e, assim, ir limpando protegidamente tudo... todo lixo emocional adquirido ao longo da vida... vida nova... novo olhar... paz... saúde... bem-estar... gratidão... dando graças a Deus ou à vida, como preferir, por viver mais este momento sublime...

Você pode se dar um momento de silêncio antes de abrir seus olhos e aqui voltar bem alerta e bem desperto, vendo a vida diferente... para SER MAIS FELIZ AINDA!

4- Indução: FLUIR (ter significado, propósito de vida, prazer e força)

Por um momento, pare um pouco, aperte seu botão de pausa. Dê a você um tempo... Você já sabe como respirar suavemente... Deixe-se ir para dentro de você mesmo, sonhar com seu EU IEDAL, aquele que você está buscando dia a dia em suas mudanças... pequenas mudanças que estão fazendo a diferença em sua vida... e que você vem notando... a liberdade de ser autêntico... a liberdade de poder ser humano... o aprender a errar para não ter de errar para aprender... e o caminho novo do bem-estar que você vem conquistando... tantas coisas boas!

Deixe-se respirar fundo em cinco tempos para inspirar e, em cinco tempos, para soltar o ar... soltando seu corpo... dando-se um tempo de tudo... encontrando seu equilíbrio... enraizando-se... sentindo-se conectado consigo mesmo... e sentindo que vai cada vez mais fundo dentro de sua essência... permitindo-se a cada dia se conhecer um pouco mais... apenas sentindo que respira livremente, que coloca seu coração em coerência... e a cada respiração você pode ir se acalmando do estresse, dos compromissos, das cobranças, dos afazeres e dar a você um tempo de recuperação... Tome fôlego!

Tenha um gostoso momento de paz para a mente e para seu corpo... apenas isto... Deixe-se por meio das minhas palavras descansar lá no fundo de sua imaginação, em um lugar distante, limpo, calmo... Talvez o campo cheio de pássaros cantando, talvez em uma linda praia com os coqueiros balançando... talvez em sua própria casa... onde você quiser ficar... até mesmo um lugar que sua imaginação queira criar aí agora... no meio do nada... que lhe traga muita paz e serenidade... respirando e se soltando... se recuperando do estresse diário... em um lugar seguro da sua mente... levemente... soltando e se recuperando...

Você pode ir se soltando e se sentindo FLUINDO... Fluir... uma palavrinha mágica! O que seria fluir com a vida? Sentir-se de bem com a vida, fazer coisas que você não vê o tempo passar, apenas se sente bem com aquilo que faz e simplesmente faz... Isto é fluir... Deixar-se ir fazendo algo com que você se identifica, gosta e faz com prazer e com significado, dentro de suas próprias habilidades... É aquilo que os afortunados do bem-estar fazem em suas vidas... fazem até mesmo sem perceber... fazem no trabalho... quando trabalham com suas melhores habilidades, em alguma atividade que lhes trazem prazer e significado de vida... não se vê as horas passarem... Tudo fica uniforme... gostoso... prazeroso... uma delícia! Isto é FLUIR COM A VIDA! E você já experimentou isto alguma vez, ou experimenta todos os dias ao trabalhar? As pesquisas mostram que as pessoas mais felizes conseguem fluir naquilo que fazem, fazem boas escolhas, trabalham com o que se sentem bem fazendo e, quando o trabalho não é tão bom assim, mesmo deste jeito, elas encontram algo com algum propósito neste trabalho que as imbui de otimismo e bem-estar ao fazê-lo! E tudo corre muito bem...

Você pode aprender a fluir na vida, no seu dia a dia e, até mesmo, em seu trabalho diário... basta que você descubra o que você, de verdade, gosta de fazer, seus prazeres... que você descubra o que traz significado à sua vida, ou seja, o que, de verdade, é importante para você... e aliado a tudo isto, no que você é bom ao fazer, desempenhar... que habilidades você tem de ao fazer se sente muito bem... Pois é... se juntar PRAZER, SIGNIFICADO DE VIDA e suas HABILIDADES... pronto! Você estará FLUINDO NA VIDA!

Enquanto você descansa... sua mente pode continuar este processo do bem-estar fazendo planos, abrindo seu coração mais fundo... vendo lá dentro quais são seus valores maiores nesta vida... O que é muito importante para você? Família, amor, relacionamentos, espiritualidade... O que você preza mais que tudo? O que dá sentido à sua vida?... Apenas se solte pensando...

O que de verdade é o seu chamado nesta vida? Você veio para fazer o que aqui nesta vida? O que você considera importante? Isto é o SIGNIFICADO DE VIDA... Respostas? Só você pode e sabe dar... mas não se aflija, apenas sinta... O que é muito importante em sua vida?

Quais são as coisas que você valoriza mais nesta vida? Sinta e ouça seu coração...

Qual é o seu chamado nesta vida? Você sente que tem algum dom para fazer alguma coisa em especial? Como desenhar, cantar, escrever, dançar, cozinhar, pintar, dar aulas, falar...

Você tem algum dom especial que pode considerar como um chamado? Podemos dizer que isto traz significado de vida, é o seu propósito aqui na Terra...

Além disso... solte sua imaginação e pense... o que você gosta e faz com muito prazer, que, ao fazer, você não sente o tempo passar... cozinhar, pintar, costurar, falar, dar aulas, escrever, ou outra coisa qualquer... apenas sinta com seu coração... Quais são os seus prazeres na vida?

Dê a você um momento e pense...

Além disso, ainda respirando calmamente, pense... O que faço e tenho habilidade para isso? Quais são as minhas melhores habilidades? Costurar, falar, dar aulas, Matemática, ser metódico, ser calmo, desenhar... Eu não sei, mas você sabe aí dentro de você o que você faz bemfeito com suas forças internas... Apenas se deixe pensar e sentir... Dê a você mais um momento de reflexão...

O que você sente que dá significado e é importante?...

O que são seus prazeres?...

O que são suas habilidades e forças?...

Dê a você alguns momentos para sentir quando você faz alguma coisa que não vê o tempo passar... Apenas se sente bem com aquilo... pois é isto o fluir, esta sensação maravilhosa de poder viver, trabalhar, aproveitar a vida, tudo ao mesmo tempo, e de uma forma tão tranquila e gostosa que traz bem-estar...

Isto é o que estamos procurando para você cada dia mais... cada vez melhor... um pouquinho de mudança a cada dia para que você possa fazer sua vida ficar melhor e mais feliz!

A cada dia, quando você consegue se esticar um pouco mais nas metas que fez para si mesmo, com um pouquinho mais de esforço, você alcançará o que deseja... o SEU EU IDEAL... aquela vida melhor. A moeda final do bem-estar, da felicidade, vai batendo à sua porta em cada pequena mudança... em cada pequeno ritual novo que você faz... e mudar sem sentir peso... mas sim alegria de ser autor, autêntico e dono de sua própria vida... autoridade do seu caminho, esculpindo seu David...

Como você viu, é preciso se ouvir... bem lá no fundo... Qual é o seu chamado? Ouvir sua mente mais profunda que fala por meio do sentir, dos seus gestos e de sua postura... Apenas viva... Sinta e perceba no seu dia a dia... O que traz mais alegria enquanto você faz?

Mas, veja, a vida é feita de desafios... Vida sem esforço não traz prazer... Um pouco de esforço é sempre necessário... Este é o paradoxo do trabalho... Uma vida fácil com tudo ganho de mão beijada nada traz de felicidade... o niilismo, tudo fácil, traz vazio, tristeza, frustração!

Assim, vamos aprendendo que, às vezes, é no trabalho que você se sentirá muito feliz! Por isso, repare com carinho onde você se sente realizado e feliz e faça mais disso!

Vá respirando calmamente... deixando que todas estas informações se transformem em TRANS-FORMAÇÃO... Sua vida vai mudando aos poucos... Cada pequena mudança pode mudar muita coisa, como um grau muda o gelo para água...

Deixe-se respirar calmamente... tome um tempinho de pausa e deixe que estas palavras entrem profundamente em seu ser... Você não precisa ter respostas agora... você não precisa pensar se não quiser... Isto é apenas um prelúdio de uma boa reflexão que você fará depois...

O que importa é que você entendeu que significado de vida, mais prazer e habilidades vão fazê-lo fluir pela vida! Agora apenas respire este momento de recuperação e pausa... Deixe seu coração aberto para viver cada dia melhor... Repare neste lugar da sua imaginação... Abasteça-se de bem-estar... respirando... descansando...

E, no momento quando você sentir que está tudo bem, pode ir abrindo seu olhos, bem alerta e bem-disposto... cheio de novas ideias... cheio de paz... e bem-estar...

Induções de psicologia positiva

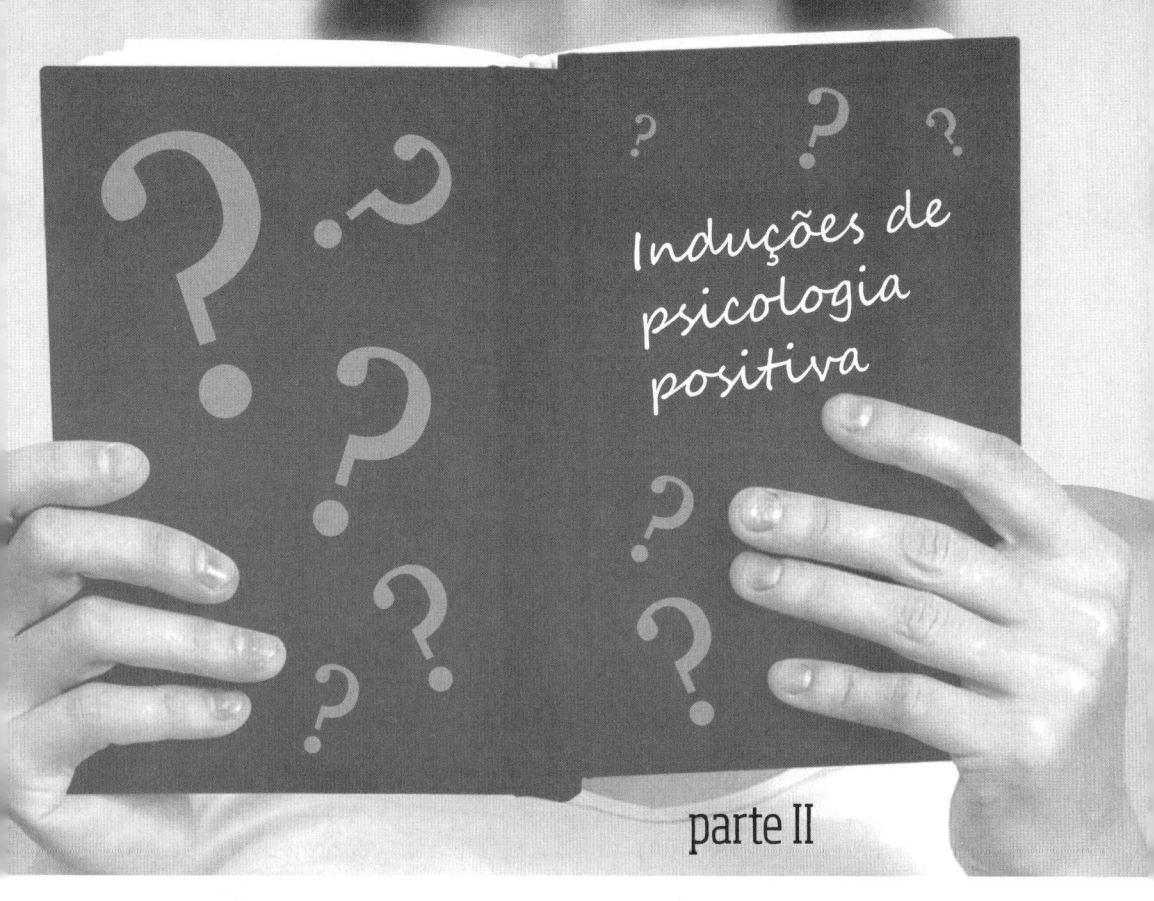

parte II

1- Indução: MOEDA FINAL (O que vale mais a pena Ter ou Ser?)

Este é um momento especial para você ganhar tempo... sim tempo, vida, recuperação!

Feche seus olhos e se deixe respirar pausadamente... sentindo o ar entrando e saindo... em uma leveza do corpo e da mente... em uma delícia de momento de recuperação e paz...

Indo profundamente para dentro de você mesmo a cada inspiração, buscando lá dentro um cantinho do seu coração para ali ficar em silêncio, apenas ouvindo alguns sábios conselhos de recuperação... Dê a você uns instantes em silêncio ouvindo a música e recuperando seu fôlego bem devagar... sem pressa... soltando-se devagarzinho... mais e mais profundamente no seu bem-estar...

Respirando a vida, a paz...

Dizem os mais sábios: "A VIDA É TÃO CURTA! APROVEITE O PRESENTE MOMENTO!"

Isto está certíssimo! Vamos deixar para aproveitar a vida apenas quando formos bem velhinhos? Ou podemos no dia a dia aproveitar cada momento como um presente? Sim, o presente do presente momento... o viver... Há uma pesquisa de um psiquiatra americano Irvin Yalom, que fala de pacientes terminais de câncer, que, ao se verem naquela situação, se perguntavam por que eles não aproveitaram a vida antes e ficaram apenas na corrida desenfreada do ganhar dinheiro, ter sucesso, *status*, posição financeira...

Como diz Ralph Waldo Emerson: "O que fica para trás de nós e o que nos espera são questões insignificantes comparadas com o que temos dentro de nós"...

Então... pense nisso agora, enquanto respira fundo... A vida é tão curta... Precisamos neste exato momento viver... Viver o momento presente, fazê-lo eternizar em emoções prazerosas...

Já vi pacientes terminais darem seu último passeio de bicicleta... ou andarem por um jardim... apenas para sentirem-se vivos... sentirem o momento presente... ouvirem a natureza... o silêncio da alma... a beleza da vida à nossa volta... e nós, o que fazemos? Corremos tanto... tanto!!! Será que você pode, por um momento agora, neste exato momento, curtir sua respiração... um minuto de silêncio... a música que toca suave... sua energia fluindo em seu corpo e ver, de verdade, o que vale a pena em sua vida??? Deixe-se ficar por um instante se curtindo... se sentindo... respirando vida... pensando em coisas boas que você já viveu... momentos de infância... picolé de framboesa que se chupava até virar gelinho... chupar manga no pé... jabuticabas... ou brincar na praça... comer pipoca... e, agora, em sua vida adulta? O que você se lembra de bom? Uma viagem, amigos no fim de semana... um encontro especial... O que você consegue se lembrar? São estas pequenas coisas que fazem a diferença do SER para o TER!!! O TER não traz estas lembranças gostosas... mas o Ser, sim, traz e muitas lembranças boas que nenhum cartão de crédito paga! Deixe-se ir em lembranças agradáveis por alguns momentos...

(Dê um tempo... respirando e dizendo: muito bom... lembranças boas de coisas que dinheiro não compra... muito bem... deixe-se abastecer e ter forças para fazer mais disso em sua vida.)

Dê mais um tempo e continue...

Pois é... Além disso, uma outra pesquisa americana mostra que mães muito atarefadas, que, além de cuidarem de seus filhos, têm uma série de outras coisas para fazer quando estão em casa com as crianças, como passar *e-mails*, responder mensagens, desenvolver trabalhos e mais as tarefas domésticas, além de suas crianças... O que elas menos gostam é de ficar com suas crianças!!! Imaginem esta situação?! Coitadas, que preço estão pagando! Elas adoram e têm como valor maior seus filhos, mas é do que menos tiram prazer!!!

E com os estudantes na faculdade acontece o mesmo?! Seria o melhor tempo da vida... sonhos, amigos etc. Mas, são tantos trabalhos, pesquisas e provas que os alunos ficam na corrida desenfreada de ter notas boas, as melhores para ganharem o prêmio sei lá do quê??? E a vida... passando... simplesmente indo embora... juventude... energia... alegria... bem-estar... e tudo mais!

Qual é a moeda final de quem só fica correndo, de quem não se dá tempo para viver, só correndo atrás do sucesso, do dinheiro?

Mas, respire e relaxe... este é o caminho... MENOS FAZ MAIS... Aprenda que você pode fazer menos e ser mais feliz! Em pesquisas feitas, já se viu que o sucesso realmente vem quando se faz algo com mais alegria e fluindo dentro dos seus dons... uma pessoa cansada não rende bem...

Você sabia que podemos render até 80% do que temos de fazer em 20% do nosso melhor tempo? Sim, escolha sua parte do dia que tem mais ânimo e, nesta parte do dia, produza o principal... Você é capaz de produzir até 80% mais neste horário! Use da melhor forma possível, mas não abuse... Um estudante precisa dormir bem para memorizar... Uma mãe precisa ficar com seus filhos e brincar com eles apenas... Depois, sim, trabalhar... Escolha e reserve momentos para fazer coisas de que você também gosta... Pense nisso agora... O que você gosta muito de fazer e não está lhe sobrando tempo? Será que você poderia se replanejar e se dar algum bom tempo de RECUPERAÇÃO?

Você pode sim... Dê a você um momento, respire fundo e pense como você poderia mudar apenas um pouquinho e se sentir muito melhor... dez minutos escutando suas músicas prediletas... um passeio com um amigo... um almoço fora de vez em quando... um cinema... uma massagem... uma tarde livre... uma hora de almoço para descansar...

São tantas possibilidades, e você pode ir mudando devagarinho...

Se você não se der tempo para viver a vida, pode ser que você não a veja passar... e, depois, você vai se perguntar: "Como assim a vida passou?!".

Muito por fazer traz estresse, faz se sentir mais esgotado, às vezes, até traz depressão! Será isto a melhor moeda final? Pois, correr atrás do sucesso e do dinheiro foi o que aprendemos desde pequenos em nossa sociedade, mas, agora, estamos em tempo de aprender que a moeda final do TER sucesso, dinheiro, ser campeão pode não ser tão boa assim... Você pode acabar estressado, deprimido e, até mesmo, sozinho e sem alegria!

Respirando e pensando enquanto eu estou pensando alto aqui para você... Deixe-se sentir lá no fundo as minhas palavras... SER É MELHOR QUE TER...

A SAÚDE PSICOLÓGICA E FÍSICA pode piorar como resultado do estresse. Acabam por diminuir a produtividade e a criatividade! Cuidado!

Assim, agora, podemos pensar juntos... O que traz estresse à sua vida? O que tira sua paz? O que lhe deixa muito cansado? Você pode diminuir e ser mais feliz?

E, continuando, enquanto você toma um novo fôlego... respirando calmante... pense: "COMO posso seguir a vida em frente, ter sucesso, trabalhar muito e ainda SER MAIS FELIZ? Boa pergunta! Tendo TEMPO DE RECUPERAÇÃO!". Sim... tempo para parar, admirar o belo, ver pequenas coisas que possam fazer muita diferença em sua vida cotidiana... porque há pessoas que são felizes assim, trabalhando, vencendo obstáculos, superando momentos difíceis... basta que você se dê algum tempo de recuperação... COMO? Meditando, escutando música... fazendo ioga... descansando em uma hora de almoço... fazendo uma massagem... ficando em silêncio no meio da praça...

Ter estresse não é problema, problema é não TER TEMPO de RECUPERAÇÃO! Dê a você um tempo... Faça alguma coisa especial para você, só para você!

Agora, que você me ouviu atentamente, pense comigo... no que você quer mudar no seu esquema de vida, para ter tempo de recuperação... pois não vamos mudar os seus estressores... mas podemos, sim, incrementar seus recuperadores de energia... Pense com calma em coisas que você pode ajustar para ter mais tempo para si mesmo... tempo para coisas que você valoriza... seus filhos, família, passeios, seu corpo, sua mente...

Apenas se deixe ficar uns instantes aí pensando nisto...e você vai descobrir coisas boas a fazer por você mesmo!

(Dê alguns instantes, coloque uma música suave...)

Fique aí respirando vida, bem-estar... deixando-se levar por novas e boas ideias...

Quando quiser, poderá voltar bem alerta e bem-disposto...

(No final, depois que seu paciente acordar, peça a ele que escreva algumas lembranças que teve em seu caderno de anotações... e que pense em algumas coisas que poderá fazer para sentir mais o SER abastecido!)

2- Indução: SIGNIFICADO E PROPÓSITO

Feche seus olhos, procure respirar fundo, procure ter um momento em que você se solta de tudo, feche os olhos e respire fundo!

Imagine aquela indução do Eu Ideal, você sonhou em ser diferente, você tem uma série de obstáculos para poder ultrapassar e você sabe que as mudanças são difíceis de alcançar... mas você quer muito! Você escreveu seus rituais, você pregou um quadro, afixou o seu Eu ideal, então feche seus olhos... feche os olhos e respire profundamente agora neste momento... escute a nossa voz o acompanhando... Enquanto respira....vá se soltando... indo para dentro...

Comece a fazer aquela inspiração gostosa, em cinco tempos, e expirando em cinco tempos... tomando um fôlego diferente... um momento agora, para você pensar nas suas mudanças e se ligar nelas de uma forma especial..

Isso mesmo... deixe-se ir para dentro respirando a vida, lembrando dos seus sonhos de vida, lembrando daquelas coisas que você colocou como EU ideal...

Enquanto respira, enquanto solta o corpo, enquanto solta os seus sentimentos, você vai pensar: mudar é tão difícil, fazer dieta é tão difícil, fazer exercícios físicos todos os dias é tão difícil, trabalhar muito é tão difícil... fazer um trabalho para a escola é tão difícil... Sim! As mudanças são difíceis, mas você pode mudar!

E você aprendeu lá nas aulas que basta você ter um valor, algo que você queira agregar na sua vida... Eu quero ficar magro, eu quero ter saúde, eu quero terminar o meu projeto, eu quero ser um aluno bom, eu quero aprender isso, que virá um incentivo...

Então respire a vida, respire e sinta cada momento, respire e sinta que você pode ir fundo no que você deseja...

Rubem Alves escreveu um texto superinteressante sobre o milho de pipoca... O milho de pipoca quando entra na panela ele não sabe qual será o seu destino! Ele não sabe que ele vai virar uma flor branca deliciosa que é a pipoca... mas é só com aquele momento de fogo, de transformação é que ele se transforma, que ele toma a decisão de que pode virar, sim, uma flor de pipoca... mas é claro que existem aqueles peruás... que resistem a todas as mudanças, não querem mudar... Preferem ficar rígidos, duros naquela posição, naquela zona de conforto... mas, para mudar, é preciso sair da zona de conforto, é preciso esticar um pouquinho, é preciso ir um pouquinho além para a mudança acontecer... e os benefícios serão maravilhosos em sua vida...

Então, respirando, protegendo, imaginando como aquela pipoca pipocou no quente, como ela teve de fazer um esforço para se abrir e mudar sua textura, sua compostura, seu jeito... pois é, assim você também pode mudar... Rubem Alves também nos diz que as ostras felizes não fazem pérolas... porque uma ostra, para poder fazer pérola, passa por um período de muita dificuldade, de muito aperto, de muitas mudanças...

Sofre as intempéries, chora... A cada vez que ela se abre para o mundo, ela é arranhada pelas areinhas do mar... mas, aos poucos, aquele nácar de suas lágrimas se torna pérolas maravilhosas. Eu o convido, nesse momento, a pensar comigo que, para se terem mudanças duradouras, você precisa imaginar a sua vida, fazendo este alongamento... imaginar os pequenos rituais que você vai introduzir no seu dia a dia, pequenos rituais que você vai trazer para a sua vida diária, a comida regular, o exercício físico, o estudo, a meditação... Eu não sei qual é o seu problema para mudar... nem o que você deseja mudar..

Eu sei que você tem um sonho, um Eu ideal... Como Fernão Capelo Gaivota, longe é um lugar que não existe... Eu me lembro de uma história pessoal que vou dividir com vocês. Eu estudava Medicina, já havia perdido a minha mãe há alguns anos, quando tinha 12 anos, e fazia um curso de Medicina muito apertado, tinha um pai velhinho muito doente, dois irmãos adolescendo, uma casa cheia de coisas para fazer... Sentia-me sempre uma Gata Borralheira, mas eu sempre via o lado da Cinderela, que um príncipe um dia iria me tirar dali... E lá eu ia vivendo minha vida de dificuldades, e eu tinha muitas provas, tinha de ir e vir de Belo Horizonte, até a fazenda no interior de São Paulo, cuidar do gado, vacinar, pagar as contas, fazer o imposto de renda do meu pai, cuidar da saúde dele e chegar ao final de semana, dirigir mil quilômetros à noite e voltar na outra noite para Belo Horizonte...

Um curso de Medicina puxado, livros e livros para estudar, dois irmãos para cuidar, pouco dinheiro para gastar, e um dia eu estava chorando, contando isso a uma pessoa mais velha que fazia o curso de Medicina comigo, e ela me deu um livro... e o livro se chamava: "Longe é um lugar que não existe"... Era a história do Fernão Capelo Gaivota, onde ele ultrapassava as barreiras e os limites dele porque ele queria conhecer o mundo... Ele queria voar alto como uma águia, ele queria sair do bando, de ser o mesmo, da mesmice... e queria conhecer o mundo... De tanto esforço que ele fez, ele conseguiu atravessar de um lado ao outro do mundo e visitar sua gaivota amiga que havia ido embora em um navio para o Polo Sul, e ele morava no Polo Norte, nos Estados Unidos, no norte do mundo...

Então, quando eu li aquele livro, eu percebi que eu podia dar conta sim, eu podia bater as asas mais firmes, eu podia ser médica, eu queria ajudar meu pai, eu queria ajudar a criar os meus irmãos... Eu cheguei lá! Eu fiz tudo que eu queria. Eu cheguei e aprendi que podia voar mais longe ainda. Eu estou aqui com vocês para dizer, agora, que mudar é possível... que mudar está dentro do nosso coração, e assim nós aprendemos que a mudança está dentro de cada um de nós...

E a mudança não precisa acontecer de uma vez só... Tome o seu tempo, se planeje, crie pequenos rituais... Nós não precisamos mudar radicalmente as nossas vidas de uma hora para a outra... não! É uma escada, um degrau de cada vez... Procure focar nos seus pequenos rituais, faça estes rituais virarem hábito em sua vida... como escovar os dentes! Não é preciso autodisciplina para escovar os dentes, é hábito, está lá, é natural... e assim acontece com as nossas mudanças também... mas nós, quando queremos mudar a vida radicalmente, normalmente podemos presenciar um efeito de lua de mel... Ficamos empolgados ali naquele momento, mas logo, logo, voltamos para onde estávamos antes, e isso não é bom... Faça suas mudanças aos pouquinhos, crie seus rituais, tenha paciência com você... mas faça! Faça hoje, comece hoje, não deixe para amanhã...

E, assim, ouvindo-nos agora, de olhos fechados, pense naquilo que você deseja mudar agora... Pode começar com uma única mudança... devagar! Um grauzinho de cada vez para desgelar o gelo, para poder sair daquele pedaço congelado... um grauzinho de cada vez, mas comece agora... Comece a praticar o seu sonho...

Então respire fundo, abasteça-se de energia neste momento... Sinta que você pode mudar a sua vida... Sinta que você pode mudar a energia da sua vida e, quando você voltar aqui, no final deste nosso momento de indução, vá escrever no seu caderninho as suas mudanças, ou vá revê-las...

Neste momento, eu desejo a você que respire fundo e se veja lá do outro lado do muro, do outro lado dos obstáculos, que você se veja pulando e interrompendo estes obstáculos... que você sinta mesmo como um sinalizador da hora da mudança, hora de bater o martelo e hora de fazer a sua mudança para melhor... Então, do coração, eu desejo é que você possa sentir que as mudanças podem ser duradouras, que a moeda final é chegar aonde você deseja chegar, naquele Eu Ideal... leve de coração este sentimento! E, devagarinho, respire fundo e vá voltando aqui agora, e vá voltando com seu coração abastecido, de uma energia linda e maravilhosa para que você tenha a coragem de praticar os seus rituais... Assim como você escova dentes diariamente, você pode introduzir um ritual a cada vez... Vá acordando bem desperto e bem-disposto... voltando com uma energia saudável, sendo bem-vindo para as mudanças que você pode ter em sua vida!

3- Indução: METAS

Por um momento, vamos parar tudo para que você se concentre nos seus ideais...

Feche seus olhos... Procure respirar profundamente daquele jeitinho que você já conhece... cinco tempos inspirando vida e bem-estar... cinco tempos soltando os medos, os anseios, as decepções e todo lixo emocional que possa atrapalhar... Deixe-se ir fundo em sua tranquilidade de ser... Apenas sinta seu corpo e sua respiração... Seu coração providencia o resto... acalmar... serenar sua mente... Seu coração sabe fazer isso melhor do que você imagina... Deixe que sua respiração, então, entre em um ritmo tranquilo... e o resto do equilíbrio seu coração faz muito bem...

Enquanto suas funções básicas vão se adequando a um bom momento de relaxamento e reflexão... você vai me ouvindo... aprendendo... desfrutando e TRANSFORMANDO o conteúdo das minhas palavras naquilo que você mais deseja MUDAR... mudar mesmo...

Sabemos que mudanças não são fáceis, que requerem de nós algum esforço... Mas, um bom esforço para o nosso bem traz alegria, paz na consciência e o melhor – o resultado da mudança que tanto desejamos...

Para conseguir isto, precisamos neste momento repensar: Quais são as suas metas? O que mesmo você deseja alcançar? Dê a você uns minutinhos para ir pensando enquanto vou falando... tranquilamente...

Você fez um plano de um EU IDEAL... com algumas características que deseja alcançar... Fez também uma mudança em planos esquemáticos de mudar sua vida pessoal... alguns rituais para cumprir diariamente que podem ao longo de um prazo curto, médio e longo ir mudando sua vida... Lembre-se deles agora...

Sabemos que mudar é muito difícil, mas podemos fazer pequenas mudanças... e venho lembrando você há algum tempo que basta um grau para gelo virar água... Do mesmo modo...basta uma pequena mudança para você sentir uma grande diferença em sua vida... Podemos começar por pequenas mudanças... as mudanças a curto prazo...

Respire fundo... Dê a você um tempo para pensar... O que você deseja mudar, fazendo um novo ritual que pode começar hoje mesmo? Ou amanhã? Ou na semana que vem? Coisas pequenas como o minilembrete das respirações que podem mudar um tipo de pensamento constante, que podem abrir mais seu coração para ternura, ser um bom ouvinte, tornar-se mais humilde, ou mais generoso...

Apenas pare e respire com calma... e sinta o que você pode mudar agora...

(Dê uns minutos com música suave...)

Agora que já pensou, lembre-se de que as mudanças precisam de um tempo para acontecerem... precisam ser exercitadas todos os dias, ou durante todas as semanas... como um hábito... Um hábito leva até 30 dias para se efetivar...

Sinta que você está lá fazendo o que deseja fazer... Eu não sei exatamente o que é, mas você sabe... Apenas se veja fazendo... todos os dias, ou três vezes por semana, ou aos sábados... Seja lá o que for... é a sua escolha de ir em busca do seu EU IDEAL... do seu TEMPO IDEAL... da vida BOA O BASTANTE e não mais perfeita! Pois, só relembrando: MENOS FAZ MUITO MAIS! Perfeccionismo exige demais de nós mesmos... traz frustração e estresse... Bom é aquilo que podemos e damos conta... sonhe... se veja mudando AGORA!!!

Ser um IDEALISTA é ser um REALISTA lá no fundo... bem lá no fundo! Se você não sonhar, não alcança nem faz metas... Estamos aqui, agora, construindo metas... as primeiras, as que você pode mudar agora! Crie... imagine... veja-se lá... fazendo!

Isso mesmo... isso mesmo... desfrutando e aprendendo que você pode muito mais...

Queremos que seu lado idealista possa criar uma nova realidade bem fundamentada para você viver melhor... Então, pense quais são as mudanças que você já pode fazer agora? Meditar, escutar dez minutos de música... comer três frutas todos os dias... descansar na hora do almoço... dormir oito horas de sono... fazer seu diário de gratidão... agradecer, elogiar pessoas, fazer exercícios físicos três vezes por semana...

Sinta que você pode mudar... agora... Faça esse compromisso com você... Avise as pessoas que você está mudando... Quando falamos de nossos planos, fazemos um compromisso público e podemos cumpri-lo mais facilmente... pois avisamos aos outros... Nossa ética pessoal faz a mudança...

Assim... imagine... tome um tempo apenas se imaginando mudando agora...

Além disso, para se fazerem mudanças a médio e longo prazo, podemos ver algumas prerrogativas...

....lembrar de um passado positivo, onde você conseguiu mudar e foi bem-sucedido...

....imaginar um futuro fantástico... seu IDEAL DO EU... que você tanto deseja alcançar...

...enraizar um compromisso com esse desejo... Falar ao público, aos amigos, contar seus planos... Isso ajuda a manter um comprometimento...

...e assim partir agora para ação!... Ações autênticas, fazendo mesmo o que deve ser feito... e, desta forma, mudar e TRASFORMAR SUA VIDA!...

Então... vamos lá! Deixe vir à sua mente os planos futuros... as metas a médio e longo prazo...

(Aqui, se você souber quais são as metas de seu paciente, repetir para ele... ou sugerir aquilo que possa caber na vida dele.)

Ter um dia livre... mudar sua carreira... começar a ioga... escrever um livro... pintar um quadro... ter mais tempo com seus filhos... sei lá, aquilo que for bom para você... muito bom para você...

Podemos ver nossas melhores ajudas do passado para construir nossos objetivos de futuro, nossas metas... Se ainda não tiver metas definidas... você tem tempo... poderá fazer... hoje mesmo, quando sair daqui... nem que seja para semana que vem... mas você pode ir se deixando transformar sua vida aos pouquinhos da melhor forma para si mesmo...

Podemos aprender a fazer novos caminhos e a nos sentir muito bem nesse novo caminhar... Deixe-se agora simplesmente pensar... imaginar... se comprometer com as novas metas... fazer em sua mente rituais que você possa cumprir... Quando acabar seu exercício, escreva as metas que lhe vieram a cabeça...

Para terminarmos... vou falar de um exercício da *Dra. Laura King,* que ajudou muitas pessoas a encontrarem uma meta na vida... O exercício diz assim: "Imagine você no futuro... que tudo deu certo em sua vida, como foi possível, você trabalhou duro e foi bem-sucedido em realizar seus objetivos de vida. Pense nisso como a realização de todos seus sonhos... Agora, escreva sobre eles".

Faça isso por 20 minutos durante quatro dias seguidos... Na pesquisa desta doutora, os resultados foram fantásticos... Houve um aumento enorme na saúde física e mental! Então, por que não tentar e ver os resultados você também?

Vamos terminar nosso momento de reflexão deixando este dever de casa... Está em suas mãos as suas metas de TRANS-FORMAÇÃO... Eu sei que você pode fazer muito mais do que você estava imaginando... Então... imagine agora suas mudanças daqui para frente!!!

Vá respirando tranquilo e se trazendo de volta devagarzinho... Tome o tempo de que precisar nestes minutos agora para refletir quais são suas metas... E vá, lá, atrás delas... voltando bem alerta e bem-disposto...

4- Indução: DEVER CUMPRIDO (procrastinar)

Agora, vamos começar mais um exercício de mentalização! Você pode apenas respirar profundamente, deixar-se ir em um ritmo de respiração mais calmo e lento... suavemente... desfrutando e aprendendo curtir cada momento de sua vida...

Sinta o ar entrando e saindo de forma que se possa ter um pouco mais de paz dentro do seu peito... deixando que seu coração informe ao cérebro que tudo está muito bem... respirando em cinco tempos para deixar o ar entrar e cinco tempos para soltar o ar e tudo mais que está preso aí dentro... todo tipo de pensamento negativo... todo tipo de sensação negativa... todos os males que o afligem... Dê-se um tempo de paz... de harmonia... soltando-se... respirando soltamente... deixando-se abrir seu peito em cinco tempos para inspirar e cinco tempos para soltar o ar...

Inspirando... Isso... cinco tempos tomando fôlego!

Expirando... Isso... cinco tempos soltando tudo que fica preso lá dentro de você mesmo!

Sentindo seu peito se abrindo... o ar entrando e saindo... um bem-estar gostoso que penetra fundo em você e vai limpando todo mal-estar...

E, na medida em que inspira, introduza aquela cápsula de confiança no seu coração e deixe que ela se espalhe em cada batida do coração... por todo seu corpo... por todo seu ser...

Vai entrando confiança que limpa todo lixo emocional... medo... estresse... desamparo... desconfiança... raiva e tudo mais que for ruim e que está trazendo um sentimento de fraqueza...

À medida que você respira bem devagarzinho... no seu ritmo... contando de um a cinco para inspirar e depois para soltar o ar... você vai alcançando a coerência cardíaca do coração, aquela sensação de bem-estar vai avisando nosso cérebro que tudo está bem... Pode respirar fundo e desfrutar deste momento... e tudo vai ficar melhor ainda...

Enquanto você respira neste ritmo menos acelerado... pode também desacelerar suas cobranças... aquelas que paralisam tudo... aquele medo de ter de dar conta de ser perfeito em tudo que for fazer... aquela paralisação gerada pelo medo de não fazer o mais bem-feito possível... e todas as suas frustrações...

Apenas respire levemente... suavemente... deixando entrar mais e mais confiança que limpa todo lixo emocional que está preso aí dentro de você... Permita-se ao respirar um pouco mais devagar desfrutar desta sensação da coerência cardíaca, onde seu coração avisa ao cérebro que agora, neste momento, está tudo bem... Por isso, sinta... Você pode desfrutar deste agradável momento de reflexão...

Todos os seus pensamentos de cobrança das coisas que estão por fazer... simplesmente se limpando de tantas cobranças desnecessárias... limpando e desfrutando deste momento para tomar um fôlego novo, saudável... e assim poder ver melhor a vida... simplificar como você já aprendeu...

Pense no número de coisas que você tem adiado fazer... Pense que muitas destas coisas você não faz porque queria que saísse perfeito... e isto toma muito tempo... ou porque não teve ânimo ainda... Mas, quando você não faz, também fica ruim... às vezes, até bem pior... traz frustração, estresse e nada fica bom...

Para sair da procrastinação, precisamos seguir umas regrinhas simples:

Vida simples! Descomplique!

Não precisa fazer tudo perfeito, isto gera medo e paralisa!

Apenas comece a fazer! Não pense... cinco minutos! Pronto!

Viu só como é simples?!!!

Você pode fazer isto também... simplificar, fazer bom o bastante e começar a fazer por mais de cinco minutos e depois... tudo vai saindo devidamente no seu tempo... você vai cumprindo o que precisava fazer...

Simplificar a vida...

Ser bom o bastante e não mais perfeito!

Simplesmente começar a fazer e ficar lá por cinco minutos fazendo aquilo de que precisa!

É tão simples que você pode fazer no seu dia a dia que suas coisas começarão a andar mais do que imagina!

O lema da Nike Sports é este: *Just do it*! Que quer dizer: Apenas faça isto!

Vamos lá começar a fazer no seu dia a dia as suas metas, os novos rituais... Nada precisa sair perfeito, maravilhoso, só precisa ser feito... Com o tempo, tudo vai acontecendo de tal forma que você fará cada dia melhor e com mais vontade... E você pode simplificar aquilo que está demais... diminua as suas atividades, dê prioridades as coisas mais importantes...

Se você tem uma lista de coisas atrasadas... faça o que for mais importante. Depois, você vai para as coisas mais simples e, no final, terá sentido um bem-estar maravilhoso!

E qual é o segredo? Apenas faça por cinco minutos... faça de qualquer jeito... sem ter de ser perfeito, mas termine! Você sentirá um bem-estar tão grande que vai querer sentir muito mais deste bem-estar... uma sensação maravilhosa... dever cumprido!!! DEVER CUMPRIDO é muito bom!!!

Então, enquanto respira fundo e abre seu peito para uma vida nova... apenas imagine o que você pode simplificar... o que você pode começar a fazer já! Comece agora... comece seus planos, imagine, mentalize, jogue sua emoção na realização destas tarefas... Sua energia vai ficar toda ligada em começar a desenrolar o que ficou para trás... e todo estresse e toda frustração vão sumindo... O prazer e o bem-estar vão entrando para ficar! Sua vida fica mais tranquila e você de bem com ela...

Deixe entrar esta ideia nova de simplificar as atividades, cobrar-se menos e começar a fazer... que seja os cinco minutos primeiros... e depois, sem perceber, você estará lá fazendo mais e mais!

Imagine tudo que você pode fazer... tudo que você pode começar com seus cinco minutos! E assim... ao despertar deste transe, desta reflexão e relaxamento... você poderá mudar em sua vida...

Uma vez perguntaram a Buda como ele conseguiu andar 2.000km... Ele respondeu que bastou dar seu primeiro passo...

Podemos e devemos dar um primeiro passo...

Vá respirando fundo e voltando aqui devagar, com uma sensação de bem-estar tranquilo, seguro...

Despertando e abrindo seus olhos de uma maneira gentil com você mesmo... cheio de energia e pronto para mudar pequenas coisas no seu dia a dia...

(Ao terminar, peça ao seu cliente que escreva no caderno quais são as prioridades dele em mudar, o que poderá simplificar e quando vai começar a fazer o que está parado.)

Na sessão seguinte, conversem a respeito dos cinco minutos. E se ele deu conta de fazer alguma pequena mudança... elogie caso tenha conseguido, coloque isto na indução... Caso ele não tenha feito nada, ajude a imaginar o que ele poderá fazer de novo...

5- Indução: A CORRENTE DO BEM (espalhar a felicidade, a revolução da felicidade)

Feche seus olhos e se deixe ir fundo para dentro de todo o bem-estar que você vem aprendendo nos últimos tempos... A cada respiração... deixe-se ir mais e mais fundo para dentro do seu coração, aberto, mais feliz do que antes, cheio de novos aprendizados com as novas medidas que você vem tomando em sua vida... Apenas respire com este coração aberto, doando sua paz ao mundo, recebendo o bem-estar em cada nova inspiração... e, simplesmente, sinta que você pertence a este mundo... que se sente enraizando ainda mais a cada respiração, mais lenta e profunda que você faz...

Que delícia que é poder parar um momento, de olhos fechados, sentir os caminhos que vem percorrendo para SER MAIS FELIZ AINDA! E, assim, respirando, enraizando-se neste momento no seu bem-estar... aprendendo que pode abrir ainda mais seu coração à gratidão da vida! Dar graças à divina vida... agradecer pela graça da vida... por este presente momento de sabedoria e paz...

De graça, com graça e graças aos presentes divinos do dia a dia. Você está aqui de bem consigo mesmo... abrindo-se para mais um momento de meditação e paz... para mais uma nova etapa de sua vida!

Enquanto você vai se abrindo em paz, respirando e sentindo sua conexão com o mundo... vá se permitindo agradecer pela sua vida também! A energia emana de dentro de você! É um momento muito especial... de abertura e de paz... Apenas se deixe ficar assim enquanto vai me ouvindo...

Dizem que quanto mais fazemos o outro feliz, quanto mais ajudarmos os outros, mais nós ficaremos felizes também... e que uma pessoa, quanto mais feliz ficar, mais energia terá para ajudar o outro... Isto vira uma corrente do bem... como uma roda d'água que impulsiona água para fora e faz a corrente elétrica... e a roda então gira e recebe mais água ainda... A corrente do bem faz o mesmo... Quanto mais você cuidar das pessoas próximas a você em casa, no trabalho, na família, mais você receberá de volta!

Buda uma vez disse: "Uma única vela pode acender centenas de velas sem que a sua vida seja diminuída. A felicidade nunca diminui por ser partilhada".

Ao contrário dos bens materiais, que são normalmente finitos, a felicidade é infinita!

Oliver Wendel Holmes disse: "O mundo tem que aprender que o prazer retirado das coisas materiais é, em geral, de muita fraca qualidade, e em termos de quantidade, é ainda inferior ao que parece àqueles que não o tentaram".

Acredito que a propagação da ideia de felicidade pode dar lugar a uma revolução social sem fronteiras... onde podemos dar o bem de graça... dar um ato de generosidade, um sorriso, uma palavra de carinho, um gesto de prontidão... sem ao menos sentirmos mal ou mais pobres por isto! Podemos e devemos ajudar a mudar o mundo com atos de felicidade, de alegria... de contagiar o próximo com o bem-estar e lhes ensinar a viver melhor a cada dia... Por isso, estamos aqui agora... Você está aprendendo a se dar este tempo de revolução interna... de aprender a ser mais feliz! Dia a dia... aprendendo pequenos passos na direção de viver mais no SER do que no TER... de viver o presente momento como um presente divino... cada instante, cada respiração... cada paisagem... apreciando o belo... deixando-se levar a todos as coisas boas que você observa da vida...

Permita este instante para você se abastecer de uma energia muito especial... a energia do fazer bem aos outros... Permita-se uma leveza saudável, uma paz no coração e, simplesmente, imagine que você irradia sua alegria... em uma palavra ao colega... em um sorriso ao seu filho... em um apoio a um empregado... em uma mensagem de carinho que você pode mandar a alguém em especial... em um elogio... e assim até mesmo em uma caridade que você venha a fazer... Em cada uma destas novas atitudes, você sentirá um bem-estar maravilhoso e recuperador de sua energia do bem... Isso mesmo, limpando você profundamente, limpando você... sua alma, seu bem-querer... abrindo novos caminhos... e você sabe? Quando nós apreciamos o belo, o belo aprecia também... Quando elogiamos alguém, quando presenteamos alguém, este alguém se sente muito bem e acaba por fazer o bem a outro alguém... e assim começa a corrente do bem...

É como encher o baldinho da vida de cada um com um conselho, um elogio, uma coisa boa que você poderá fazer pelo próximo... aquele que está bem pertinho de você! E assim vamos podendo encher os baldinhos da vida dos outros... É incrível, como encher baldinhos com elogios, presentes e carinho faz encher o nosso baldinho da vida também...

Imagine uma criança com seu baldinho andando vazio por aí... E aí vem você e elogia, e faz carinho, e ajuda, dá atenção... A criança sorri, fica feliz, se enche de alegria e quer também encher o seu baldinho ou de outro alguém... A vida é assim... Podemos encher baldinhos dos outros o dia todo... não nos falta oportunidades... e quanto mais o fizermos, mais felizes ficaremos...

Aproveite deste momento tão radiante de sua vida para se abastecer, de abastecer o próximo com carinho, com conforto, com elogios, com ajudas e muito mais... Tudo que venha lá de dentro do seu coração mais e mais... com uma leveza que traz mais leveza... com uma paz infinita que se instala, e você se sentirá muito melhor a cada dia...

Esse bem-estar de ajudar os outros dando o que se recebe faz um mundo muito melhor... Repare quando você elogia alguém no seu trabalho, em sua casa... na vida... você se sente bem abastecido... Procure então manter esta corrente do bem, assim a vida se torna AINDA MAIS FELIZ!!!!

Respirando fundo, dando-se um momento de reflexão e paz... enchendo-se do bem-estar... sendo cada dia mais feliz cumprindo a missão de acordo com aquilo que você tem de melhor, que tem a ver com seu propósito de vida... abastecendo a todos que pelo seu caminho passarem... Você estará se abastecendo também e assim mudando este mundo! Fazendo a REVOLUÇÃO DA FELICIDADE!!!

Sim, porque a REVOLUÇÃO DA FELICIDADE depende só de nós mesmos... A cada um que você fizer um bem, este passará a frente a outro também... e assim fica instalada a corrente do bem!

Isso... com muito carinho a você. Dê a você mais um momento de muita tranquilidade... de muita leveza... e, aos pouquinhos, vá se trazendo aqui de volta com toda paz, revigorando suas energias!

Acordando bem devagar, alerta e bem-disposto!

6 - Indução: OTIMISMO

Tire proveito deste instante, pare por um momento e se dê a oportunidade de vir comigo para dentro de uma hipnose.

Feche os seus olhos. Agora é a hora em que todos os barulhos e as sirenes de ambulância em sua cabeça e pensamentos saem, e você pode respirar fundo... Tirar um momento gostoso para pensar na palavrinha OTIMISMO...

O otimista é aquele que vê oportunidades em todas as dificuldades, que pode enxergar lá na frente um mundo de possibilidades... e que, no momento, ele sonha...

Vem comigo, vamos sonhar um sonho lindo e maravilhoso...

Respire fundo, tome fôlego, pare por um instante sem pensar em nada agora e deixe sua mente ficar tranquila por um momento... Enquanto isso, enquanto ouve as minhas palavras, enquanto solta o seu corpo, deixe o peso da vida ir saindo tranquilamente, protegidamente em cada respiração. Eu não sei se você está em um momento difícil da sua vida e, por isso, está pessimista. Eu não sei se você é de natureza uma pessoa que vê as coisas com mais obstáculos e pessimismo. Eu não sei se você está em um momento inclusive alegre, feliz... A única coisa que eu sei é que o otimismo pode ser aprendido... Isso eu aprendi com Martin Seligman, o inventor da Psicologia Positiva. Ele viu que nós podemos modelar as pessoas que são positivas e aprender com elas o que elas fazem para serem otimistas...

Neste momento, descanse com seus olhos fechados, respire fundo e se deixe ir para dentro de uma sensação de bem-estar e de muita paz e muita sabedoria. Sabedoria significa também parar, o luxo do tempo, o luxo de poder descansar... E enquanto você respira e abre o seu peito sentindo o ar entrando, as palavras vão entrando junto com o ar... As minhas palavras vão renovando seu estoque de entusiasmo, vão levando você a ir mais longe nos seus sonhos, as minhas palavras vão dando consistência aos seus sonhos, as minhas palavras vão permitindo você ir lá e, simplesmente, fazer aquilo que precisa ser feito...

E então respire, abrindo o peito, pensando nos sonhos que você deseja realizar e que, muitas vezes, você fica intoxicado, completamente intoxicado dos seus nãos, das suas crenças negativas, das suas dificuldades na vida... Veja quantas coisas nós dizemos não para nós mesmos... quantas coisas precisamos dar uma parada e repensar! Às vezes, você quer subir na carreira e pensa: "Ah, mas é muito difícil estudar isso para fazer um novo concurso"... Às vezes, você quer trocar de profissão e pensa: "Ah, é muito difícil fazer um novo vestibular e trocar de profissão"... Às vezes, você quer fazer alguma coisa inusitada que nunca fez antes e fala: "Ah, começar a correr? Ah, não dou conta de correr, muito difícil correr"... e assim são as pequenas barreiras das crenças negativas... E quanto mais eu penso que eu não dou conta, mais eu crio esta profecia de não dar conta em minha vida. Mas o que fazem os otimistas? Eles acreditam nos seus sonhos, eles vão velozes, como uma moto, correndo atrás do que precisam, eles vão atrás dos seus sonhos, eles chegam lá. Por quê? Porque trabalham duro naquela ideia, porque dividem em pequenas metas, porque fazem o que precisa ser feito.

Respire fundo, imagine o seu sonho agora... Imagine as coisas que você deseja alcançar e pense junto comigo: "Isso é possível? Isso depende de algum esforço? Que esforço eu preciso fazer para alcançar este desejo? Eu posso dividir em pequenas etapas? Pequenas etapas que possam me ajudar a mudar, a melhorar, a me sentir fazendo cada uma destas etapas e ganhando mais entusiasmo?"... Pense com muita calma... nos seus sonhos, naquilo que você deseja realizar em sua vida...

Dê a você um momento para imaginar e pintar esta cena do seu futuro... que pode ser daqui a um ano, daqui a cinco anos, que pode ser para daqui a dez anos... Pense naquilo que você deseja para sua vida... Isso.! Pare um minutinho! Pense devagarinho... Tenha um momento gostoso agora... e enquanto você pensa e se solta, e se deixa ir para dentro de si mesmo, eu vou lhe contar uma pequena história...

(Geralmente, nesse momento, costumo contar uma breve história de minha vida, você pode contar um momento seu!)

"Há muitos anos, mais ou menos uns 20 ou 25 anos, eu andava por uma avenida aqui em Belo Horizonte que hoje está cheia de prédios, que nós chamamos de "6 pistas"... Na época, tinha apenas uma construção de um hospital, que estava começando a construir uma imensa avenida... Eu corria com meu marido e um cachorro e dizia a ele: "Eu quero estudar nos Estados Unidos, eu quero morar em um lugar à beira-mar, eu quero morar em um lugar assim, assado... Eu preciso fazer meus cursos de Psiquiatria nos Estados Unidos"... e ele olhou para mim e disse: "Mas não tem jeito, com que dinheiro? Nós não temos esse dinheiro para fazer isto!"... E eu disse a ele: "Eu só sei que eu preciso e eu vou descobrir um jeito"... E eu fui atrás dos meus sonhos, tive de vender coisas que eram valiosíssimas para mim, na época, tive de empenhar todo meu dinheiro nos meus sonhos, e eu fui atrás... Eu sabia que não seria fácil morar em uma terra distante, ser estrangeira, ter visto de estudante, sem visto para trabalhar... mas eu fui... com dois filhos bem pequenininhos... Meu filho mais velho tinha três anos, minha filha tinha um ano e pouquinho... e eu me mudei para os Estados Unidos. Foram anos muito difíceis, eu não tinha empregada, tinha de arrumar a casa, tinha de lavar a roupa dos meus filhos, tinha de levá-los à escola, buscá-los da escola, fazer todo meu internato em Psiquiatria, estudar Hipnose, fazer tudo que eu precisava fazer... Deu certo! Foram anos maravilhosos da minha vida, foram anos de uma jornada maravilhosa! Eu não me arrependo em nada de ter gastado tudo aquilo que eu tinha de dinheiro naquele investimento. Eu voltei rica, rica de estudos, rica de sabedoria e pude, sim, realizar o meu sonho de ser uma psiquiatra diferente, de ser uma hipnoterapeuta com bases mais fundamentadas no Instituto Milton Erickson, da Fundação Milton Erickson, nos Estados Unidos. Fiz muitas amizades com grandes professores e, depois, pude no Brasil recuperar todo aquele dinheiro que eu havia investido na minha vida. Ele voltou para mim de outra maneira, nos cursos, nos livros, nos milhares e milhares de alunos que eu tive. Mais tarde um pouco, trabalhando em um consultório menor, eu olhava para as montanhas e falava: "Quero trabalhar lá naquele lugar". Eu aprendi a sonhar e ter sonhos loucos, mas que são realizáveis no futuro, e ser otimista e lutar por eles, a gente pode conseguir. Poucos anos depois, eu estava trabalhando naquele lugar, que é onde agora estou escrevendo esse livro. Hoje? Hoje eu já sonho que um dia eu vou me aposentar e vou poder escrever livros, artigos, vou filmar mais aulas, vou atender menos pessoas e vou ter uma casinha, onde eu possa cultivar flores, onde eu possa ter meu jardim de rosas, onde eu possa ter pés de frutas, uma casa, em um lugar onde tenha praia, para que eu possa andar descalça na areia, para que eu possa ouvir as ondas do mar... Já me imagino mais velha, tomando o meu chazinho de hortelã ou de erva-cidreira, no final de tarde, comendo um bolo de laranja que eu amo de paixão, ouvindo o barulhinho do mar, ouvindo os passarinhos cantando, os sabiás, vendo aquele mar maravilhoso, escorregando suas ondas na areia, vendo o sol nascer, um ou outro dia, o mar com aquele verde bonito, às vezes meio cinza, na hora que o sol está nascendo, vendo todos os dias pela janela ou pela varanda da minha casa a maré baixando e o mar ficando em um tom de azul turquesa maravilhoso... e até mesmo contemplando os dias de tempestades, os raios caindo, a chuva vindo, todo o céu ficando misturado ao cinza que o mar fica".

E você, o que quer realizar de sonhos? Para ser um otimista, você precisa acreditar em seus sonhos... Para ser um otimista, você precisa apreciar o belo... Para ser um otimista, você precisa agradecer pelo dia em que você está, o dia que você está vivo, aqui, agora, me ouvindo, sentindo minhas palavras entrando em seu coração... Sentindo que eu, aqui, desejo que você, aí, tenha seus sonhos realizados. Que você abra seu coração, abra a sua força, abra seu esforço... Em honra aos meus filhos, e também digo isso a eles, eu desejo a vocês, meus filhos, que vocês possam realizar os seus sonhos... Em honra àqueles que trabalham comigo, a minha equipe, eu também digo, em honra a vocês, que vocês trabalhem e ganhem o melhor dinheiro do mundo, o mais honesto, o mais puro, cuidando das pessoas... E, em honra a você, que está me ouvindo, eu também digo que Deus o abençoe para que você veja sua jornada, seu caminho de dificuldades, para realizar seus sonhos, apenas como um caminhar... agradecendo por cada momento, apreciando o belo, permitindo-se ser humano, errar, ter raiva, ter tristezas e, de vez em quando, aprender tanto com os erros que todos nós cometemos, que nos ajudam a nos guiar, a não caminhar mais daquele lado.

Ser otimista é enfrentar as dificuldades, é não temê-las, é arrumar um jeito de "pular o muro e cair do outro lado, jogar sua mochila" e ver seus sonhos realizados. Ser otimista é poder ter seu coração aberto com a generosidade, com a caridade, com os hábitos de ajuda que você fará. Ser otimista é sorrir para as pessoas, é agradecer-lhes, é elogiá-las, é estar junto com elas.

E então? Venha comigo nesta jornada, sonhe o seu sonho maravilhoso neste momento e se permita ao abrir os olhos, depois desta indução, escrever exatamente como você deseja ser, mais otimista, mais alegre, fazendo mais exercícios físicos, comento uma dieta mais saudável, estudando mais daquilo que precisa estudar, agradecendo mais cada momento que você vive... Permitindo-se ser humano, ter sentimentos negativos e colocá-los para fora, fazendo pequenas mudanças no seu dia a dia...

Eu sinto que você pode mudar junto comigo... E durante estas aulas que você tem feito, vá aprendendo a cada dia que a mudança se faz devagarinho, que mudar precisa de tempo e que trabalhar duro leva qualquer um ao sucesso...

Então, para ser otimista, copiamos as pessoas otimistas, que podem se machucar com a jornada da vida, que podem vir tempestades, geadas, que elas se levantam e constroem tudo outra vez... em bases e alicerces bem fundamentados... E, por isso, nunca desista dos seus sonhos...

Conta uma historinha que um anjo tinha mais 15 minutos de fazer o bem aqui na Terra, e ele então resolveu que daria a dois caipiras que estavam indo para casa, os dons que ele tinha. Um caipira era muito pessimista, foi chegando à terrinha dele, depois de um dia inteiro de trabalho, viu que as frutas e verduras da sua horta estava muito seca e falou: "Que droga, que caia um raio de uma vez e seque tudo isso que eu não aguento mais ver esta coisa toda seca" e "Bummm!" – caiu o raio e queimou tudo. Ele se assustou. Já o caipira otimista foi chegando e, vendo a hortinha seca, disse: "Ó Deus, mande uma chuva boa, faz minha plantação ficar linda, cheia de frutas... faz minhas verduras crescerem verdinhas"... E, de repente, a chuva caiu, e sua horta e pomar ficaram lindos... e ele se assustou. O pessimista andou mais um pouco, viu que seu porcão tinha fugido do chiqueiro, comendo o pouco de verduras que havia sobrado, e disse: "Ah, já que caiu um raio nas verduras, tomara que caia um raio neste desgraçado deste porco que só me dá amolação"... E, de repente, veio outro raio e "Bummm!"... o porcão virou torresmo. O otimista, ao se deparar com a mesma cena do porcão, disse: "Ah porcão, a gente poderia ter um chiqueiro bem grande, cheio de porquinhos limpinhos, todo ladrilhado, com bastante água fresca e, assim, eu poderia ter um monte de porquinhos para vender e ganhar dinheiro... E, de repente, aparece aquele chiqueiro todo lindo, maravilhoso, cheio de porquinhos, e o otimista ficou mais feliz ainda. O pessimista chegou a casa, então, arrasado com tudo que tinha acontecido e, na hora em que ele vai abrir a maçaneta, ela cai. Ele diz: "Ah não, agora só falta cair um raio nesta casa e destruir tudo que já está quebrado de uma vez"... E dito e feito... "Bummm!"... Acabou a casa dele. O otimista chegou a casa, abriu a porta, estava emperrada e disse: "Ah Deus, já que me deu aquilo tudo de bom, podia me dar uma casa nova, com piscina, toda bem montada, toda linda... E Deus deu para ele. O anjo tinha visto o que tinha feito com seus poderes naqueles últimos 15 minutos, com dois caipiras aqui na Terra, chegou ao céu apavorado para contar a Deus e disse: "Deus, eu fiz uma coisa muito errada", e Deus sorrindo disse: "Já seiii, você entregou seus poderes para os humanos... E o anjo disse: "Foi sim, meu Deus, olhe o que eu fiz!"... E Deus falou: "Não, eu vou instituir isso como regra, vou dar a todos os humanos 15 minutos de plenos poderes, mas não direi a eles quando será". E assim, fica a história para vocês...

O que vale mais a pena? Ser um pessimista, que vê dificuldades em qualquer oportunidade? Ou ser um otimista, que vê oportunidades em todas as dificuldades que a vida traz? Eu espero que você pense a respeito disso, que seus sonhos possam ser realizados, que na hora que você despertar, pense a respeito naquilo que você deseja alcançar, como metas que você coloca em um papel, que você reveja metas que já fez, que você faça um cartaz com seus sonhos, que você imprima neste cartaz todas as imagens daquilo que você deseja. E como Roger Bannister conseguiu vencer uma milha (1,6 quilômetros), a barreira dos quatro minutos, você possa vencer as suas barreiras e chegar lá aonde você deseja chegar.

Respire fundo, tome um fôlego gostoso... Sinta que você está pleno com Deus e pleno com você... Encha-se da energia do entusiasmo, da paz, da alegria, e vá devagarinho, respirando fundo, abrindo seus olhos... voltando aqui cheio de energia, cheio de esperanças para poder aprender mais ainda com a vida e com os seus sonhos realizáveis. Bem alerta, bem desperto, vá voltando aqui e agora... com muita tranquilidade... bem acordado, bem-disposto...

7 - Indução: AMOR PERFEITO

Nessa parte, falamos sobre mudar as suas crenças. Então, venha comigo fazer uma hipnose diferente sobre algo inusitado: o amor perfeito! Mudar a sua vida e deixar que você possa imprimir no seu coração a simplicidade de viver as coisas positivas.

Feche seus olhos. Procure respirar profundamente, tome um tempo gostoso, um tempo só seu para poder descansar. Não faça força alguma para me acompanhar! A cada respiração entrando para dentro de você, dê a você um tempo, o luxo do tempo! O luxo do tempo da recuperação, o luxo do tempo da pausa no meio do turbilhão de problemas da vida... o luxo do tempo da pausa de pensar em crenças negativas: "Eu não vou dar conta disso! Eu não vou dar conta daquilo!" ... o luxo do momento de não ter que fazer força para nada... de simplesmente se deixar ir... protegidamente para dentro do seu templo... respirar vida!

E cada vez que você respira, pode respirar de uma forma mais lenta e mais suave, sentindo o ar entrando e saindo, sentindo o seu corpo se soltando na poltrona agradável ou na sua cama, onde você estiver... sentindo que você tem um momento para pensar na palavra "Amor perfeito"!... O que seria isso? E o que isso poderia ajudá-lo a melhorar, a realizar todos os seus sonhos, a melhorar as suas crenças negativas! Pois é, dê a você um momento para respirar profundamente e pensar que, para mudar algo em nossa vida, precisamos de trabalho duro, precisamos estar focados em nossas metas... precisamos dividir em pequenos pedacinhos! E, nesse momento, você vai imaginar seu momento de gratidão, seu momento de apreciar o belo, de apreciar as pequenas coisas que você tem à sua volta...

Se você tem filhos... a saúde dos seus filhos, a educação deles. Se você tem pais vivos ao seu lado, agradecer-lhes também pela educação que eles lhe deram. Se você tem família, seus familiares. A sua casinha, o seu lugar, onde você estiver agora, a sua cama, sua poltrona ou a cadeira onde está sentado apreciando a vida. Se você tem olhos que podem enxergar, você sempre veja e imagine as coisas lindas da natureza... o pôr do sol... um dia de inverno em que o céu fica todo cor de rosa... Que você imagine um dia de céu azul de verão onde o céu fica azul, tão turquesa que aquelas pequenas nuvens branquinhas parecem algodões espalhados pelo céu... Se você quiser, pode imaginar o mar transparente, colorido, bonito, com suas nuances de azul e de verde, da cor que você desejar! Simplesmente agradeça por estar vivo, por estar nesse momento aqui me ouvindo, por ter um momento de pausa, um momento de paz, um instante gostoso e maravilhoso onde você se solta de tudo o que você precisa se soltar...

Não precisa fazer força nesse momento... nem mesmo força para você não fazer força... Apenas dê a você esse instante para respirar... para descansar... para relaxar... para imaginar que, com cada respiração que você faz, você deixa ir embora as crenças negativas, aquele muro de obstáculos que impede você de verificar aonde você deseja chegar. Dê a você um momento para quando for inspirar, levar a inspiração de um momento novo, de um sonho novo realizável, de pensar em pequenas coisas que você pode realizar com sucesso, de pequenas mudanças que você pode imprimir em sua vida... Começar uma dieta, caminhar na praça, arrumar seu armário, estudar para prova, começar a sua dissertação, terminar o seu doutorado, fazer o trabalho que o chefe mandou... estudar aquilo que está atrasado... Eu não sei exatamente o que você precisa fazer, mas divida em pequenas metas e vá realizando seu sonho... Divida em pequenas metas e imagine que você pode no seu dia a dia realizar seus sonhos naturalmente.

Conta uma linda história que um rei tinha um jardim encantado. E o jardim queria sempre agradar o rei e, então, todos davam um duro danado para fazer o rei ficar feliz com aquele jardim. Mas, de repente, o rei começou a observar que seu jardim já não estava mais tão bonito, estava todo seco, todo maltratado, e ele pergunta, então, para a grande castanheira: "Mas castanheira, o que está acontecendo? Você já não dá mais folhas e sombras em meu jardim!". E ela disse: "Oh meu rei, eu amo tanto o senhor que fiz tanta força para ficar verdinha no inverno como o pinheiro que eu me esturriquei!". O rei continuou andando pelo seu jardim e viu seu pinheiro todo acabado, seco, nem verde ele estava! E ele disse: "Pinheiro, o que aconteceu com você?" e o pinheiro respondeu: "Meu rei, fiz tanto esforço para produzir uvas como a parreira de uvas que eu me esturriquei todo querendo agradá-lo!". Assim, logo adiante, o rei chegou na parreira de uvas e viu que ela também estava sequinha e, também, foi perguntando a ela: "Parreira, você também? O que é que você quis produzir?". E ela respondeu: "Eu quis produzir rosas, mas não dei conta!" e, assim como a roseira, todas as outras plantinhas e árvores do jardim estavam esturricadas!

O rei sentou desolado e avistou umas plantinhas muito pequenininhas, mas muito lindas, coloridas... chegou até elas e disse: "Florzinhas, como vocês fizeram para ficar tão lindas?". "Ah meu rei, a gente nasceu assim tão pequenininha, mas, para agradá-lo, nós fazemos o nosso melhor! É o que nós podemos fazer para ficar bem coloridinhas para você!". E o rei então perguntou: "Mas quem são vocês?" e elas então disseram: "Nós somos o Amor-perfeito, meu rei!"

Pois é, minha gente, respirando fundo, tomando fôlego aí nesse momento, não faça mais do que você der conta, mas também não deixe de fazer o que você deve dar conta... Insista... Trabalhe duro... Faça o seu melhor, pode ser pequenininho como você é, mas quanto mais você fizer o que você é, as suas habilidades, mais você terá lucros com isso. Portanto, permita-se nesse momento aprender a se dar esse tempo de se ver dessa maneira nova, de aprender a sentir o que você pode dar conta de verdade. E não importa se a vida passar às vezes como um rasante, rasgando você com coisas... O que importa é que você pode sonhar pequenos sonhos realizáveis... sonhar pequenos sonhos que você pode conquistar... O que importa é que, quando você ouvir essas palavras, você reflita comigo... O que eu posso fazer agora? O que eu posso fazer e que é saudável? O que eu posso fazer e que me faz bem?

Permita-se nesse momento! Nesse instante que você se dê a oportunidade de imaginar crenças que possa alcançar, profecias que você consiga alcançar. O que você deseja alcançar divida em pequenas etapas... O que você fará daqui para frente? Tome um tempo, deixe-se ir para dentro, sentir a sua respiração... sentir esse momento de pausa... sentir que você se dá um momento de silêncio, de tranquilidade... sentir o ar entrando no seu coração de uma maneira muito gostosa... sentir que você recebe do universo a energia que de precisa... sentir que, em cada expiração, você pode pôr os seus sonhos no mundo em atitudes, em palavras, em ações... Imaginar o seu cantinho cheio de fotos, cheio de imprimaduras que você vai fazendo com as fotos, as palavras, as flores, os objetos de arte que tragam para você aquela alegria, aquele entusiasmo... que encham sua vida do que há de melhor...

E, aos poucos, você vai colocando dentro de você mesmo um bem-estar, uma sabedoria maior, um silêncio de apreciar seu momento aqui e agora, de que você pode realizar sonhos, que seus sonhos podem ser realizados... Sinta sua respiração e deixe pousar aí dentro de você o bem-estar, a paz, a tranquilidade de ser um eterno aprendiz, mudando a sua vida dia a dia e fazendo cada vez mais. Que as suas profecias sejam realizadas mesmo que pequenininhas como o amor-perfeito... mas que sejam inteiras de amor e coração aberto...

Respire profundamente, dê a você esse momento de gratidão, de paz e de tranquilidade... Respire mais uma vez e bem-disposto, bem tranquilo vá espreguiçando, voltando aqui... abrindo seus olhos... E se quiser ao abrir os seus olhos, escreva as metas que você está fazendo, divida em pequenos pedacinhos para que você possa chegar lá. Não queira fazer o que o outro deve fazer, mas simplesmente o que você tem de fazer.

Pode voltar aqui, bem alerta, bem-disposto, bem tranquilo... para continuar sua jornada de vida bem feliz!

Muito obrigada!

8 - Indução: CHAMADO

Ao falarmos nesse momento sobre realização de sonhos, crenças autoconcordantes e o chamado, resolvi fazer para você uma hipnose especial, uma hipnose para você buscar lá dentro de você o seu verdadeiro chamado. Buscar lá dentro de você o seu verdadeiro sentido para a vida. Portanto, se você quer um minuto para pensar nas coisas que são boas, nas coisas que são saudáveis para sua vida, dê a você esse momento agora. Venha comigo descobrir qual é o chamado da sua vida, não há pressa, não há correria.

Feche os seus olhos, procure respirar profundamente e tome um tempo para você. Sinta que você vai respirar de uma forma diferente: quando você inspira, você leva para dentro de você coisas boas que o universo tem para lhe dar (um pôr do sol bonito, um passarinho cantando, o sorriso dos seus filhos, a sua saúde), e, quando você solta o ar, você deixa sair as coisas boas que você tem dentro de você fazendo uma troca com o universo.

A palavra se chama Ton Glen. É uma técnica de meditação oriental que nós podemos usar aqui, que eu aprendi com meu professor de hipnose Stephen Giligan, a trabalhar com a respiração Ton Glen. Então, vamos lá, inspira levando para dentro tudo de bom que o universo traz para você: o sol, os raios de sol, o céu azul, o sorriso de uma criança, seu sorvete predileto; e solta o ar, deixando sair suas emoções positivas: a sua generosidade, a sua bondade, a sua justiça, o seu senso de comum com o próximo, sua garra, as suas virtudes. Inspire de novo, levando para dentro de você todo bem-estar do mundo, deixando que você então descanse, que você então aproveite, que você tire proveito desse momento de uma forma muito saudável.

Não há pressa agora, descanse de olhos fechados e sinta o seu coração batendo... Se for preciso, coloque as suas mãos sobre o seu peito e sinta as batidas do seu coração, tum tum... tum tum... tum tum... Sinta a primeira batida do seu coração que mostra que você está vivo, que seu coração bate, que você pode sentir essas batidas. Em seguida, sinta o segundo tum tum... tum tum tum tum tum tum, aquele tum que vem dentro do tum, é como se você pudesse sentir sua alma viva dentro do seu coração, sua alma viva dentro do seu corpo, a sua alma viva dentro de você, sinta que você pode sentir essa presença interior de você mesmo, o seu senso de consciência, a sua humanidade, a sua justiça, enquanto respira um mundo bom para dentro e solta o que você tem de bom para a humanidade, e nesse momento e de uma forma muito tranquila, enquanto você respira, enquanto você se solta, sinta como se você pudesse fazer uma prece:

> Que eu possa agora, nesse momento, me sentir em paz comigo mesma.
>
> Que eu possa agora, nesse momento, sentir meu corpo por inteiro, com saúde.
>
> Que eu possa agora sentir o momento presente como um grande presente que eu recebo.
>
> Que eu possa agora sentir cada sensação do meu corpo como um presente divino iluminando minha vida.
>
> Que eu possa agora agradecer pelas graças divinas do momento presente. Que eu possa agora sentir meu sangue correndo em mim mesmo, nesse momento vivo, cheio de energia, cheio de energia...
>
> Que eu possa agradecer pela alegria de ter um momento de pausa, pelo luxo de uma pequena pausa, para que eu me sinta bem.
>
> Que eu possa agora, ir junto com as palavras que a Sofia fala para dentro de mim mesmo, em conexão como meu coração, e assim sinta um momento de paz, um momento de ternura, um momento de tranquilidade...

Muitas pessoas sofrem na vida hoje em dia porque estão correndo no caminho errado, porque estão fazendo o que não gostariam de fazer, porque repetem o erro, porque fazem o erro novamente. Permita-se nesse momento dar a você um instante, uma pausa, e observar que caminhos errados você tem feito na sua vida, caindo lá fundo no buraco, sem conseguir sair... Eu vou ler para você um lindo poema, um poema escrito por Rinponche, que está no livro tibetano, "Do Viver e do Morrer", e nesse livro esse poema se chama "Autobiografia em cinco capítulos":

"Ando pela rua.

> *Há um buraco fundo na calçada.*
> *Eu caio.*
> *Estou perdido... Sem esperança.*
> *Não é culpa minha.*
> *Levo uma eternidade para eu encontrar a saída.*
> *Primeiro capítulo da minha vida*
> *Ando pela mesma rua.*
> *Há um buraco fundo na calçada,*
> *Mas finjo não vê-lo.*
> *Caio nele de novo.*
> *Não posso acreditar que estou no mesmo lugar.*
> *Mas não é culpa minha.*
> *Ainda assim levo um tempão para eu sair de lá, mas não é culpa minha e assim, eu levo um tempão para sair de lá.*
> *Segundo capítulo da minha vida.*
> *Ando pela mesma rua.*
> *Há um buraco fundo na calçada.*
> *Vejo que ele está ali.*
> *Ainda assim caio... É um hábito.*
> *Meus olhos se abrem.*
> *Sei onde estou.*
> *Agora sim vejo que é culpa minha.*
> *Saio imediatamente.*
> *Este é o fim do terceiro capítulo da minha vida.*
> *Entro no quarto capítulo da minha vida*
> *Andando pela mesma rua.*
> *Há um buraco fundo na calçada.*
> *Dou a volta.*
> *Quinto capítulo da minha vida.*
> *Ando por outra rua."*

Viu só, que coisa mais linda? A profundidade desse texto, que nos mostra que, muitas vezes, não seguimos o nosso coração, seguimos a rua errada, caímos no buraco, não vemos que é a nossa culpa, precisamos entender que podemos mudar, precisamos entender que a vida pode mudar. Respire com o seu coração, respire sentindo esse momento, respire sentindo que você pode mudar a sua vida de uma forma saudável, respire sentindo os caminhos que batem de dentro do seu coração. Deixe a sua luz iluminar o caminho, deixe você sentir que você brilha e pode iluminar a sua vida.

Conto uma historiazinha que uma aguiazinha foi encontrada por um fazendeiro com a asinha quebrada. O fazendeiro quis cuidar daquela filhotinha e levou-a para casa. Não sabendo onde colocar, colocou a águia junto com as galinhas. Por incrível que pareça, a águia que é uma ave de rapina, mata os pintinhos, e aquela ali não... a águia foi crescendo ali, toda encolhida, encarcomida. Ela se via diferente das galinhas: quando ela ciscava, ela destruía as minhocas; quando ela tentava cacarejar, o grito saía tão alto que as galinhas desmaiavam... E ela triste fica ali empoleirada, quietinha no seu canto, sem pular, o muro, a muralha, sem voar, sem sair dali... Até que um dia, passando por ali um naturalista, vendo aquela cena, disse: Como pode viver uma águia dentro de um galinheiro? Essa águia precisa voar! O fazendeiro então respondeu: Olha, eu não sei o que fazer, eu peguei ela quando era um filhote e a coloquei aí, e ela não sai daí.

O ambientalista, naturalista, pediu licença para treinar aquela águia. Pegou ela no braço e explicou a ela: "Olha, você não é uma galinha, bate as asas assim, ó! Se você bater as asas, você vai sair voando!". Ela não entendeu nada e não sabia o que era bater asas, nunca viu ninguém batendo asas, voltou para o poleiro. Ele então pegou a águia, levou para o alto do telhado da casa e falou: "Bata as suas asas agora! Saia daqui voando! Você pode voar!". Ela tropicou, caiu, capotou, ficou sem asa nenhuma coitadinha, toda despenada... Ele então não teve dúvida, pegou a águia, levou para o alto das montanhas e mostrou para ela: "Está vendo aqueles pássaros voando ali? Eles são iguais a você! Bata as suas asas e saia voando!". A águia ficou... Olhou... Olhou... Até que ele deu um empurrão nela e não houve outro jeito, ela deu um grito de liberdade! Bateu as asas e saiu voando por um chamado por aquilo que ela nunca tinha aprendido, mas estava dentro dela, era dela, era autoconcordante com o chamado dela. Dizem que aquela águia nunca comeu uma galinha, porque foi com as galinhas que ela aprendeu a pisar no chão, mas ela entendeu que o chamado dela era bater asas e sair voando.

Então você que está me ouvindo de olhos fechados, sinta a sua respiração, sinta na batida do seu coração qual é o seu chamado. Qual é o seu chamado? Sinta dentro de você qual é o seu chamado agora, procure identificar as coisas de que você gosta, procure identificar aquilo que você faz com prazer, procure identificar o que dá sentido à sua vida, o que faz você aproveitar a sua vida, procure sentir esse momento, respirando profundamente...

Um discípulo pergunta ao mestre zen como pode ele alcançar a iluminação? E ele responde:

Quando tiver fome, coma.

Quando tiver sede, beba.

Quando tiver sono, durma.

Nós precisamos seguir aquilo que vem de dentro.

Outro mestre, Don Juan, disse ao discípulo, Carlos Castañeda: "Qualquer coisa é um caminho entre vários caminhos. Por isso, deve ter sempre que o caminho é só um caminho. Se sente que não deve segui-lo, não deve segui-lo, sob nenhuma condição e não é humilhação nem para você, nem para os outros deixá-lo, se é isso que seu coração diz. Olhe cada caminho de perto, tem uma finalidade. Experimente-o tantas vezes quanto achar necessário, então faça a si mesmo uma pergunta: esse caminho tem coração? Todos os caminhos são iguais, não levam a lugar algum, são caminhos que passam pelo matagal e esse caminho tem coração? Se tem, o caminho é bom, se não, não serve para nada! Nenhum caminho leva a lugar nenhum, mas um caminho tem coração, o outro não, um caminho faz do viajar um prazer, enquanto segue, você é alguém com ele, o outro lhe fará mal dizer a sua vida; um faz você forte, o outro o enfraquece".

Muitas vezes, no nosso dia a dia, colocamos disfarces dos nossos chamados nos nossos corações e colocamos os disfarces para nos proteger, mas esse é o seu momento, pense na sua vocação, pense nas coisas que você gosta de fazer em sua vida, pense no que é saudável, no que é bom, no que é gostoso, no que você pode fazer saudavelmente pela sua vida, experimente quantas vezes você quiser, até acertar o seu caminho, e siga a sua vocação, o seu chamado divino: o para que você vive, o por que você vive, e siga a sua jornada em frente, bata as asas! Saia voando! Voe alto! Voe longe! Siga os seus sonhos... E realize os seus desejos...

Agora, sinta as batidas do seu coração... Pare um momento... Fique em silêncio por alguns instantes, enquanto respira e sente o seu coração batendo, enquanto respira e sente esse momento... Como um momento em que você busca o seu chamado... Isso... O momento em que você vai para dentro de si mesmo... O momento em que você tem esse tempo com você mesmo... O momento de pausa e de tranquilidade... O momento em que você se solta devagarinho e que deixa seu corpo sentir toda paz que você precisa sentir... Toda tranquilidade do mundo para se conhecer... para pensar naquilo que você, de verdade, gosta e que pode fazer uma ou duas horas na semana... com muito prazer... trazendo qualidade à sua vida... Respire protegidamente.... Respire profundamente... tomando um fôlego gostoso... no seu momento de silêncio... E agora... devagarinho... vá retomando aqui... bem alerta... bem-disposto... saudavelmente de bem com a vida, para pensar, nesses dias, qual é a sua vocação. Vá acordando agora, bem alerta... bem-disposto... E se veja daqui para frente... praticando coisas que possam levá-lo a ficar ainda mais dentro da sua vocação... ainda mais dentro do seu chamado... ainda mais feliz com o que você faz... Pode acordar bem alerta, bem-disposto, bem tranquilo... Voltar aqui com toda paz desse mundo...

Obrigada!

9 - Indução: FORÇAS E QUALIDADES

Essa hipnose de hoje é sobre suas forças, as suas qualidades, os dons que Deus lhe deu. Venha comigo!!! Vamos fechar os olhos... ter um momento para descansar... aquele momento que você vai para dentro de si mesmo encontrar as suas raízes... se enraizar e se sentir tranquilo.

Portanto, feche seus olhos, encontre uma posição de comodidade, encontre um lugar onde você se sinta bem... respire fundo. Pare por um momento, deixe-se ficar à vontade! Siga minha voz... siga as minhas palavras... siga sua intuição e viaje nas minhas palavras...! Viaje protegidamente, confortavelmente, desfrutando e aprendendo com esse momento a ter uma vida muito mais saudável, pautada nas suas forças, nas suas qualidades...

E então?! Deixe-se sentir a respiração... Deixe-se tomar o fôlego que você precisa tomar... Insista em abrir o seu peito e sentir como o ar entra e como o ar sai. Sinta como nesse momento, você pode descansar e aprender ao mesmo tempo. Tome um fôlego gostoso, tome um momento tranquilo e se deixe ir para dentro... para dentro de uma paz tranquila, para dentro de um momento gostoso, para dentro de um sentimento de leveza e não é preciso fazer força para me seguir. Nem mesmo fazer força para não fazer força. Respire! Sinta devagarinho que você pode se soltar completamente... sinta devagarinho que agora é a sua hora! Hora de buscar as suas forças...

E, assim, você pode estar se perguntando... O que são as suas forças? Forças são as suas qualidades... Forças são os dons divinos que você ganhou de presente nessa vida. Para alguns, a força é ser persistente. Para uns, a força é ser justo, honesto. Para outros, a força é ser uma pessoa sincera. Para outros, a força é ter liderança, é ser entusiasmado, é ser generoso, é ser amoroso... Para outros, é apreciar o belo. Para outros, é a religiosidade. Eu não sei quais são as suas forças, mas o que eu sei de verdade é que todos, sem nenhuma exceção, têm qualidades, têm dons... Então vá respirando... vá descansando... vá soltando o seu peito... Não faça nenhuma força extra para me acompanhar. Encontre-se com as suas forças internas, com o seu bem-estar... com aquilo que faz bem para você agora... Isso!!! Sinta que você pode respirar. Sinta que você pode sentir as batidas do coração. Sinta o estar vivo! Sinta soltar o peso dos seus ombros... o peso das suas costas... o peso de seu corpo.

Simplesmente, aproveite desse momento! Venha comigo desfrutar da ideia de descobrir quais são as suas forças. Nós podemos sim descobrir quais são as nossas forças! Você está nos acompanhando nas nossas aulas, aprendeu que tem inúmeras qualidades aí dentro de você. Se não, pare e pense junto comigo... Que coisas você gosta mais de fazer? Você gosta de conversar com as pessoas? É extrovertido? Você gosta de dar aulas? Você gosta de escrever? Você gosta de pintar? Pintar quadros, porcelana, bordar... Você gosta de ficar quietinho, lendo escondidinho no seu quarto? Você gosta de fazer pesquisas na Internet? Adora Matemática? Não? Adora Inglês? Oh sim! Então, forças são nossas habilidades. Habilidade para cozinhar, habilidade para estudar Matemática, habilidade para falar em público, habilidade para fazer pesquisa, habilidade para ficar calado. São todas as nossas forças! Quais são as coisas que você mais gosta de fazer?

Conta uma historinha que havia uma escola e, nessa escola, todos os bichos do reino animal iam para lá estudar. Então, na mesma sala, tinha a zebra, a girafa, a tartaruga, a libélula, o passarinho. Eles eram tão diferentes e tinham de frequentar a mesma escola. E, um dia, o professor deu um teste! Botou todos os alunos em pé, do lado de fora da sala e tinha uma árvore imensa. E colocou lá o macaco, a libélula, a cobra, a girafa, a tartaruga, o coelho... e outros bichos mais. E disse a eles: – Hoje a nossa prova é subir na árvore! Quem subir na árvore ganha conceito "A", ganha nota 10! O macaco sorriu imediatamente, o passarinho ficou superalegre, a libélula "libelou" por ali, enquanto a coitada da tartaruga olhou para baixo... a girafa olhou para baixo e falou: "Como é que eu vou dar conta?".

Ainda nessa escola, um dia, o professor cismou de ensinar para o coelho que pulava muito e que, era o melhor em pulos... cismou que tinha de ensinar o coelho a nadar e a voar. E ele insistia nas aulas! Dizia ele: "Olhe coelho, você não precisa mais assistir às aulas de como é que pula não! Você precisa aprender a nadar e a voar". O coelho ficou desesperado! Só de imaginar que ele teria de entrar em uma piscina para nadar! Ficou mais apavorado ainda quando ele imaginou que não tinha asas, como ele ia fazer para aquelas orelhas baterem asas e voar?! E ele entrou em desespero!!!

Pois é! Muitos de nós passamos nossa vida querendo nadar, sendo coelhos; querendo voar, sendo coelhos, enquanto o passarinho fica lá tentando pular! Pois é! Trabalha-se com o que não se gosta! Faz atividades que não deseja. E insiste na Matemática que não consegue aprender... enquanto o Inglês flui naturalmente... Precisamos aprender quais são as nossas habilidades. Precisamos cultivá-las! Quanto mais você gostar de fazer uma coisa, melhor você fará essa coisa. Quanto mais você se dedicar a coisas que você tem habilidades, mais bem-feitas essas coisas sairão... Conta uma outra historinha que um professor estava dando aula, e um aluno muito espertinho, que estava louco para não assistir à aula alguma, começou a fazer piada com o professor.

_ Professor, o senhor está com uma cara de doente hoje.

E o professor: _ Mas eu estou tão bem!

_ Não, o senhor está muito pálido! Olhe lá, gente, como o professor está pálido! Nossa professor, eu acho melhor o senhor ir para casa! O senhor está cada vez mais pálido!

E o professor:

_ Eu estou pálido? Estou pálido?

E foi mudando a postura dele. E foi ficando cada vez mais cabisbaixo e o aluno dizia: – Está vendo?! O senhor esta ficando mal, o senhor está muito mal hoje professor!

E o professor:

_ Eu mal? Ai meu Deus do céu!

Até que de tanto insistir que o professor estava passando mal, ele foi para casa. Chegou à casa cabisbaixo, e a esposa dele perguntou:

_ O que é que houve, meu marido?

E ele respondeu:

_ Eu estou passando muito mal! Tão mal que um aluno meu viu que eu estava passando mal.

Ela olhou para ele, mediu a febre.

_ Mas você não está com febre! Sua cara está ótima! Você está corado, sua pulsação está boa, não estou vendo nada de errado em você.

Pois é gente! Cuidado! Cuidado com a intoxicação do mundo!

Pare! Respire! Sinta o seu corpo! Entre em conexão mais profunda! Tome um tempo para ir para dentro de você. Um tempo para pensar nas coisas que, de verdade, valem a pena na sua vida. Um tempo para, de verdade, você pensar: Que coisas você faz com prazer? De verdade, de verdade mesmo! Quando você faz, você se sente um com essa coisa que faz! Tome um tempo para você respirar e se deixar ir para dentro. Recuperar a sua energia, recuperar o seu ser plenamente. Você é um ser de luz! Uma fagulhinha de Deus! Uma luzinha nesse universo de meu Deus da escuridão! E quando você faz aquela luz que Deus lhe deu como dom, você brilha! Você ilumina e se conecta com outras luzes!

A pipoca é apenas um pequeno milho, que, quando esquenta o bumbum dela na panela, ela vira uma flor maravilhosa! Esquente o bumbum das suas qualidades, esquente o bumbum das suas forças internas! Esquente o bumbum das coisas boas que você sabe fazer! Esquente o seu coração!

Energize as coisas que você tem prazer em fazer! E você sentirá que sua força só aumenta! A força de que você precisa para enfrentar esse mundo da escuridão, esse mundo das adversidades, das injustiças, das leis erradas, dos julgamentos... Experimente um mundo com as suas forças, com sua luzinha iluminando o seu caminho da escuridão. Experimente agora dar uma pequena pausa... ir para dentro de você de uma forma muito suave... Sentir o que você realmente gosta de fazer! O que realmente você faz bem-feito. O que realmente é bom para você! Que coisas você faz com prazer e que, quando, faz sente em comum com essa coisa e flui naturalmente? Que coisas deixam você de bem com a vida?

Enquanto você respira e pensa, eu queria lhe contar mais uma história! É a história da toupeira de Ruben Alves.

"A toupeira é um bichinho roedor, que sabe com os seus jeitinhos, roer os pauzinhos e fabricar coisas lindas enquanto roe. Mas, a toupeira é quase cega, ela sente tudo com o seu faro. Mas é um roedor maravilhoso e exímio para fazer seus moveizinhos, roer os seus pauzinhos, bem escondidinha lá dentro da toca. Um dia, com seus ouvidos aguçados, de dentro da toca roendo seus pauzinhos, a toupeira ouviu que ia passar um grande cometa pela Terra. E, naquela noite, ela dormiu e sonhou que o cometa havia passado e jogado várias faíscas de luz, de estrelinhas, e que duas estrelinhas haviam caído nos olhos dela e que ela passara a enxergar o mundo! Que ela tinha enxergado as coisas do lado de fora... as flores do lado de fora... que ela tinha enxergado que havia animaizinhos muito menores que ela, como as formigas e as cigarras. E ela não entendeu que podia sair do lado de fora do mundo para mostrar as coisas que ela fazia. No dia seguinte, quando ela acordou, lembrando-se do sonho, ela procurou o doutor coruja na floresta e disse a ele: 'Eu vim lhe pedir um par de óculos porque eu também quero enxergar o cometa! Eu quero sair da minha toca, só um pouquinho assim, não é?! Porque, eu nasci para ficar dentro da minha toca, para fazer as minhas coisinhas lá dentro. Mas eu também posso enxergar o mundo!' E ela, então, voltou para casa com o seu par de óculos enxergando tudo, feliz! Feliz porque agora ela podia sair da toca para mostrar o seu trabalho, ela podia "desentocar" de vez em quando, ela podia prestar serviços a comunidade. Mas, ela aprendeu uma outra lição, que ela tinha uma habilidade maravilhosa! Que ela sabia fazer coisas maravilhosas! E assim ela aceitou que a qualidade dela era ser um roedor que sabia trabalhar com as madeiras. Ela não ficou insistindo para ser um salva-vidas que fica vigiando as pessoas no mar e precisa de uma boa visão. Ela não ficou insistindo em ser piloto de avião, que precisa ter uma boa visão. Ela não ficou insistindo em ser analista de laboratório, que tem de ter uma boa visão... Mas, ela continuou o trabalho dela, o dom dela! Então, o que você faz de verdade, de verdade mesmo, lá no fundo que você faz com prazer?"

Eu, aqui, estou falando com vocês e sei que eu falo com prazer. Sei que adoro ensinar o que eu aprendo. Sei que eu gosto de passar a frente todas as coisas boas que eu venho aprendendo por aí. Nesse momento, eu quero que você pare por um momento de silêncio para pensar nas coisas boas para você. Isso...! Para pensar nas coisas boas para você! E quando você chegar à sua conclusão respirando fundo... qual será o seu rumo... para onde você irá... o que você desejará fazer com a sua vida... Você pode seguir em frente com muito trabalho! Muita garra! Amyr Klink escreve no livro dele da viagem que ele fez à Antártida, que até vento contra sopra a favor, quando nós temos o rumo para onde queremos ir. Siga em frente! Siga sua jornada!

Desfrute de cada momento da sua jornada, das dificuldades, dos atropelos, dos seus enganos, dos seus erros, porque não existe ninguém que não erra. Siga em frente a jornada e desfrute a vida em todos os detalhes. E quanto mais você usar das suas qualidades, que seja apreciar o belo, que seja ter perseverança, que seja ter bravura, que seja ter liderança, que seja ser alegre e entusiasmado, que seja ser generoso... que você possa distribuir isso com o seu coração para a humanidade... que você possa distribuir a sua forma plena e saudável... que você possa contribuir com o mundo, com a luz que vem de dentro de você, com o seu dom divino. Então, imagine agora que você está sendo abençoado por Deus, por uma luz divina e maravilhosa, que entra pelo topo da sua cabeça e se espalha por todo o seu corpo em milhares e milhares de penas, partículas de luz. Deixe que essa luz contamine você, com a melhor energia do mundo, que essa energia se espalhe em seu coração, que você sinta a bondade se espalhando, a generosidade com você mesmo se espalhando... que a mão divina abençoe os seus passos, que a mão divina abençoe os seus dons que você recebeu ao nascer! E siga em frente o seu caminho, desenvolvendo as suas forças, as suas qualidades, as suas habilidades, cada dia mais!

Respire sentindo que essas luzes, com essas milhares de partículas, vão invadindo todo o seu corpo, todo o seu ser! Vão inundando todo o seu coração de alegria! Vão inundando a sua mente de luz, muita luz! Vão fazendo como um escudo de luz protetora, que o protege de todas as coisas ruins... Vão fazendo com que você sinta muita paz em seu coração! Muita paz em seu coração! Respire... tranquilamente! Sinta essa luz invadindo o seu corpo! Permita-se dar a você esse instante como um bom e gostoso momento de paz! Um gostoso e bom momento de tranquilidade! E de uma forma leve e suave, essa luz que ilumina você, sua mente, seu coração, nos próximos dias, lhe trarão a clareza do caminho que você deve seguir. A clareza do caminho que você deve ir em frente, que possam ajudá-lo a ir cada vez mais em frente, naquilo que você deseja seguir!

Respire profundamente!!!! Pense nos seus dons, nas coisas que você gosta de fazer, no caminho que você deseja seguir, e siga em frente o seu viver!!!

E, agora, bem devagarinho, vá respirando profundamente, vá se trazendo de volta, bem alerta, bem-disposto, bem tranquilo e bem saudável, com toda energia gostosa que você merece ter! Fique tranquilo, fique em paz e trabalhe bem com as suas forcas, bem alegre, bem-disposto, bem tranquilo!!!! Isso é o que eu desejo para você, para ser ainda mais feliz!!! Obrigada!

10 - Indução: APRENDENDO COM OS ERROS

Coloque-se em uma posição confortável e dê a você um momento de descanso....

Não faça forca nenhuma agora para me acompanhar... apenas respire profundamente... respire aquela respiração *tonglen*, aquela respiração que vem do Oriente, que, quando você inspira, você leva para dentro do seu coração as coisas boas da vida... e, quando você expira, você deixa sair todas as coisas boas que você tem também... aquelas suas qualidades... as coisas boas que você tem feito, a tranquilidade... Então expire pensando em um dia de sol lindo e maravilhoso, pondo-se no horizonte... Expire soltando um sorriso que você deu a alguém ou elogio que você fez... Inspire pensando no visual de uma praia, de um lugar lindo e maravilhoso que você já foi com um mar lindo e gostoso, cheio de coqueiros, de uma areia lisa e aquele mar lindo, gostoso, beirando a água... e um céu maravilhoso lindo de verão... e expire sua gratidão quando você vê que fez algum bem a alguém... Inspire pensando que você pode estar em um cantinho aconchegante deitado em uma rede balançando seu corpo e respirando do ar fresco da mata ouvindo os passarinhos cantarem... e expire soltando para o mundo sua generosidade, a sua bondade, seus sonhos...

E assim aos poucos, vá entrando para o interior do seu silêncio... aos poucos vá entrando em você, para rever aí dentro essa palavrinha: erros. Quantas vezes nós já falhamos em nossa vida? Se é que não falhamos todos os dias pelo menos em alguma coisa... em pedir uma desculpa, em fazer uma gentileza em dar um bom-dia, uma boa-tarde, em perguntar a alguém se está tudo bem... E quantas vezes falhamos grande, erramos um grande negócio, perdemos dinheiro, falhamos grande, ofendendo alguma pessoa, falhamos grande em fazer um julgamento errado, falhamos grande em falar alguma besteira.... Quem de nós não tem erros?

Conta lá na Bíblia que Jesus Cristo para uns é apenas um grande filósofo e, para outros, o filho de Deus, que um dia vendo Madalena sendo apedrejada no muro das lamentações, porque havia sido adúltera, havia cometido erros, disse: "Levante e atire a primeira pedra quem não tem pecado". Ele pode até não ser Deus para alguns e ser Deus para outros... não importa! Mas as palavras dele foram de grande sabedoria... Todo mundo foi colocando sua pedrinha no chão e indo embora... Maria Madalena arrependida pediu àquele homem Jesus um abraço... um abraço de caridade! E ele deu... e disse a ela que, quando nós nos arrependemos daquilo que fazemos errado, nós também somos perdoados... pois nós mesmos nos perdoamos... Portanto, errar é humano, é uma falha humana!

Eu não sei que erros você cometeu ou vem cometendo... Há erros grandes ou só erros pequenininhos? O que eu sei é que podemos ser perdoados. Nós mesmos, principalmente, podemos nos perdoar... tomar esta consciência que podemos errar para aprender, e que faz parte da nossa jornada na vida! Não tem jeito de levantar e sair andando se eu não cair um monte de vezes. Não tem jeito de sair em uma bicicleta andando se eu não tomar os tombos e achar o ponto de equilíbrio... Não tem jeito de dirigir um carro sem nunca deixar ele morrer, ou dar uma raspadinha aqui ou acolá... faz parte da vida!

Portanto, espero que você possa, neste momento, perceber que errar é humano... que vai fazer parte da nossa vida... que você não precisa ser perfeito em sua jornada, que você pode ser esforçado! Bem esforçado... que você pode fazer força e dar o seu melhor para aprender, e isso é o que mais importa! O acertar vem com o treino! Ninguém nasce bom em Matemática, fica bom, aprende a Matemática... Isso mesmo... nós podemos aprender com os nossos erros... nós podemos aprender a errar mais vezes...

Conta uma linda história que um homem era artista plástico, mas era perfeccionista... ele fazia vasos. O ateliê dele ficava em frente a uma praça, onde passava sempre uma mocinha linda que admirava as lojinhas, e toda vez que ela passava em frente da loja dele, ele ficava tão desconsertado que errava a mão e o vaso saía torto... e a moça sempre parava e elogiava aqueles vasos tortos e dizia: "Me vende este vaso?" E ele dizia: "Não, este vaso não está à venda"... E ela: "Mas, por que não? Eu gostei dele assim como é!". E ele dizia: "eu vou dá-lo de presente"...

E isso aconteceu uma, duas, três vezes... dez vezes! Toda vez que a moça linda passava, ele se desconcertava, e o vaso tomava outra forma! E ela queria o vaso para ela...

Passado algum tempo, aquela moça chega com um convite de uma *Vernissage*, de uma exposição de artes, e de repente ao ler o convite, ele vê que o artista plástico que está expondo aqueles vasos é ele!

Ele então fica perplexo e diz: "Como assim, você está expondo aqueles meus vasos que eu ia jogar no lixo porque ficaram imperfeitos?". Ela disse: "Sim! São obras-primas, feitos em momentos seus de muita inspiração! Jamais alguém fará igual... são perfeitos, lindos!". E ele então entendeu o que era uma obra-prima...

Você que está ai me ouvindo, respirando fundo e descansando, pode entender que, às vezes, um erro grave em nossa vida pode ser uma obra-prima para o resto da vida! Imprime em nós um grande aprendizado... Muitas vezes, serão muitos erros, até aprendermos a lição... mas escute seu coração, aprenda com seus erros, esquece aquela fachada de perfeito, de ter de dar conta de tudo, de ser brilhante e ponto final...

Você pode ter raiva, pode ter tristeza, pode errar alguma coisa, pode dizer que não é bom nisso ou naquilo... você pode, sim, fazer muita diferença!

Eu, por exemplo, sou péssima em finanças... Se tivesse de entregar a mim uma empresa, ela iria falir porque sou aquela boa pagadora, mas sou péssima para ver como se faz economia... economia doméstica, economia da empresa... Eu não faço economia, eu gasto muito bem! Então este assunto corta, pois não é minha área... Em compensação, eu gosto de dar aulas, eu gosto de cozinhar, eu gosto de ouvir músicas... Há coisas que eu sei fazer bem-feita!

E não é porque eu não sei fazer bem-feito nas finanças que eu não controle as minhas finanças e não tenho alguém para me ajudar... Então, porque exatamente já errei muito ao fazer minhas finanças que eu sei que, neste lugar, eu preciso aprender a cada dia... e, a cada dia que passa eu me esforço um pouco mais...

E aí vem uma grande diferença que você precisa aprender... Uma coisa é você usar os seus dons, a sua força para a cada dia fazer mais daquilo que você sabe fazer... Outra coisa é você se esforçar para dar o seu melhor naquilo que você não sabe fazer tão bem-feito, mas pode aprender.

Não é se esconder de medo... não é ficar com medo de ousar...você pode ousar! Pode fazer um pouco mais na sua vida, inclusive existe um livro de Rubem Alves que o nome dele é assim "Ostra feliz não faz pérolas", pois é... uma ostra só faz pérolas porque chorou muito, agarrou-se no nácar dentro de si mesma, dentro da concha, e, portanto, a pérola só nasceu do sofrimento... uma pérola preciosa!

Tomas Edson, o inventor da lâmpada, fez 1.093 tentativas de criar a bateria... e só depois deste tanto de tentativas é que ele descobriu a maneira correta!

Um estudante que faz vestibular para Medicina em nosso País estuda, estuda, estuda... toma bomba em não sei quantos vestibulares... até conseguir passar! Porque ele é esforçado... porque quer passar... E você? Para que você precisa se esforçar para dar conta? O que você está reprimindo em sua vida de fazer por medo de falhar? Permita-se ousar... Permita-se ser criativo... Dê a você um tempo e entre para dentro de você... se deixe sentir um instante e pense junto comigo...

Vou ler um trechinho de um autor que fala sobre erros desconhecidos que diz assim: "A vida é muito curta para vivermos de outra forma, há muitas coisas para serem feitas... e elas não precisam ser feitas por homens e mulheres perfeitos. Sim, podemos sentar e esperar que algo aconteça de alguma forma... mas lembre! Ninguém está vindo a caminho para fazer no seu lugar... é só você que está aí! Apenas você pode fazer a diferença! E isso significa se sujar-se, machucar, cair, errar, ficar sem graça, falar coisas erradas, agir fora das expectativas... mas não tem outro jeito! E o mundo precisa desesperadamente de idealistas que ajam, que façam coisas novas... O mundo precisa dos seus sonhos realizados... Sim, não basta agir sem ter ideias, e não basta ter ideias sem agir... Agir significa necessariamente também errar... Portanto, você pode ousar fazer coisas grandiosas... Você pode pensar em que área de sua vida você pode arriscar mais, colocando-se ali na linha de frente, indo a batalha, aumentando a sua probabilidade de sucesso"...

Isso mesmo! Aumentando a sua probabilidade de sucesso...

Deixe-se respirar fundo e imaginar esta escalada da sua vida e da sua jornada... como uma montanha que você vai subindo aos pouquinhos! A vida é assim, ela é uma jornada... Nós não temos como ir para trás porque aquele tempo já passou... mas temos sim como andar para frente, subir esta escalada da montanha! E não vamos chegar ao topo de uma vez só para ver o belo horizonte lá de cima... mas podemos curtir uma cachoeirinha no meio do caminho na floresta... Podemos nos deparar com uma grande pedra naquela trilha que queríamos seguir e dar a volta, fazer um caminho muito mais longo... às vezes descer um pedaço da montanha para achar uma outra saída... mas podemos dar uma pausa, ver uma borboleta azul no meio do caminho... Tirar uma foto, fazer um lanchinho... dormir, acender uma fogueira, um céu estrelado... e, um dia, quando você chegar ao topo de uma montanha, você dirá: "Valeu a pena esta jornada... Valeu a pena todos os erros e todos os caminhos trilhados que não foram bons... Eu aprendi! Valeu a pena cada segundo que vivi até chegar aqui"...

Portanto, siga em frente a sua vida! Não tenha medo de falhar, de ousar... de fazer as coisas da melhor forma possível! Respire fundo e sonhe. Sonhe o sonho que você deseja realizar... Sonhe um sonho maravilhoso que você pode alcançar! Com bravura, com esforço, com tentativas e erros... mas siga em frente a sua jornada!

Agora respire fundo aquela respiração *tonglen*, aquela respiração linda e saudável de inspirar o mundo bom para dentro de você, e soltar o que você tem de bom para o mundo...

Respire, assim, alguns minutinhos... e que você possa sentir a liberdade como Gandhi diz: "Ser livre até mesmo para errar".

A liberdade de poder expressar as suas ideias e segui-las até onde precisar seguir... e, se errar, não ter a vergonha de dar a volta, de buscar um novo caminho e buscar os seus sonhos...

11 - Indução: MEDITAÇÃO DA NATUREZA DA MUDANÇA

Esta hipnose é uma espécie de meditação, que você poderá fazer de olhos abertos, se quiser. Você pode desfrutar da minha voz, deste momento aqui comigo, respirando fundo... tendo um momento para você...

Vou falar hoje sobre mudança, o quanto mudar é difícil. Nós nos acostumamos a fazer as mesmas coisas e temos dificuldade em fazer mudanças. A Neurociência prova que é possível mudar, basta treinar. Assim como aprendemos Matemática, Inglês... quanto mais treinarmos, mais aprenderemos. O caminho agora é o do aprendizado daquilo que você deseja fazer da sua vida, o caminho de espelhar pessoas de que você gosta, o caminho de buscar o seu Eu Ideal, o caminho do treinamento...

Algumas pessoas podem querer colocar em suas rotinas a dieta, a alimentação saudável; outras vão querer dormir mais cedo, ter um sono saudável; outras vão querer colocar em suas rotinas o exercício físico; ou estudar mais, dedicar-se mais ao trabalho... O que importa é que sabemos que a mudança pode acontecer.

Respire fundo e tome fôlego! Imagine um final de tarde, passarinhos cantando... um momento gostoso agora... um poço de inspiração... Precisamos para fazer as mudanças simplificar a nossa vida. Fazer menos que faz mais, pois ficar fazendo, fazendo, fazendo tira nossa inspiração... acaba com nossa energia e nos desgasta. Quem sabe você não possa dar uma pequena pausa, parar e admirar alguma coisa em uma praça, na sua casa, na praia (caso more em uma cidade litorânea), ou em uma montanha, ou no seu sítio, no sítio de um amigo... em uma viagem... Permita que você pense que é importante parar, respirar e ter boas inspirações... que é importante simplificar a vida! E você pode simplificar a sua, fazendo momentos gostosos e agradáveis. Trilhar o caminho do pensamento positivo...

Respire comigo (faça uma pausa e faça duas respirações suaves)...

Deixe entrar aí dentro de você um momento gostoso de inspiração, um momento de pausa gostosa, escutar os barulhinhos da natureza à sua volta...

Sinta que você pode ter um momento mais que suave, mais que gostoso, que você pode ter este momento para a sua vida, como um momento inspirador, que você pode dar a você agora aquele instante em que você simplifica sua vida para viver melhor! E aprende que pode pensar positivo. Sentir coisas simples, uma leveza gostosa... ou até mesmo, simplifique sua vida fazendo menos para ter tempo de ter criações maravilhosas. O que eu sei é que a neuroplasticidade ensina que nós podemos trilhar novas conexões no nosso cérebro, conexões que são muito importantes, conexões que vão nos trazer muito bem-estar.

Conta uma história que um índio dizia que, dentro dele, existiam dois cachorros: um era do mal, avançava, mordia, e o outro cachorro era do bem, só fazia coisas boas, era manso, gentil e agradava o seu dono. De vez em quando, estes cachorros brigavam. E ao perguntarem qual ganharia a luta, ele respondeu que seria aquele que ele alimentasse... E você? Qual cachorro você quer alimentar dentro de você? Seus pensamentos negativos, ou suas boas ações, seus pensamentos positivos e as mudanças que você fará em sua vida? Eu prefiro alimentar o meu cachorro do bem... sentindo e valorizando as coisas boas ao meu redor, tendo um momento gostoso de paz, um momento maravilhoso onde eu possa desfrutar esta paz vibrando em todo o meu corpo... a suavidade...

Simplifique o seu dia a dia, simplifique a sua natureza, faça menos que dura mais, que lhe proporcionará mais inspirações...

Eu espero que você tenha se deleitado desta meditação, deste momento que estamos juntos e que você leve para sua casa o meu desejo de que você comece mudanças maravilhosas... E sinta muita paz em seu coração...

12 - Indução: *MINDFULNESS*: DO AQUI E AGORA

Essa hipnose vai falar sobre o *Mindfulness*: a hipnose do amor, da mente no aqui e agora, deixando o passado e o futuro de lado e vivendo o momento presente, sentindo-se inteiro neste momento. E assim... dessa forma, você pode se permitir deixar todas as outras coisas de lado e vir comigo, para um momento de completa tranquilidade, de completa harmonia onde você pode se soltar por um instante, onde você pode parar tudo e ficar preso ao momento presente.

Você pode fazer essa indução de olhos abertos... Você pode fazer essa indução de olhos fechados... Você pode fazer essa indução pensando em alguma coisa nesse momento sobre você mesmo... como, por exemplo, pensando em estar com você, sem preocupar e, principalmente, sentindo a sua presença por completo, você dentro de si mesmo, inteiro no seu eu. Então... pare... respire calmamente... profundamente... Respire sentindo que você tem um momento gostoso, um momento de pausa, um momento de tranquilidade e não há pressa para que você respire... Tente fazer sua respiração em cinco tempos para inspirar... e cinco tempos para soltar o ar... E você pode me acompanhar, eu farei com você, porque eu também farei o meu treino, o meu *Mindfulness*. O meu momento de abundância e paz em mim mesma, aqui e agora... Nesse momento, há uns passarinhos cantando aqui ao meu lado. Nesse momento, eu ouço o canto deles entrando em meus ouvidos... Eu sinto meu corpo assentadinho aqui agora, as minhas mãos passando sobre os meus joelhos, e eu respiro...

Você pode me acompanhar nessa respiração... cinco tempos enchendo a barriga de ar... cinco tempos soltando o ar... cinco tempos enchendo a barriga de ar... cinco tempos soltando o ar. E eu não preciso fazer força. Eu simplesmente presto atenção em minha respiração. De novo... cinco tempos enchendo a minha barriga de ar, cinco tempos soltando o ar... Isso... sentindo a natureza em minha volta, aquietando-me por um momento, aprendendo a magnitude de poder estar comigo mesma em um momento por completo... simplesmente sentindo a mim mesma, sentindo o meu corpo, o meu Eu, sabendo que essa respiração faz meu coração se abrir como se eu estivesse respirando por essa região do chacra cardíaco, abrindo meu peito, enchendo de vida, pondo para fora tudo que fica difícil... de novo uma paz interna e gostosa que entra no meu ser e abre meu coração para vida, para os agradecimentos, para ter um momento de paz, pondo para fora tudo que preciso colocar.

E você então pode continuar sua respiração enquanto eu vou falando e vou sendo como um guia que vai junto com você... A minha voz segue junto com você neste momento... A minha voz segue junto com você nesse instante... A minha voz abre agora um momento gostoso, um momento de muita paz, um momento de tranquilidade que você pode se deixar ficar aí. E, assim... junto comigo e com os passarinhos que cantam neste jardim, você está experimentando seu momento de paz, gentileza, de generosidade consigo mesmo, você está experimentando *Mindfulness*: ficar no aqui e agora junto comigo por um instante...

Deixar os pensamentos de lado, desacelerar, parar por um momento e descansar a cabeça... Deixar que os pensamentos venham e vão... Nós estamos aprendendo que nós estamos precisando de um tempo de imersão. Que todo pensamento que temos possa entrar e sair... E nessa imersão, fazemos uma incubação nesses momentos e, quando fazemos essa incubação, sentimos a inspiração chegando, um momento de inspiração chegando... um momento de tranquilidade e serenidade que traz aquela mensagem boa de dentro para fora... Desacelere... Pare por alguns momentos como você está parado aí agora... Eu estou sentindo a brisa do ar batendo em meu rosto, batendo em meu corpo... Eu estou sentindo a paz desse momento comigo mesma, neste jardim, tirando proveito desse momento gostoso parada no jardim de casa... aprendendo a desfrutar de um momento de paz e desacelerado...

E você também pode dar tempo para o tempo, para que as coisas aconteçam no seu tempo... Para que naquele momento de incubação de uma ideia, ela possa ficar aí sendo cozinhada no seu inconsciente e, de repente, trazer saídas para os problemas da nossa vida cotidiana. E assim... um momento gostoso e de pausa, um momento gostoso e de paz, você se solta, você se deixa ficar tranquilamente em paz consigo mesma e aprende a ter um minuto de tranquilidade profunda com você mesma. No aqui e agora... não há pressa para nada, tudo tem o seu tempo. Nós, os seres humanos, precisamos do tempo de descanso, precisamos nos alimentar das pequenas pausas que descansam, precisamos desacelerar e ficar inteiros conosco no meio do silêncio, em um jardim como esse, em uma pausa olhando o céu azul... as nuvenzinhas lá do céu... tendo um instante gostoso, maravilhoso de paz.

Por isso... permita-se agora, também, ter o seu momento sem nenhuma preocupação. Tome um tempo para você... Descanse... Descanse sua mente. E quando você se sentir descansado, respire fundo, uma, duas ou três vezes... e aí vá se trazendo de volta aqui e agora com toda paz no seu coração de ter ficado com você mesmo quieto, parado, por um momento de paz... desfrutando da sua serenidade para voltar para suas atividades. Eu desejo que você repita esse exercício quantas vezes precisar, que o ajude a desacelerar do seu dia a dia, com muita paz em seu coração. E assim... tire desse momento um momento gostoso, desfrute a natureza que existe em você.

13 - Indução: MUDANÇA DOS COMPORTAMENTOS

Vamos para a nossa hipnose que vai falar sobre as mudanças de comportamento.

Nessa hipnose, eu gostaria muito que você pudesse fazer um pequeno relaxamento, onde você tem toda possibilidade de pensar, de sair da sua zona de conforto, de criar uma vida nova, de deixar as coisas ruins irem embora de você...

Então, que tal vir comigo? Parar um pouquinho... Deixar-se descansar... Ter aquele minuto gostoso que a gente para e pensa na vida... Ponha a mãozinha, assim como eu... no joelho... E pense:

- Que tipo de mudança eu preciso fazer para dar um salto na minha vida?

- Que tipo de mudança que eu posso fazer com um pouquinho mais de esforço? E eu vou saltar longe no meu dia a dia... Sim, porque é possível a gente mudar... É possível a gente alavancar uma nova ação, uma nova atitude no nosso dia a dia, mas, para isso, precisamos ter em mente...

- O que você deseja?

- O que você quer?

Então, por um momento, pare tudo que você está fazendo... Venha para o meu cantinho... O cantinho do pensamento... Tenha essa hora... onde você pode ficar quieto... onde você pode admirar a natureza como eu estou admirando... Ou simplesmente, ficar aqui comigo... ouvindo os barulhinhos da natureza... os grilinhos que começam a cantar no meio da tarde... na sombra do verão... Isso... Respire junto com esses grilinhos.... Os outros barulhos... deixe-os ir embora! Fazem parte da cidade grande, do urbanismo, do progresso... Escute o grilo... Respire... Sinta esse momento!

Daqui onde estou, eu avisto o pé de jabuticaba... Atrás de mim, há um pé amarelinho de flores amarelas... A natureza está ao meu redor nesta grama... Você já brincou de escorregar de papelão nas descidas da grama? Eu estou aqui quase escorregando em um papelão também... Uma vontade enorme! Então... deixe-se respirar e ir desacelerando... Você já sabe que as mudanças precisam de tempo... Tome um tempo e respire profundamente... Tome um tempo e se deixe ir para dentro de uma gostosa sensação de conforto... de paz... de tranquilidade... de leveza... Que delícia parar por um instante e ficar ouvindo esses grilinhos cantando... um momento de plenitude onde eu posso refletir sobre o meu Eu Ideal...

O que eu desejo mesmo para minha vida?

O que eu desejo mesmo para o meu ser?

Que pessoas eu desejo espelhar e que qualidades eu desejo desenvolver?

O que eu quero para mim?

O que é importante para mim?

Enquanto isso, eu desfruto da brisa do ar que bate em meus cabelos. Eu olho e vejo o céu e vejo o céu azul cheio de nuvenzinhas... Eu vejo os passarinhos voando alto, alto... lá em cima! Eu escuto a natureza à minha volta, os cachorros que latem... os passarinhos que cantam... as árvores que batem devagarinho uma na outra... E pouco a pouco, eu penso na minha vida...

O que que é que eu quero para mim mesma?

O que eu desejo ser?

O que eu quero mudar?

Enquanto você respira, pense... Mudar é difícil sim, mas nós podemos mudar! Podemos fazer aqueles novos caminhos neuronais... Podemos abrir a nossa mente para esses novos caminhos neuronais... E, nesse instante, eu gostaria que você pensasse no seu Eu Ideal, nas coisas que você deseja mudar... Isso... Pare um momento e pense...

Que coisas eu desejo mudar em minha vida?

Que atitudes eu posso tomar?

Eu preciso sair da minha zona de descanso, de conforto. Seria na minha dieta? Na minha alimentação? Ou será fazer mais exercício? Praticar esportes? Ou será fazer ioga? Meditação?

Ou será estudar um pouco mais?

Ou me dedicar mais ao meu trabalho?

Respire e sinta que é possível dar esse salto, que é possível tirar o bumbum do sofá e ir a luta, porque só dez mil horas de treinamento naquilo que você faz, e faz com gosto, é que lhe trarão o sucesso!

O segredo do sucesso? Muito trabalho! Dez mil horas fazendo alguma coisa... Deixe-se ir para dentro... Sentir... Imaginar... Você conhece bem a história da lagartinha... Da lagarta que virou borboleta... Ela queria voar como as borboletas voam, como uma que acaba de passar por aqui... Acabei de falar, e ela acabou de passar por aqui... Mas, ela era apenas uma lagarta... Então foi preciso que a coruja dissesse para ela que ela tinha tudo para ser uma borboleta e voar ao ar, mas que era preciso ter um momento de incubação... um momento de se voltar para dentro e fazer um esforço enorme e desmanchar aquela característica que ela tinha de lagarta... Desmanchar-se em um liquidozinho... dentro do seu casulo... E sonhar! Como ela seria voando? E todo esse processo de mudança, de lagarta para borboleta, levou um tempo! Até que, no final, depois do tempo adequado, depois das mudanças que foram sendo feitas dentro daquele casulo... dentro de si mesma... Ela sai um dia, batendo asas e voando...

Nós estamos aqui aprendendo a sair da zona de conforto... Fernão Capelo Gaivota um dia quis voar longe como uma águia voa... Todo mundo caçoou dele! Como pode você querer voar como uma gaivota! Voar como uma águia! Ir acima das nuvens! Pois, os pássaros que estavam vendo estavam lá em cima agora! Voando alto! Quase na nuvem que eu vejo daqui! Uma maravilha! Agora mesmo eles estavam perto de mim... Uma gaivota como Fernão Capelo teve a coragem de se colocar... voando e treinando... batendo asas... batendo asas e batendo asas e batendo asas... Até que um dia, ela conseguiu... voar acima das nuvens!

Você também pode com um pouco de esforço, você pode com algum esforço, você pode certamente voar alto! Um voo lindo... Um voo lindo e bacana... Você pode voar um voo maravilhoso! Um voo de paz! Você pode voar o voo que você deseja voar, nas características que você deseja criar para você! Sonhe! Sonhe esse sonho maravilhoso! Desfrute comigo dessa paisagem... Essa árvore linda e florida atrás de mim, cheia de florzinhas amarelas... Desfrute de ver essa árvore linda... de poder ter um momento de pausa junto comigo no jardim... Respire fundo e sinta... Você também pode bater asas e voar longe... mas é preciso tirar o bumbum da cadeira... É preciso alongar-se! É preciso algum esforço... e muito trabalho! 99% de transpiração! E aí o 1% de inspiração vai aparecer!

Sinta-se em paz... que leve essa paz desse momento com você agora... que sinta, que desfrute desse momento como um momento gostoso de descanso... E se sinta muito bem com isso... um momento gostoso...

um momento de paz... um momento de leveza da sua alma, onde você desacelera e sonha... um sonho lindo e maravilhoso... um sonho de muita paz... Desfrute desse momento por mais um minuto... E vá abrindo os olhos se você os fechou... Vá acordando se você adormeceu... Venha comigo! Veja a beleza da natureza que está à minha volta! Isso... Desfrute desse momento de uma forma gostosa... com um prazer gostoso... com uma tranquilidade boa... E sinta a natureza... Sinta o universo conspirando a seu favor! Sonhe! Sonhe seus longos e lindos sonhos! E batalhe por eles! Trabalhe muito e você chegará lá!

Obrigada!

14 - Indução: MUDANÇA DOS PENSAMENTOS

Nós agora vamos fazer uma hipnose especial para você pensar na mudança dos pensamentos, aquela mudança que acontece quando nós pensamos uma coisa nova e tudo fica bem. Nesse momento, há uma brisa de inspiração. Eu queria que você pensasse comigo... que você também pode vir com esse vento da inspiração... esses ventos que inspiram uma ideia nova... E todas as ideias novas que sua mente quer produzir serão bem-vindas para sua mudança.

A palavrinha-chave será inspiração... inspiração de um novo tempo... de um novo momento.... de um novo ano... inspiração das mudanças .... de ficar com você de uma maneira nova. E, assim, eu o convido nesse instante para vir comigo na viagem... no mundo que viemos de 99% de escuridão e 1% de luz... aquela que nós fabricamos em um momento especial... depois de muito trabalho... Depois de muita imersão naquilo que fazemos, temos aquele pontinho "eureca", e a nossa mente pensa em alguma coisa especial. Pare, por um momento, sinta comigo que você pode descansar, que você pode fechar os olhos, se quiser e que você pode me acompanhar de olhos abertos... que você pode relembrar as coisas que você deseja e almeja mudar ... e que palavrinhas que você pode introduzir em sua mente que podem transformar atitudes, comportamentos, sentimentos que você tem... Assim, nesse momento... nós estamos parados encubando a sua inspiração. Dando tempo para você desacelerar.... assentar-se... respirar fundo... soltar-se com a natureza que está aqui à nossa volta. Sentir que você pode ter um momento em sua vida inspirador... que você pode ter um momento especial em sua vida onde, enquanto descansa a sua mente, trabalha produzindo uma ideia eureca. E você, então, pode respirar essa respiração tranquila... Pode pensar nas mudanças que deseja alcançar...

O povo hebraico, o povo judeu acredita na teoria da Cabala uma teoria onde nós éramos todos com um único Deus, uma luz única e que, de repente, isso foi quebrado e nós fomos parar no mundo da escuridão. Para provar a Deus que nós somos capazes de fazer a nossa própria luz, vivemos no mundo das trevas... no mundo das escuridões... fechados em nós mesmos... com uma visão pequena através dos nossos olhos que às vezes fica, inclusive, afunilado em função de túnel... vendo só o negativo... ou às vezes, maximizando todos problemas do universo. E minimizando essas coisas... como uma bananeira que acaba de nascer... como ter um jardim para poder escutar os passarinhos a cantar... ou se fazendo de vítima e dizendo é minha culpa... "é minha máxima culpa... que as coisas ruins acontecem"...

Eu não sei em que ponto você está, mas isso faz parte do nosso ser humano... Estar no meio da escuridão como os cabalistas colocam... mas também faz parte de nós mesmos, provarmos para Deus que nós somos capazes de um minuto de inspiração... fabricar uma luz maravilhosa... ter uma ideia brilhante... abrir o nosso coração... abrir a nossa alma... e ficarmos de bem com a vida... Quanto mais conseguirmos trabalhar nas nossas dez mil horas de trabalho, mais luz faremos... e a inspiração chega no meio do nada como uma fagulha divina que nos abre e nos ilumina... nos faz pensar diferente... nos faz mudar para sempre... de uma ideia negativa para uma ideia positiva. Por isso, aguarde o seu momento... trabalhe bastante... esforce-se... faça forca dentro daquilo que você tem habilidade. Se sua habilidade é pintar, pinte uma bananeira, pinte um quadro... Se sua habilidade é costurar, costure... Se a sua habilidade é, como a minha, falar, fale mais... Se a sua habilidade é escrever, escreva. O que importa é que você faça coisas que a sua habilidade lhe permita fazer... E quanto mais você insistir... quanto mais você fizer... mais a natureza conspirará a seu favor...

E, então, respire e pare um momento... pense nas coisas que você está mudando... que já vem mudando... a dieta... a corrida... o exercício físico... uma meditação... ser grato... apreciar o belo... agradecer às pessoas, que trabalham para você, com você, por você... Imaginar e se permitir ver como você deseja ficar... Dar-se permissão para ser humano e deixar extravasar as raivas quando elas aparecerem... Dar a você permissão para ir em frente em sua vida. E assim... como filho de Deus, fazer luz das trevas... como filho de Deus, abrir a luz... iluminadamente que vem de dentro de você... sendo uma inspiração em 99% de transpiração... E as coisas todas vão se abrindo, e as mudanças vão acontecendo muito mais rápido do que você imagina...

Não há pressa... Simplifique... menos sempre faz mais... Trabalhe duro nas horas que precisa... Descanse, tenha a sua hora de almoço... sua pequena pausa... como agora que você esta desfrutando da minha voz... repetindo os conhecimentos da aula, respirando fundo... soltando-se com tranquilidade... e se deixe ir fundo para dentro de você... de uma maneira tranquila... e serena... Pense nas muitas coisas que você pode fazer na sua vida... Pense nas lindas coisas que virão... na luz que você pode dividir com o mundo... as coisas boas que você pode transmitir, os agradecimentos que você pode fazer às pessoas que estão à sua volta... à natureza... ao dom da vida... e, assim, permita-se sentir paz.... muita paz... Isso... De uma maneira muito tranquila, vá despertando, abrindo os olhos se você fechou, vá se trazendo de volta e desfrute de momentos gostosos de sua vida para ficar a cada dia mais iluminado, sempre com pensamentos positivos.

15 - Indução: ESCALAR UMA VIDA NOVA

Vamos trabalhar com uma hipnose gostosa, em um relaxamento gostoso... onde você pode escalar a sua vida, cheio de luz, cheio de inspiração, cheio de paz... cheio de harmonia em sua vida de uma forma muito saudável...

Então, não é preciso fazer força para me acompanhar... Não é preciso fazer nada... desfrute da natureza que está em minha volta, desfrute da minha voz que irá com você... Se você quiser fechar os olhos, você pode fechar seus olhos! Se você quiser, pode continuar com os olhos abertos desfrutando do jardim, dos passarinhos que cantam, desta natureza linda que está aqui à minha volta, desfrutando deste momento comigo e indo mais e mais para dentro dos seus sonhos...

Mudanças podem acontecer... Mudanças são difíceis... levam um tempo e requerem esforço, um pouco de alongamento do seu ser... permita-se neste momento poder parar... respirar pausadamente... tomando um fôlego gostoso, um fôlego tranquilo, tendo um momento de paz e de tranquilidade... E, neste momento de paz, enquanto você respira e vai escutando a minha voz, vai indo para dentro do seu coração... para dentro dos esforços que já começa a fazer... das mudanças que você se propôs a fazer... e se deixe sentir livre... livre para caminhar e subir na sua vida... na escalada do sucesso... Subir na sua vida na escalada do seu bem-estar... Isso... Aproveite e desfrute de cada instante que você tem de paz... Aproveite e desfrute do sucesso de cada momento, de pequenas conquistas, das horas de ginástica que você já faz... da alimentação saudável que você já introduziu... dos momentos gostosos que você tem todo direito de ter... E, neste momento, até desfrute de estar trabalhando um pouco mais, de ter incluído na sua vida alguma rotina diferente, que virá a ser um hábito no seu futuro... e, com certeza, você pode, a cada dia que passa, desfrutar um pouco mais do bem-estar... E o bem-estar nada mais é do que o dever cumprido e praticar o bem! O seu dever cumprido, e ensinar estas lições que você vai aprender...

Tire um momento para você respirar fundo... Tire um momento gostoso para que você possa se soltar de todas as amarras. Tire um momento gostoso para poder imaginar uma vida saudável, uma vida tranquila... Desfrute cada vez mais... Desfrute deste momento... Desfrute desta hora em que você vai juntar a amorosidade à sua gentileza interior, com os momentos das coisas boas que você já viveu, que animam o hormônio da ocitocina... Desfrute associar isso com um movimento, uma ação nova que você já está pondo em prática, que você já faz... naturalmente... e, assim, devagarinho, pense diferente... pense um pensamento novo que muda tudo... um pensamento que impulsiona esta ação... um pensamento que impulsiona o seu afeto positivo...

E, em uma roda d'água, pensamento-ação-afeto, afeto-pensamento-ação, afeto-comportamento-ação, comportamento-afeto-ação... Assim, desfrute deste momento, das coisas boas que você já consegue fazer no seu dia a dia...

Respire este momento de fechamento desta parte do curso sobre mudanças... Mudar é possível! É possível neurologicamente falando... É possível fazer novas conexões cerebrais... Uma pessoa com AVC que atinge a área da fala volta a falar, aprendendo na terapia ocupacional que ela pode fazer estas mudanças... Conexões novas no cérebro são feitas, e a pessoa volta a falar... E você que está aí, agora, me ouvindo pode também aprender novos caminhos... caminhos de mudanças muito saudáveis... e, como Fernão Capelo Gaivota, chegar lá! Lá, acima das nuvens, subindo cada degrau do sucesso... subindo os degraus da vida... elevando a sua alma... tornando-se uma pessoa que trabalha para chegar lá... e o sucesso virá naturalmente, das suas 10.000 horas de investimento...

E, assim, então respire... sentindo paz, harmonia nos sentimentos... uma harmonia gostosa, a conexão com Deus... uma conexão maravilhosa... uma conexão que faz você se sentir tranquilo e em paz... Eu espero que todas estas aulas que você teve sobre mudanças possam fazer a grande diferença em sua vida e que você possa dia a dia libertar mais o seu chamado, o seu dom, o seu domínio para o sucesso...

Fique em paz e leve esta paz!

Conheça também da
WAK Editora

EM BUSCA DA TRANSFORMAÇÃO -
A filosofia pode mudar sua vida

Waldir Pedro

ISBN: 978-85-88081-82-6

MANUAL DE HIPNOTERAPIA ERICKSONIANA

Sofia Bauer

ISBN: 978-85-7854-079-1

AUTOESTIMA -
Práticas para transformar pessoas

Beatriz Acampora

ISBN: 978-85-7854-233-7

CARTILHA DO OTIMISMO

Sofia Bauer

ISBN: 978-85-7854-248-1

A CHAVE DO SUCESSO -
Exercícios práticos de liderança

Edna Rossim

ISBN: 978-85-7854-108-7

O SEGREDO DAS FADAS -
A vida incomum de rose

Sofia Bauer

ISBN: 978-85-7854-135-4